ダマヌール

芸術と魂のコミュニティー

ジェフ・メリフィールド◎著
木原禎子◎訳

DAMANHUR

たま出版

Damanhur

The Story of the Extraordinary Italian Artistic and Spiritual Community.

Japanese translation rights arranged with Playback Arts Limited, Essex, UK
through Tuttle-Mori Agency, Inc., Tokyo

つるはしとバケツの写真。『人類の神殿』という、記念碑的な偉業のシンボルとされている

人類の神殿全体図
（提供：COSM Press, NY, 2006 『Damanhur:The Temples of Humankind』）

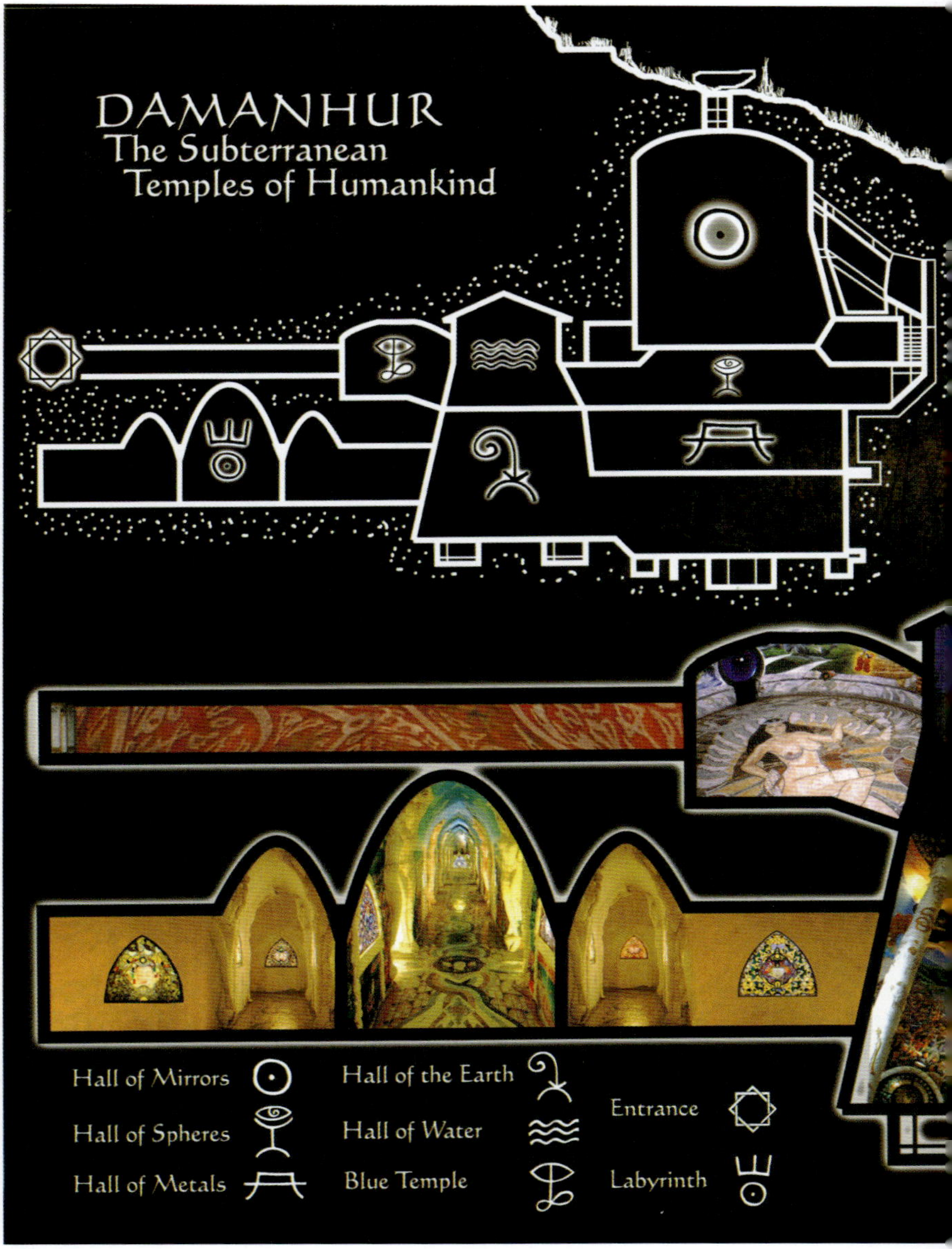
DAMANHUR
The Subterranean
Temples of Humankind
Hall of Mirrors
Hall of Spheres
Hall of Metals
Hall of the Earth
Hall of Water
Blue Temple
Entrance
Labyrinth

人類の神殿『水のホール』

人類の神殿『鏡のホール』

人類の神殿『大地のホール』

『大地のホール』太陽の扉

『大地のホール』月の扉

コミュニティーの創設者、
オベルト・アイラウディ（通称“ファルコ”）

ファルコによるセルフィックペインティング

セルフィックテクノロジーによる『球体のセルフ』

グリーンハウスでの収穫風景。コミュニティーでは
エコロジーを基本理念としている

赤十字の活動や森林消防隊など、ダマヌールのボランティア隊員たち

ダマヌールの地域通貨“クレディト”。コミュニティー内のみならず、外部の生産者や流通業者、イタリア内外のダマヌール・センター、他のコミュニティー（フィンドホーン等）でも使用されている

2005年９月25日、ダマヌール連合体は、国連から“グローバルな人間の共同社会フォーラム2005賞”を授与された

外壁に芸術的な装飾をほどこされたダミールのペインテッドハウス

〈口絵写真提供〉
Roberto Benzi
Federation of Damanhur

訳者まえがき

木原禎子

今、地球ではさまざまな問題が噴出し、その存在そのものさえ危うくなりつつあります。人間は、己の欲のために森林を伐採し、自然環境を破壊し、水を汚し、空気を汚し、懲りずに愚かな争いを繰り返し、傷つけ合っています。どう考えても、地球や人間が素晴らしい未来に向かって歩んでいるとは思えません。

こういった状況を三十年あまり前に予想し、人間の正しい生き方を模索してきたコミュニティーがイタリアにあります。それが、政府公認のヨーロッパ最大のコミュニティー連合体『ダマヌール』です。

ダマヌールは北イタリアのアルプス山麓、ヴァルキュゼッラに位置し、トリノから四十五キロのところにある自治体で、独自の社会的・政治的機構や憲法、通貨、さらには八十以上の経済的な活動とサービス、日刊新聞、学校を持ち、その大学ではさまざまな公開講座を提供しています。また、新しい社会システム、精神性の探求、エコロジー、芸術、ヒーリング、教育活動など、さまざまな研究センターを持つことでも知られています。

それらの研究成果は、「夢が現実になった実例」としてダマヌール連合体や近隣の自治体で実際に機能しており、世界中から年間六万人以上の探求者が見学に訪れています。住民は六百名を超え、加えて約四百名が近隣に住んで定期的に活動に参加しており、世界各国に六万人を超える支持者がいます。日本にもセンターがあり、創設者の一人、フェニーチェ・フェルチェさんが来日して講演会やセミナーを年に数回開催しています。

ダマヌールの地下七十メートルには、「シンクロニック・ライン」という地球上のエネルギーと情報の流れる『河』が四本交差する特別な場所があり、そこには『人類の神殿』と呼ばれる建造物があります。その建設は手作業によって現在も続いており、素晴らしい芸術作品、科学技術、古代からの英知に満ちています。

ダマヌールは、一九七五年に十三人の夢から生まれました。最初は人間の基本的な質問に対する答えを発見するための精神的な探求を目的としていました。

さらに、研究で得た多くの結果を、毎日の生活を通して多彩な行動で表現し、徐々により広い分野での研究へと広がっていきました。そして彼らは、魂の進化に向けてより良く生きる道を探求し始めることになりました。

創設から三十年余り過ぎた今、そのコミュニティーはますます大きく発展しつつあります。創設以来、継続してさまざまな研究が行われてきましたが、常に変容を遂げており、その成果は実際に生活の中に実現され、研究や実際的な生活で得られた知識は、ダマヌールだけでなく今後の人類に大きな貢献をしていくものと思われます。

彼らは、神は外側にあるだけではなく、人間の内側にも存在すると信じており、宗教という概念を否定しています。そして、人類の究極の目標は、自分たちが本来『神的な存在』であることを再発見することだと考え、自分たちの内部にあるすべての異なったパーソナリティーを、愛と自分自身を創造的に表現する機会を通して統合し、自分がなれるものになることこそ人生の唯一の目的であると考えています。

また、人間の行動の基盤は選択と決定であり、小さくとも具体的な行動は、実現する可能性のまったくない壮大なプロジェクトより重要であると考えています。そしてそうした考えのもとに、常に大きな夢に向かって実践的に行動し、変化や発展を続けています。さらには、日常生活の中で、常に自分の惰性や悪癖に打ち勝ち、自分の限界を超えて進化を遂げる努力と挑戦を続けています。

また、ダマヌールが長年継続的に取り組んでいる夢は、「地球全体に及ぶエコロジカルな社会の実現」です。彼らが目指す「エコ社会」とは、より良い地球環境、調和の取れた人間関係、あらゆる生命体との共存、異なった社会との交流と協働を実現することです。

彼らは、バランスや日々の生き方を大切にし、理想の実現に向かって積極的に研究を継続し、絶え間ない変容を実現するための探求と努力と行動を惜しみません。創設された当初から、廃物のリサイクル、オーガニックな農業、生態系との調和のある生活方法、地球の未来に向けた維持可能なエコロジカルな生活方法を創造し、実践しています。

彼らは本当によく働きます。これまでにも多くの困難と脅迫を切り抜け、否定的なものを肯定的なものに変えてきました。彼らは、実際的な意味でスピリチュアルであるとは、夢を実現するために懸命に働くことを意味すると考えています。全人類の進化と向上のために一身を捧げ、常に個人の利益よりも共通の利益に主眼を置いて選択しています。

ダマヌールは、コミュニティーの経済を支える独自の通貨『クレディト』を持っていますが、それはユーロと完全な互換性があり、世界の他のコミュニティー（フィンドフォーンなど）にも利用が拡大しています。彼らは発展の基礎を、いかなる外的な財政支援をも受けずに成長を遂げてきました。皆で一緒に力を合わせれば、公正な交換と異なるものへの尊重に基づいた新しい持続可能な社会を誕生させることができると考え、それによって地球のすべての文化と民族間に長く続く本当の平和を創造することができると考えています。

二〇〇五年九月には、国際連合から〃グローバルな人間の共同社会フォーラム２００５賞〃を受賞しました。地球や人類全体に対してエコロジカルな理想社会を実現するための研究や、ボランティア活動などを通した長期にわたる地域社会への貢献が国際的にも認められたのです。

本文の最終ページで、著者は、ベトナム平和運動家で仏教徒のティク・ナット・ハンの言葉を引用しています。

「次の仏陀は、個体という個人の形は取らないだろう。次の仏陀は、一つのコミュニティーの形を取るかもしれない。すなわち、相互理解を実践し、優しさを愛するコミュニティー、心を配って生きることを実践するコミュニティーである。これは、地球が生き残るために私たちができる最も重要なことかもしれない」

ダマヌールこそが、まさにそのコミュニティーなのかもしれません。本書を読まれた読者は、知れば知るほどダマヌールが素晴らしいコミュニティーであり、未来の地球に光を与えてくれる存在であると気づかれるでしょう。

ダマヌールは常に変化し発展し続けています。今書いているこの時点でも、新しい変化が起こっているに違いありません。

この文章は、ダマヌールのホームページ、ニューズレター等を参照させていただきました。

本書の刊行に寄せて

エスペリデ・アナナス

一九九五年は、ダマヌールにとってチャレンジの年でした。イタリア当局に『人類の神殿』の存在が発覚して三年が経過しており（この間の物語はこの本に書かれています）、神殿は、もし私たちがそれを保存するための合法的な手段を発見できなければ、破壊される危機に瀕していました。

その当時の私たちの戦略は、世界に『神殿』のことを伝えることであり、多くの人々に、イタリア政府に手紙を出してほしいと依頼することでした。その手紙の内容とは「この神殿を破壊すべきではありません。解決法を見つける手助けをしてください。この神殿は芸術作品であり、保存すべきものだからです」というものです。

ちょうどその当時、インターネットがイタリアでもよく知られるようになり始めていましたが、おそらくダマヌールは、ウェブサイトを最初に創設した組織の一つだと思います。一九九五年初め、私たちはサイトを立ち上げるために、二週間昼夜を問わずに働き、その宣伝の努力のおかげで、イタリアだけではなく、世界中からテレビ局のクルーがやって来ました。中でもイギリスのＢＢＣは、神殿の法律的な面に興味を持ってくれました。彼らは通訳を連れて非常に大所帯でダマヌールを訪れ、一週間を私たちとともに過ごしました。彼らは非常に友好的で、私たちともとてもよい関係を持ちました。彼らは私たちにインタビューをし、コミュニティー全体を撮影していきました。

その番組がイギリスのゴールデンタイムに放送されたとき、私たちは大きな期待を持っていました。しかし実際には、彼らが番組について私たちに話していた内容と、私たちがテレビで実際に目にしている内容には大きな開きがあり、本当にショックを受けたのです。その番組は真実ではない内容を話しており、私たちが危険なカルト集団かもしれないと暗示するような悪いイメージを与えていました。

翌日、映像クルーと一緒にダマヌールにやって来た報道記者が、非常に困惑した様子で電話をしてきました。彼によると、放映された台本は彼が書いたものではなく、ＢＢＣには最初から私たちをカルトの一団だとみなす意図があり、そのため、記者の台本をその意図に沿うように変えたのです。後になって分かったことですが、当時のヨーロッパ中のメディアには、〝非宗教的宗教〟のガイドラインとして、カルト的なあらゆる新しいスピリチュアルな動きを描写するための明確なポリシーというものがありました。不幸なことに、この偏見は現在でも根強く続いており、それはヨーロッパだけではありません。そのため、テレビの映像は素晴らしかったのですが、その映像に付随する話は本当にひどいものでした。

大きな失望を感じたにもかかわらず、私たちは常日頃から、神殿の美しさや私たちの笑顔は放送された言葉よりも強力であり、私たちのメッセージを伝えるだろうとの確信を持っていました。

そして私たちが正しいことが分かったのです。放送の翌日、私は一本の電話を受け取りました。本書の著者、ジェフ・メリフィールドからでした。不思議なことに、ちょうど彼から電話がかかってきたのは、神殿を救うための計画を立てている最中で、支援は外国から、しかもイギリスからやってくるだろうと思っていたところでした。

受話器を取り上げたのは私でした。ジェフは当然のように「あなた方をお訪ねしてもよろしいですか」と尋ねました。私は「もちろんです。どうぞいらしてください」と答えました。彼は数人の友人たちとスイスに行くところで、その後に、前夜ＢＢＣで放映された場所を自分の目で見てみたいと思ったのでした。

その後ジェフは、彼が電話した際、まるで自分を待っていたかのような温かい歓迎の言葉にとてもびっくりしたと語っていました。その後彼は、それが事実だったことが分かりました。そして、当時は分かりませんでしたが、この彼の電話こそが、この本の出版に向かっての第一歩だったのです。

ジェフは友人の一団とやって来ました。その中には、イギリスで有名なコメディアンであり作家であるケン・キャンベルがいました。彼は〝the Science Fiction Theater〟（空想科学劇場）の創設者でもありました。ケン・キャンベルは、その後ナショナル・シアターのために『Violin

Time』（ヴァイオリンの時間）という芝居を書きましたが、そこにはダマヌールや人類の神殿に捧げられた重要な部分がありました。ジェフが、ダマヌールについて世界に伝えるという考えを持ったのは、ロンドンにおけるこの芝居の初日のときでした。そのため、彼が私たちにこの本の出版構想を打ち明けたとき、私たちもすぐに受け入れました。私たちは、〝これは素晴らしく、不思議な符合で、これこそ私たちが待っていたものだ〟と考えました。

すべてのことが非常に素早く起こりました。ロンドンにあるThorsons（HarperCollinsの発行社名）のCEOが、ある晩、私たちのコミュニティーを調べるためにダマヌールに飛んできました。ちょうどその夜、私たちは神殿内の『鏡のホール』でコンサートを開くことになっていました。彼女はコンサートに参加し、翌日イギリスに戻るとすぐにジェフに電話をして、「いいわ、あなたの本を出版するわ」と言いました。

ジェフは、ダマヌールに数回やってきましたが、主な障害の一つは、彼がイタリア語を話せないことでした。しかし、もう一つのシンクロニシティーがありました。私たちはイギリスのことが、神殿を救うために私たちの大きな助けになってくれました。この記事によってイギリスの人々が、神殿を守るようイタリア政府にたくさんの手紙を書き送ってくれたからです。『Kindred Spirit』（同質の心）という雑誌に記事を発表したところでしたが（一九九六年）、この雑誌の出版社は、ダマヌールのためにデボンで大きなイベントを計画してくれました。そして私たちの一団は、ファルコと一緒に二台のトレーラーハウスで参加しました。

私たちは、ダマヌールのさまざまな側面を紹介しました。聖なるダンス、内的調和（インナー・ハーモニーゼーション）、セルフィカ、さらに私たちの哲学体系や世界の理想像についてなど……。このイベントは、百六十人以上もの人が参加した素晴らしいものでした。

デボンのイベントで、ジェフはエレーヌ（Elaine）という女性と出会い、彼女はイタリア語が堪能でしたので、彼の通訳を申し出てくれました。このようにして、バラバラだった部分が一つになったのです。ジェフとエレーヌは、ダマヌールにやって来て一緒に人々にインタビューしたり、ダマヌールのあらゆるところを訪問し活動を観察しました。

彼らは、異なったヌークレオ（ダマヌールの家族単位）の家庭で過ごすという稀な機会を持ちました。私たちは彼らに一台のキャンピング・カーを提供し、そこで彼らは数週間を一つの家族と過ごすことにし、次いで別の家族に滞在し、また別の家族へ……と、次々と移動して過ごしたのでした。私たちと生活を共にした後も、ジェフは数回、短期間ですが、ダマヌールを訪ねてきました。

このようにして本は出来上がり、最初のハードカバー本は一九九八年に出版されました。その年の十月、本はロンドンのナッシュハウスのバッキンガム宮殿と同じ通りの遊歩道にあるＩＣＡ（the Institute of Contemporary Arts）に公式に展示されたのです!!

ジェフが本の情報集めに関わっている間に、私たちは友情をはぐくみ、彼と協力しながら多くの芸術的な交流を行いました。ジェフは、私や教師たちが英語でダマヌールを紹介するためのセミナーを計画し、彼自身もダマヌールでたくさんのセミナーを取りました。ジェフと私は共によく働き、そして、たくさんの創造的なプロジェクトに乗り出しました。例えば、ダマヌールのクエジティについて小冊子を書きましたし、ダマヌールに何組かのテレビクルーを招きました。そして、英語でダマヌールについての四十五分間のドキュメンタリーも製作したのです。ジェフと私は、台本や演出、編集を協力して行い、ジェフはそのフィルムのナレーターも務めました。

ジェフの初版本『Damanhur : The Real Dream』（ダマヌール……本物の夢）はペーパーバック版で出版されましたが、二〇〇二年には絶版になってしまいました。その本はダマヌールについて書かれた唯一の英語版だったため、世界中の多くの人たちが、私たちに本の増刷を求めていました。

私は一九九九年以来、カリフォルニアでヒーリング・ワークを教えたり、実践したりしていましたが、あるとき私がそこを訪問すると、うれしいことにカイリー・テイラーとジム・ショフィールドの二人と出会ったのです。彼らはアメリカのHanford Mead Publishers, Inc.の社員であり、その中心人物でした。私はこの本の完全な改訂版の発行を手助けしてくれるようお願いし、二人はダマヌールをじかに体験するためにやってきました。

そして、ジェフの本に対する権利をHarper Collinsから入手しました。ジェフはダマヌールに戻り、この第二版に対し最後の修正を加えました。それが、今あなたが手にしているこの本です。この本が、私たちすべて、さらには未来の人々のために、あなたが私たちとともに新しくより幸せな未来を夢見る手助けになれるよう希望しています。

神殿が人々に開放されてから十四年。ダマヌールが世界に対して持っている希望と変化のメッセージを、世間が受け入れる準備がやっと整ったようにみえます。それというのも、もう一つのシンクロニックな出来事が起こり、カリフォルニアからニューヨークに飛び火して別の本の発行が可能になったからです。その本は『人類の神殿』に捧げられたもので、数百枚もの写真を満載した豪華な体裁になっており、本書に書かれた神殿建設の詳細な物語を補完するものです。

この『Damanhur : The Temples of Humankind』（ダマヌール……人類の神殿）は、私の友人アリソンとアレックス・グレイの出版社COSM Pressで出版されました。アレックスは、その美しい幻想的な技法と『the Chapel of Sacred Mirrors』（聖なる鏡のチャペル）でよく知られています。このチャペルの美しさとその役割は、私たちの『鏡のホール』を思い起こさせます。アメリカ大陸を横切った光の糸は、今度は新しい意識の出現、新しいヒューマン・ルネッサンスへの道をたどりつつあります。

私は、ダマヌールを説明するために、さまざまな会議に招待されることが多くなりました。そこでは、科学者、哲学者、心理学者たちが、新しい宇宙意識、宇宙における人類の立場、そして新しいパラダイムの出現などについて話し合っています。ダマヌールでは、このパラダイムがすでに共有されているだけではなく、一つの社会、経済、文化が創造可能であるという最初の〃一粒のタネ〃を表徴しています。ダマヌールというコミュニティーは、この時代において最も感受性強く、広い心で議論し、共有されている話題をはっきりと語り、掘り下げ、実際的に応用したものです。

事実、ますます多くの科学者や哲学者が宇宙の統合的なヴィジョンを提案し、現実についての物理学とスピリチュアルな概念を結びつけ、古代の神秘主義的な直観力（洞察力）と宇宙についての新しい科学的なヴィジョンとの間の類似点を引き出そうとしています。彼らは、現代科学の発見が、古代の英知の真実と非常に近いという考えを肯定しています。宇宙はダイナミックな統一体であり、全体が相互に連結しています。それは単に物質やエネルギーを生成するだけでなく、大部分の情報さえも生み出します。実際、物質やエネルギーは、情報によって生み出されます。

世界的に著名な科学者であり、哲学者でもあるアーヴィン・ラズローは、ダマヌールの良き友人となり、科学者や学術的な世界の人々に私たちを紹介してくれるという貴重な支援をしてくれました。彼は、宇宙のすべてのものは宇宙意識の表現であり、宇宙そのものが物質であり、スピリットであり、意識の一つのエレメント（適当な言葉が見つかりませんが、科学者はそれをフィールド、〝場〟と呼んでいます）であると断言しています。これは、私たちの日常生活から離れた科学理論ではなく、それどころか人間に、自分たちが自然や人類、宇宙という広大なシステムに属しているという感覚を取り戻させる、筋の通ったヴィジョンです。

ラズローによれば、私たちは個人意識を超越することによって、この意識の場にアクセスできると言います。世界で十分な数の人間がこの新しいレベルにジャンプするならば、すぐにでもこの意識の場にアクセスできるそうです。そうなれば、人類はお互いに敵対するよりも共に生活できることを学ぶことでしょう。

もし宇宙が意識の〝場〟であるならば、人間意識によって創造された〝場〟は、気づかないうちに、その〝場〟に住み、その〝場〟にアクセスする人間の脳に影響を与えるはずです。意識に対する調和的な〝場〟の肯定的な影響についての実験が、一九七〇年代初めから行われています。この現象は、一九七四年にアメリカの四つの市で発見されました。超越瞑想プログラムに参加する人々の数が、その市の人口の一パーセントに達したとき、犯罪発生率の上昇傾向が逆転し、市全体の生活に秩序と調和が増加したことを示したのです。

研究に従事する科学者たちは、この社会全体の集合意識の結合力が増加するという現象を、マハリシに敬意を表して、「マハリシ効果」と名づけました。というのも、マハリシは、一九六〇年の初め、世界的に超越瞑想の運動を始めた頃、この効果を予測していたからです。その後、数百の他の市についても実験した結果、この現象が再現されました。

出来事に影響を与えるというこの人間の意識の〝場〟の能力は、機械やコンピューターの機能にさえ影響を与えます。この能力は、現在では、科学の世界でもますます広く受け入れられつつあります。これについての証拠は、カリフォルニアのthe Institute of Noetic Sciences（純粋知性科学研究所）での実験から得られています。研究所では、ランダム数発生器が1と0のランダムな数列を作り出すことを見つけました。そして繰り返しテストした結果、集合意識がこの1と0のランダムな数列に影響を与えられることが分かったのです。ポジティブな〝場〟がつくり出されるときには数列に秩序が付与され、〝場〟がネガティブなときにはその〝場〟にエントロピーが生まれました。

ラズローが言うように、この新しいパラダイムは非常に実用的なもので、集団として生き延びるための鍵でもあります。人類のことを考える際に、全体的な意味や方向を持たないバラバラな細胞としてではなく、全体として考えるようになります。

本書を読んでいただくことによって、非常に実際的なこの方法で、多くの人々に意識の成長がもたらされることが私の希望であり、願いでもあります。ダマヌールとは、強い分かち合いの理想と、地球や人類に対して成長と奉仕という義務感によって結ばれた小グループの人々が達成することのできた見本なのです。それは、献身と情熱、可能なことや不可能なことを探求したいという強い願望、常に変化することを恐れない広い心を必要とする勇気のある試みです。その報酬としてダマヌールは、神聖な物質をつくり出すなど、個人および集合的なレベルで、スピリチュアルと物質の両面で、計りしれないほど貴重な贈り物を提供しているのです。

イタリア・ダマヌールにて

二〇〇六年三月

◎目　次

訳者まえがき　1
本書の刊行に寄せて　6
プロローグ　夢に向かって　22
夜明けの急襲——一九九一年十月／グリーン・ライト——一九七八年八月／
夢のきらめき——一九九六年三月
第一部　心の内面への旅立ち
Templi dell' Umanità（人類の神殿）
第一章　神殿の建設状況　36
第二章　信じられないほど素晴らしい芸術作品　53
『青の神殿』／『水のホール』／『大地のホール』／『金属のホール』／『球体のホール』／

『鏡のホール』／『迷宮』／『新しい入り口』
●マジックな戦争の神話

第二部　グループから連合体へ、そしてさらなる世界へ

第三章　社会生活のユニークな試み　112
『社会構造』／『連合体』／ダマヌールの〝精神的民族〟／ダマヌールの市民／ダマヌールと他のグループやコミュニティーとの関係／『憲法』・《ダマヌール連合体の憲法》／司法組織／『メディテーションの学校』／コミュニティーと社会構造／新しい展望／ダマヌールでの生活／『ヴァルディキー』／プリミ・パッシと百人の新市民プロジェクト

第四章　七つの道　170
一、『言語道』　171
音楽――『言語道』の一部門
二、『騎士道』　180
三、『オラクル（神託）道』　186

ダンス――『オラクル道』の一部門
教育――『オラクル道』の一部門
四、『修道者の道』 198
秘教的カップル――『修道者の道』の一部門
五、『芸術と仕事の道』 212
六、『芸術と統合テクノロジーの道』 218
演劇――『芸術と統合テクノロジーの道』の一部門
七、『健康の道』 224
『ダマヌールの健康状態の統計』
オリオ・カルド（Olio Caldo　温オイル）――『健康の道』の一部門
第五章　安定した生活基盤　協同組織と美術工房 231
第六章　抵抗勢力　否定的な勢力を肯定的な勢力に 242
第七章　オベルト・アイラウディ　未来のヴィジョンを持つ男 266
第三部　ゲーム・オブ・ライフ

第八章　ゲーム・オブ・ライフ……ゲームとしての活動　292
オリオ・カルド／『戦闘のルール』／生まれ変わった『ラッタンティ』のさらなる冒険／『ラッタンティ』による降伏宣言
第九章　クエジティ　疑問と探求　321
第一のクエジト／第二のクエジト／第三のクエジト／第四のクエジト／第五のクエジト／第六のクエジト／第七のクエジト／第八のクエジト
第十章　人生のための教育　345
オラーミ大学／スピリチュアル・ヒーリングのための学校

第十一章　神と一つの神格としての人類　363
第十二章　内なるパーソナリティー　魂の構造　380
第十三章　セルフィカの開発　391
エピローグ　夢のかなたに……新しい時代の夜明け　400
カルトに対するメディアの強迫観念／地元の人々との関係／ダマヌールの経済的なヴィジョンとその実践／クレディト――補足的な通貨システム／ダマヌールの相互信用組合／国内および国際的な政治活動／世界平和の手本／ダマヌールを越えたダマヌールへ／神殿を拡張すること、心を広げること／ダマヌール・クレア……芸術、研究および継続的な教育のためのセンター／テクナルカート
訳者あとがき　443

プロローグ　夢に向かって

ダマヌールは夢の実現……私たちは、みんなの希望に非常に近い社会を実際に創造することができました。

エスペリデ・アナナス

夜明けの急襲——一九九一年十月

コルモラーノは、眠い目で早朝の光に照らし出された時計をちらっと見て寝返りを打つ。まだ午前六時である。何だか分からないが、何かが彼を目覚めさせた。起きるには早すぎる時間だ。彼はすやすやと眠っている妻の温かい体に、そっと腕を巻きつけながら愛情を込めて抱きしめた。

突然ドアが荒々しく開き、制服を着た三人の男たちが部屋に突入してきた。ピストルや機関銃で武装している。コルモラーノは、何が起こっているのか信じられずに自分の目をこすった。

さらに、上空の騒々しい唸るような音にも気がついた。

「一体何が起こっているんだ。何事なんだ」

そう問いかけるのがやっとだった。

「ベッドから出ろ！」と乱入者の一人が怒鳴った。三人とも緊張し、興奮しているようだ。

「まあ落ち着け！　こっちに来い！」

いましがた怒鳴った男が、壁のところで銃を振りながら言った。

妻のラマッラはショック状態である。彼女らしい上品さを守りながら、指示されたようにベッドから出た。

「子どもたちはどうなっているの？」

隣の部屋から聞こえてくる泣き声に気づいてラマッラが訊いた。

「大丈夫だ。何も問題はない」と機関銃を持った男が叫んだ。

夫婦はベッドルームから玄関の広間へと促された。ラマッラはそこで子どもたちに会い、どうにかしっかりと抱きしめてやることができた。外に出るように命じられて、近隣の家々やアパートから出てきた友人たちの集団に押し込まれた。みんなお互いを見つめ合い、一体何事が起こっているのだろうといぶかっている。五機の軍用ヘリコプターが上空を飛び交い、そのローターのうなる音が朝の静けさを破っていた。

コルモラーノとその家族は周りを見回し、自分たちが武装した役人たち、すなわち警察、機銃兵、軍人、何者か分からない制服を着た者たちに囲まれていることを知った。数百人はいるようだ。いたるところに車が配置されており、それらは光を点滅させ、軍用の輸送機はドアが開けられたままになっている。制服を着た男たちがあたりを走り回り、大声で指示を出し、人々のいくつもの集団をあちらこちらへと動かしていた。しかし、誰一人として、自分たちに何が起こっているのか、どうしてなのかを話しかける人はいなかった。

人々が集められた四角い広場は人であふれていた。彼らは所在無くあたりをうろうろと動き回っており、子どもたちは泣き叫んでいる。人々は徐々にグループごとに集められ、それぞれのグループが、まるで危険な常習犯の集まりであるかのように監視されていた。その中の数人が指揮官のいる方へと連れていかれた。誰もが不安で恐れおののき、とても信じられないという驚きに支配されていた。

コルモラーノは、友人のコンドルが武装した将校に連行されるのを目にした。大声で声をかけると、彼は事務所に連れ込まれる前に弱々しい笑顔を投げかけた。コルモラーノの脳裏にはさまざまな考えが渦まいた。彼らはあの『神殿』を見つけ出してしまったのであろうか。これであの秘密の計画は終わってしまうのだろうか……。

彼は、約二十年前、この計画がどのように始まったのかを思い出していた。

グリーン・ライト――一九七八年八月

一九七五年、オベルト・アイラウディという若者がスピリチュアルな事柄やその実践法を教え始めた。彼は十五人〜二十人の人々を集め、トリノで研修などを行うために『ホルス・センター』という活動の場を設立していた。

コンドル・ジラソーレは、そこでの集会やヒーリングのコースを準備する仕事を受け持っていた。やがて集会の回数は増え始め、瞑想や哲学についての勉強も始められた。グループの人々は、特別な行事やちょっとしたシンクロニシティー（共時性）を経験し、起こった奇妙な出来事がさらに彼らを密接に結びつける手助けをした。

オベルトはその仕事を強固なものにし、〝メディテーション（瞑想）〟というタイトルで特別の哲学体系を教え始めた。グループでは、これらの教えについての学習プログラムを計画したり、本を出版することを考えた。

この初期の仕事から、グループの発展や彼らが着手することとなった驚くべき仕事に関連して、最も重要となる基準が生まれた。

一番目は、すべての人間は神を起源としているという概念である。この物質世界において、私たちの存在は神が現れたものであり、私たちの仕事はそれを思い出し、物質そのものを神聖なものにするために私たちの内にある神性を再び目覚めさせることである。精神を向上させるための主な推進力は、個人を基盤にするのではなく、グループ全体として働くことである。

こうした概念は、豊富なエネルギーの開発へと導くグループ作業に特別な成果をもたらした。事実、その十分なエネルギーのおかげで、彼らは一見不可能と思える仕事に着手することができたのである。

二番目は、精神の向上は実際的な行動を通して直接的に得られるものだと認識することである。精神を向上させるとは、単に瞑想をすることではなく、瞑想を現実に応用し、物質界における実際的な行動を通して精神的な変化を生み出すということである。

三番目は、『人間の敵』として定義される側面である。これは、生命に反する独断的な行動の基準を表しており、宇宙を支配している陰陽のような二元的な力ではなく、自分たちが神を起源としていることを忘れてしまうことに由来するものである。根源的な源から離れることは、人を利己主義や分裂、狭量さへと導くことになる。その原因も私たち人間の内部にあり、私たちがそれを制限し、打ち破ることができるのは、喜びやユーモア、愛を通してである。それらは、私たち自身の限界や恐れを克服する。


コンドルは思い出していた。

「私たちは、グループとともにより力強く成長しながら一緒に時間を過ごせる場所を見つけられないだろうかと考えました。この考えについて何度も議論を重ねました。そこでオベルトが私たちに一枚の地図を示しました」。

地図上には、いくつもの奇妙な線が描かれていた。それは、オベルトとその近しい友人たちが長年かかって地球上のあらゆるところを旅して懸命に作り上げた成果であった。彼はこれらの線を「シンクロニック・ライン」と呼んでいた。いわゆるレイ・ライン（先史時代、あるいは古代の遺跡を結ぶと考えられる道）ではなく、一種の地球上の神経システム、地球の周りをめぐっているエネルギーのラインである。

四本のシンクロニック・ラインが一カ所に集まっているところは、地球上にたった二カ所しかない。一つはチベットにあり、もう一つはイタリアのトリノの北、バルディセッロのカナヴェーゼ村の近く、ヴァルキュゼッラのピエモント渓谷である。グループがさらに調査を進めると、その周辺地域にはあらゆる種類のミネラルが豊富にあり、重力の質が非常に変わっていることが分かった。オベルトが言うには、ここは「人工衛星がそこを通過するとき、少しジャンプする」ような場所であった。

彼らはそこにちょっとした地所を見つけた。放置された土地に囲まれた大きな雑木林で、雑草や低木の茂み、野生のまま絡み合ったとげのある蔓《つる》植物などが覆い茂っていた。

「私たちが一九七七年にダマヌールを作り始めた当時、ここはそのようにひどい場所だったのです」

グループは、そのひどい状態の地域のみならず、ヴィドラッコの丘の上に一軒の家を購入した。これが現在『太陽の門、ポルタ・デル・ソーレ』として知られている場所である。

コンドルは回想を続ける。

私たちは『太陽の門』で野営し、そこで初期の仕事を行ったのです。現在ダマヌール・センターのあるダミールという場所は、長年荒れ放題に放置されていた土地でした。灌木や雑草が占領し、処分しなければならない物であふれていました。家族が生活する場所として、私たちはそこに何軒かのアパートを建て始めました。瞑想の儀式用に使う屋根のない神殿となる場所『オープン神殿』はきれいに片付けましたが、私たちが自然と心を通わせることのできる特別の場所として、雑木林の大部分は元のままの状態に残しておきました。

そこに暮らしている間、自分たちのスピリチュアルな意思のシンボルとなる何かを建造すべきではないかと話しました。するとオベルトが、もし私たちに適切な合図が示されるならばそうすべきなのだろうと言いました。そして、一九七八年の八月、私たちが進むべき道についてあらゆる種類の哲学的な議論を交わしているとき、合図が到着し、私たちは旅を始めることになったのです。

そう、山の中へと掘り進んでいくべき時がやってきたのです。

夢のきらめき――一九九六年三月

あたりの空気は冷たくさわやかである。ここには一面に静寂の気が漂っている。その日は穏やかな冬らしい陽気で、私はアルプス山腹の高地にある農家の庭を横切って、表現しようのない門らしきものの方へと案内されていた。私がこの門の向こうに発見するものは、間違いなく世界の八番目の不思議議として考えられるに違いない。

私は二人の演劇仲間、ケン・キャンベル、ジョン・ジョイスとともにここにやってきた。私たちは、もとはといえば、アルプス山脈のフランス側にあるMoiransの小さな村で発生した、自然発火の奇妙なニュースを調査するためにやってきたのである。また、アルプス山脈のスイス側にあるサルヴァンという村で起こった、『太陽神殿』(the Solar Temple)という組織の信奉者たちが焼身自殺したニュースにも注目していた。

加えて私は、以前テレビでイタリア・アルプスの山の中に、誰かが神殿を建造しているという番組を見たことを思い出した。最初の二カ所の訪問では、大して重要な興味を引くことには出合わなかったので、インターネットでダマヌールの情報を収集し、モンブラン・トンネルを通って、トリノから四十八キロほどしか離れていないヴァルキュゼッラという〝秘密の渓谷〟へと出かけることにした。

ここでの私たちのガイドは二人のイタリア人である。アメリカで学び、素晴らしい英語を話すとても魅力的な若い女性エスペリデ・アナナスと、その後、彼こそがあのオベルト・アイラウディであることが分かった温厚な男性である。彼らは私たちを山腹の奥深くへと導いていった。

ここはアルプス山脈のイタリア側の下部にある。私たちは、見事な壁画、複雑なモザイク模様の床、素晴らしいステンドグラスの窓やドーム型丸天井で飾られた荘厳な神殿の内部へ導かれようとしていた。それは、迷路のような通路によってつながっている七つの大きな洞窟からなっている。これらの洞窟は既存のものを作り変えたのではなく、建造者たちが爆薬類を一切使わないで自らの手で掘って作ったものだ。宗教的な礼拝の場所でも、特定の宗教組織とつながりのある場所でもないにもかかわらず、この注目すべき建造物は『人類の神殿』(Templi dell' Umanità) として世界に知られている。

最初の部屋はエジプト様式のもので、一見、この部屋で行き止まりのような印象を与える。しかし実際には、これは本物の神殿を隠し守るためのからくりである。エジプト様式そのものが、もっと深くに隠された何かがあるということを暗示しているのである。

遠隔操作で大きな石の厚板を作動させ、その厚板が壁の中に入ると、曲がりくねった長い回廊や、そこから新たな部屋へとつながる通路が現れる。この部屋の美しいモザイクの床にも秘密が隠されている。再び遠隔操作によって床の一部が下りていき、下の部屋への階段になる。

……このようにして、さまざまな部屋や通路を通っていく。『大地のホール』、『水のホール』、『球体のホール』、『鏡のホール』、そして未完成の『迷宮』などである。

この場所は一体何だろう。誰が創ったのだろう。このように見事な建築物や芸術的な偉業を達成する才能やエネルギーを、一体誰が持っているのか。そしてその目的は一体何なのか。

一九九二年、ヴィドラッコの村議会やヴァルキュゼッラ地域の他の主要な政府機関の会議で議題にされたのもこのような疑問であった。この年初めて、この驚嘆すべき建造物のうわさが外部世界に広まったのである。人々は、これを建造した当事者たちが自分たちを「ダマヌール連合体」と呼び、十六年間、そこであらゆる種類のユニークな講習を行っていたことを知った。彼らは、その驚くべき神殿の建築には、なんらやましい、法に触れるような意図はないと主張していた。しかし、計画認可の申請を行っていなかったため、地方議会はこの巨大な地下の建造物が、彼らの知らないうちに建造されていたことに当惑した。とりわけ、世界中のテレビ局がここを訪れ始めた時には一層当惑したのである。地元当局は、この神殿を押収して破壊する権利が自分たちにはあると考えた。

カトリック教会からも強い反対が上がった。この組織の目的は宗教的なカルトとつながっているに違いないというものであった。多くのメディアには、サルヴァンの『太陽神殿』焼身自殺事件や日本で起こった地下鉄サリン事件などの結果として、カルトに対する非難材料が山のように用意されていた。

ジャーナリストたちは、このとっぴな計画の陰にいるはずの狂信者を期待してやってきた。当時、日本の朝日新聞社は、冷戦後の世界の新しい脅威はカルトであるという考えのもと、そうした新しい動きを取材して世界地図を作り、シリーズで取り上げていた。そのため、ダマヌールでも記事を探すべく特派員を派遣した。しかしその特派員は、ヴァルキュゼッラでそのテーマにふさわしい材料を見つけることができなかった。ダマヌールは異常な人の集まりではなかった。結局、朝日新聞の記者は全く何も書かないことに決めた。彼は新聞社でかなり高い地位にいる人物だったため、その記事を書くための経費がかかっていたにもかかわらず記事を送信しない決定ができたのである。もし取材に来たのがもっと低い地位の記者ならば、そうはならなかったであろう。

記事になる材料を求めてやってきたもう一人のジャーナリスト、フィリップ・ショートは、

BBC放送の「ニューズナイト」という番組の担当者だった。彼はダマヌールを、『太陽神殿』の焼身自殺、オクラホマ市の爆破事件、日本での地下鉄サリン事件などと関連づけるつもりだった。しかし、ダマヌールのスケールや『人類の神殿』はそうした関連性に適合しなかった。結果、そのレポートでは、『人類の神殿』はまるで灯台のように際立って光り輝いていた。事実、最初に私をダマヌールの驚くべき建造物へと惹きつけたのも、このテレビ放送だったのである。

今、私は、最初からこの建造物すべてを作り上げる責任を持った男性に、神殿の見学をさせてもらっている。その男性、オベルトは、保険業をはじめ事業で大成功したが、二十三歳の時、突然ダマヌール・プロジェクトに没頭し始めた。彼によると、最初の数年間の仕事は、スピリチュアルなコミュニティーの基礎を作り上げ、当時存在していた他の多くのコミュニティーとの違いをはっきりさせることだったそうである。

「ダマヌールとは、そこの住民のスピリチュアルな業績を育て反映することのできる社会、という夢から生まれたのです」と、もう一人の案内人であるエスペリデが確信を持って付け加えた。住民たちが共有している強い信念とは、個人の高い精神性への進化は、自己修養という共通の目標を分かち合う人々の集まりでのみ達成される、ということである。それがいずれはあらゆる人類の進化を手助けすることだろう。エスペリデは次のように言っている。

「ダマヌールは夢が実現したものです。ここでは、住んでいる人々のあらゆる相違点が賛美されます。さまざまな違いや特性のまじり合いを通して、私たちはみんなが願望しているものに限りなく近い社会を創造することができています」

最初は小規模で始まったが、住民の数は次第に増え、コミュニティーは質においても複雑さにおいても成長した。ここでの中心的な考えは、資産、空間および管理を共有することを原則に暮らすということである。これらは、ここでの正式な『憲法』として要約されている（第二部第三章参照）。しかし、ダマヌールではすべてがそうであるように、変えられないものはなく、コミュニティー自身が発展するにつれて何度も変更されている。ここには現在一千人以上の人々が住み、世界中に六万人以上の支援者がいる。その土地と建物はヴァルキュゼッラの渓谷に広がり、農地と森林が七〇〇エーカー、都市開発二十五エーカー、それに個人の住居、生産工場、実験室、農園を含む約八十棟の建物がある。通称〝ファルコ〟と呼ばれている人物、オベルト・アイラウディは、驚くべき神殿の建造を始めただけではなく、ユニークな社会の支持者を生み、多くの人々が喜んで従いたいと思う生き方を始めたのである。

ダマヌールへの最初の訪問で、私はそこで目にしたものに感銘を受けた。現在では、このイタリアの山で多くの時を過ごし、このコミュニティーで働いている人々と徹底的に話し合っている。そして彼らが成し遂げたすべてのことにますます感動を受けている。ここは人間と自然が協同して働き、芸術的な試みと精神性が啓発的に出合っている特別な場所であり、稀有な場所である。

第一部　心の内面への旅立ち

Templi dell' Umanità（人類の神殿）

第一章　神殿の建設状況

私たちは神殿建設のすべての作業を厳重な秘密裏に行いました。それはまるで私たちが自分自身の内部に入り込み、自分自身を見つめることでもありました。そのため、すべてを秘密裏に行うことがとても重要だったのです。

コンドル・ジラソーレ

最初のつるはしが岩にうちおろされたのは、一九七八年八月の暖かい夜のことである。約三十年後には、岩や土、粘土など優にバケツ三百万杯分を山から運び出すことになる、それは最初の一歩だった。

この神殿の建設は、それ自身が伝説的である。ある土曜日の夜遅く、オベルト・アイラウディと十二人の親しい友人たちが、ヴィドラッコの丘に守られた『ポルタ・デル・ソーレ』の陰にある開けた場所で火を囲んで座っていた。伝説によると、そのとき一つの星が天空を流れた。その星は通常目にするものよりかなり大きく、明るく輝きながらゆっくりと落ちていき、後には地球に降り注ぐ金粉の痕跡を残していった。

オベルトは仲間の中から二人を隅に連れ出し、彼らに、今の流星は山を掘り始める時が来たというしるしだと告げた。

「私たちは、〝シンクロニック・コンタクト〟を創出するために地球の中心に向かって掘り進み、数千年間、人類が目にすることもなかったような『神殿』を建設することになっている。加えてこの『神殿』は、手作業で、強い意志によって秘密裡に建てられることになっている」

オベルトの言葉は熱っぽく、深い意味を含んでいた。

集会が終わると、すぐに二人はその選ばれた地点を掘り始めた。二人が手にしているものはハンマーとつるはしだけだったが、それでも翌朝まで熱心に掘り続け、他の人に引き継いだ時にはすでに一メートルほど掘り進んでいた。

オランゴ・リーソは、最初に穴を掘ったうちの一人である。

オベルトは私たちをわきに連れていきました。そして、「さあ見てごらん。ここが、私たちが小さな礼拝堂を掘ろうとしている場所だよ」と指示してから、「さあ、そこを掘ってください」と言いました。

私たちは一晩中掘り続けましたが、手作業のためほとんど掘り進むことができませんでした。それで、逆に本気で山を掘ってやろうと決意しました。数日間、二人で懸命に掘りましたが、ほんの数メートル征服できただけでした。それを他の人たちにも見せました。

最初、私たちは一日二十四時間掘り続けました。三、四日してからは、昼夜のシフト制に切り替えました。シフト制を組み、地面と戦いながら、今掘っている地下道が今後も残るものであると信じて作業をするのは、口では十分に言い表せない経験です。これは、私たちがたゆまず努力するしかないという考えだけで行っている信念に基づいた行為です。他に支援者はいません。しかし、すべてのことがとても前向きに感じられ、全員が不可能を可能にできるのだと分かりました。

岩に突き当たったために、地面はさらに硬くなり出しました。重いハンマーを使い始めたのですが、穴掘りの速度は落ちてしまいました。あとで電動ハンマーを手に入れましたが、約一カ月間は手作業だけで掘っていました。

私たちが建てようとしていた礼拝堂は、そのとき以来何度も作り変えられていますが、十二月三十一日までに完成し、最初の結婚式をそこで執り行いました。ラーマとスパルヴィエーロの結婚式が催されたのですが、現在、彼らは三十年間共に暮らしています。

コンドル・ジラソーレも最初からこのプロジェクトとともに暮らしている一人である。彼は、技術的な側面にはあまりなじみがなく、建造の技能もほとんど持ち合わせていないことを自認しているが、作業に参加することによって生じた思いやりと幸福感を、ある種の懐かしさをもって思い出している。

掘ることは楽しかった。秘密だということもそうだし、この活動がパイオニア的なものであるということも愉快に思える理由でしたね。何ともいえぬ情熱を感じましたよ。まさにゲームでした。偉大な探検家気分で山の奥へと掘り進んでいく……それはもう最高の気分でした。

問題は、掘り出した岩石や土砂をどう処分するかでした。それらを私たちの所有する土地内で使うことにしました。それを静かに、秘密裡に行わなくてはなりません。夜、お互いに大声を上げたりはできません。静かに仕事をし、私たちが行っていることを誰にも見られないように、すべてを隠さなくてはなりませんでした。すべてを秘密裡に行わなければならないということの事実が、その場に一種の緊張感、気づきへと導く緊張感を与えていました。

私たちは最初の段階ですっかり夢中になり、その時点にまで到達したことを非常に喜んでいました。神殿を建設するという行為が、私たちの内的な精神性探求の焦点となりました。私たちはその行為と一つとなり、地球とも、並んで掘っているグループの人々とも一つになりました。

事実、グループはぴったりと身を寄せ合って仕事をしていた。土の入ったバケツは人間の鎖を使って手から手へと運ばれ、通路を通って外部のトラックへと運ばれた。この仕事が進展するにつれ、人の鎖は二十人、二十五人、三十人へと延びていった。そこは本当に楽しい雰囲気に満ちていた。オベルトは、「笑い声の響きがハンマーの音より大きいことがしょっちゅうでした」と回想している。

最初、オベルトの計画は大部分が彼の頭の中にあった。しかし彼は、建造者たちの手助けをするためにいくつかの寸法を書き出し、小さな図形を描いた。彼の考えでは、この作業は同じ位相内で行われなければならないし、完成されるべき時には完成されていなければならなかった。オランゴが再びこの物語を引き継いだ。

オベルトが設計図を私たちに見せる日が来ました。彼はそれを広げて「大体こんな感じだ」と言いました。それは、通路や回廊によりつながった神殿の部屋の精密な図式でした。それこそが、提示された『人類の神殿』の全設計図だったのです。神殿は何層にもなっていて多くの部屋があり、迷路のような回廊がありました。

みんなの顔に驚愕《きょうがく》の表情が出ました。この建設計画には、想像した以上にさらに多くの段階があることになっていました。これまでに成し遂げた仕事でさえビックリ仰天するものでしたが、次に実行するように求められた仕事はまさに神業以外の何物でもありません。私たちは全員で声を上げました。

「イェイ、イェイ、イェイ!! ……本当に?」

私たちは容易には信じられませんでした。

仕事は絶えることなく熱心に続けられた。誰もがグループ活動の充足感ある喜びや、驚くべき秘密を持っているという心地よい考えに興奮していた。穴を掘ってはかき出し、バケツに入れる、また穴を掘り、かき出す。ノミやハンマーを使う。溜まった泥や土をバケツに入れる……土は小さな泥の塊となって崩れる。まず粘土、次いで岩、すると今まで人が触れたことのない自然のままの土が現れる。地下の部屋での作業は、掘り手たちに無尽蔵の質の良いエネルギーと超人的な力を与えるように思われた。誰もが作業を続けて前進し、新しい空間を征服したいと願った。山自体も、掘り手たちを母のようにやさしく歓迎していた。

掘り手たちは、自分たちが何を行っているのか、なぜ行っているのかを度々議論した。地下の部屋は、将来起こるかもしれない核攻撃や自然災害から身を守るための備えだと推測するものもいた。当時は、人間の愚行によって核戦争が起こるのではないかという強い懸念があった。そのため、回廊の最初の区間は、あらゆる外部からの放射線に対してバリアとなるようにS字型に作られた。その大きさは、ダマヌールの住民が自給自足を確保できるように考えられた。そこでは、自家製のパン、自然栽培の作物やハーブ、手織りの織物などを使うことになっていた。

グループの人々を強く動機づけた精神性についての深い考えは、『母なる大地』（Mother Earth）によって宇宙と直接コンタクトを取るという概念だった。『母なる大地』は、これまで光に触れたことも、人類を迎え入れたこともない地下のその場所にあった。満月のとき、穴掘りから外に出てきた人々は、地面に横になって、非現実と思える雰囲気の中で星を眺めながら、不思議なことに養分を与えられたように感じたものである。

掘り出した土の使い道を見つけるなど、しなければならない現実的な課題もあった。当時、家へと通じる道に沿って存在していたくぼみの多くが、その土で埋められた。

グループは建設許可をとっていなかったため、穴掘りは秘密のまま続けられた。だが、たとえ申請したからといって許可が下りることはなかっただろう。山中に掘り進むことや神殿を建造することに対する規則はなかったが、いかなる計画申請も即座にはねつけられたに違いない。

建設している人々は極端に慎重だった。外にいるときは大きな物音をさせることも大声を出すこともなかった。どの部屋への入り口も巧妙に隠した。入り口を見つけるのは今でも難しい。メインの入り口は段のついた単なる壁にしか見えず、入り口の前にはいくつかの備品が積み上げられていた。作業を始める際にはその段や備品を取り去り、偽の壁を開け、神殿の中へと入っていった。作業を終えると再び元に戻して覆い隠した。

このプロジェクトについては、作業グループ以外の外部の人間には一切話さなかった。当初は、ダマヌールに新しくやってきた人たちにさえ秘密にされていた。コミュニティーの新しいメンバーを初めて神殿に連れていった際、彼らが内部を見せられたときに示す驚きの表情を見るのが大きな喜びだったと聞いている。

地下ではすべてが静寂であり、静止していた。作業をしている人々はしばしば手を休め、その不気味な静けさによってもたらされる不思議な感覚に身をゆだねる。粘土を含んだ大きな水滴がギザギザの壁を伝って落ちている。

建築の専門家は一人もいなかったが、誰もが最善を尽くした。間もなく最初の回廊と部屋が掘り了《お》えられた。小さなピラミッド型のニッチ（くぼみ状の彫像などを置く場所）がロウソクを灯す場所として壁から切り出された。壁は外部で漆喰《しっくい》を混ぜ合わされてから湿った土に直接塗られた。回廊の沈んでいる部分はレンガを重ねて補強された。最後に、床にルゼルナ石が敷き詰められた。

作業の最初の段階が終了したので祝賀会を開くことになった。果物や野菜が菜園や果樹園から摘み取られ、小屋にある薪用オーブンでパンが焼かれた。あらゆるものが、山の中で作業していた人々の間で分かち合われた。その間、地下の部屋の中央では火が焚かれていた。

壁は下塗りされ、下絵が描かれ、彩色された。部屋が建造されると、そこは神殿として奉納された。ひとたび神殿の準備が整うと、イニシエーションに関係する儀式や瞑想が行われた。この最初の神殿は、『青の神殿』として知られるようになった。

グループは次の作業に移った。

「私たちは、準備が整ったと思えたとき、祭壇のある場所の下に入り口、すなわち戸口を作りました。それから再び穴掘りを続けました」

徐々に他の人々も作業グループに加わり始めた。ピーク時には、約百五十人もの人が神殿で働いていた。グループが十五人～二十人で始まったことを考えると、大変な前進である。

神殿は、常に発見されることを警戒しながら建設された。それぞれの部分が、目に映るところだけですべてであるような印象を与えていた。コンドルは次のように説明している。

それが私たちの防衛策でした。下の方に掘り進みながら、どんどん大きくなっていくのに

気づいていました。しかし当時は、それがどれほど大きいものか、はっきりとは理解していなかったですね。とはいえ掘り進むにつれて、その規模が拡大していっていることに間もなく気がつきました。運び出される土や岩の量がさらに多くなりました。私たちはこの上なく慎重に作業をしました。土砂は夜トラックで運び出され、できる限り騒音を出さないようにし、絶対に発見されないように気をつけました。

二番目の部屋も何とか完成させ、そこに祭壇を据え付けることができました。この部屋は『水のホール』となる予定でした。

これは一九八三年のことである。このプロジェクトのために五年の歳月とバケツ百万杯分の土や岩石が運び出された。

この『水のホール』には、特に神秘的な中心があった。その祭壇を通して、地球のシンクロニックなエネルギー・ラインと直接的なつながりが得られたからである。その部屋の壁の上に描かれているのは異なった十二のアルファベットに関連したもので、それらは古代に存在していたさまざまなレベルの聖なる言語を〝かたち〟にしたものであり、またそれらは人間の〝気づき〟の歴史を表している。ダマヌールの住民たちは、シンボルや数字、アラビア文字で書ける特別な聖なる言語を採用している。オベルトの研究を通して発見され開発されたこの言語は、八つのレベルの複雑さを持ち、個人の内と外において神との通信を可能にする聖なる言語として定義されている。

もともとこの部屋は、中央から三百六十五本の光線を発している太陽が描かれた丸天井だった。周りには夏至の星座の位置が描かれていた。しかし一九八九年の夏、この丸天井はガラスのドームに置き換えられた。最初の天井は今でもその裏側にある。これはダマヌールの住民によって初めて作られた、荘厳で優雅なガラスの丸天井ドームである。この様式は、ガラス細工のティファニー・スタイルを手本にして自分たちで編み出したものである。

ドームは、明るく色づけされて個々にカットされた数千のガラスのピースで作られた。それぞれのピースは銅で縁取りされ、目的の場所にはんだ付けされた。

この時点でも、神殿の存在を知っているのは建設に携わっている人たちだけであった。ダマヌールにいて神殿に使われる工芸品を作っている人たちでさえ、彼らの仕事が何に使われるのか知らない人がいた。

もう一人のガイドであるエレファンティーナ・ゲンジアナも、ダマヌールに来て二年間は神殿の存在を知らなかった。彼女は体中泥だらけの人たちを目にしていたが、森林管理の仕事をしている人たちだと思っていたそうである――真夜中だというのに？　彼女は単に、少し頭の変な人たちなのだと思った。それは一九八一年、神殿がまだ比較的小規模で『青の神殿』だけのときだった。

エレファンティーナがそれを初めて目にしたとき、彼女はあっけに取られてしまった。間もなく彼女も穴掘りに加わった。

比較的最近ダマヌールの住民になった人たちには、いずれ『鏡のホール』になる予定の部屋への通路を掘る仕事が割り当てられた。古くからいて、すでに『水のホール』で仕事をしたことのある人たちが北側の壁に穴を開け、そこから山への新しいアタックを開始した。『水のホール』の床は次の部屋へと掘り進むために取り去られた。その部屋は『水のホール』の下にあり、さらに大きくなる予定になっていた。

この記念碑的な仕事を、力を合わせてすることによって無限の力が生まれた。時に土は非常にやわらかく、砕けやすかった。それがまた問題をつくり出した。

時には掘り進むのに大変な努力を要する硬い岩に突き当たることもある。バケツを引き上げるためのロープと滑車、そして外部への回廊に沿って土を階段の上に運び上げるための人間の鎖が活躍した。穿《うが》ってはかき出し、バケツに入れ、また穿ってはかき出し、ノミやハンマーで掘り、バケツに入れる……こうした作業が繰り返された。

この穴掘りの作業は九カ月間、掘り手が七メートルの深さ、基底の直径が九メートルに達するまで休みなく続けられた。これがその後『大地のホール』になった。

このグループは、二〇〇リットルを混ぜることが可能な二台目のセメント・ミキサー車を購入した。コンクリートで補強して広間の大きな天井を創り出すためである。鉄筋コンクリートの四本の梁《はり》は、『水のホール』の床から岩の中にしっかりと固定された。それは新しい広間の天井にもなる予定であった。梁の交差している部分から出ている垂直の回廊に沿って掘り出された土砂などの輸送が続けられた。平均してバケツ二千杯の土砂や岩石、時にはその二倍もの量が毎日運び出された。十二立方メートル以上もある岩が手作業で砕かれた。

ホールの下方への穴掘りでは、最初に四本の円柱（全部で八本ある）のための空間が作られた。直径四十センチの寸法で特別に調節可能な鋼板とともに、鉄筋コンクリートに組み込まれた。鋼板は天井の梁とともに円柱をぴんと張った状態に保ち、床より低い台座に固定された。特別な技能はないが強い意思を持った人たちによって建てられたこの巨大なホールの建設は、信じられないほど素晴らしい偉業であった。

円柱の外側を取り巻いて広間の丸い壁が続いている。この壁のためのセメントは、滑車を使う特別な貨物輸送用の昇降機を使って『水のホール』から降ろされた。滑らかな漆喰で壁を塗る作業は本当に問題が多く、人々は疲労困憊した。漆喰セメントの最初の層は、空気を入れずに一定の厚さを持たなければならない。繊細で大変な作業だった。

漆喰セメントの次の層は、まず滑らかにカーブした表面をはっきりさせることから始まった。小型のセメント・ミキサーによって作られたきめの細かい漆喰の混合物が使われ、内部に運び込まれた。高度の防水を保証するために、細かいセメント、細かい砂、マイクロシリカが使われた。さらに表面の滑らかさを完全にするため、最後の仕上げには白色セメントが使用された。

これらの作業は、通常の状況でも十分に困難なものである。それが、地下三十メートルのじめじめした環境で、動きを妨げられながら作業するのだからなおさら大変である。おまけに、通常のやり方で建材を利用するのは不可能だった。

湿気と排水が常に問題となっていた。南面にあるニッチの下にくぼみが掘られ、余分な水を排水するためにポンプが据えられた。その水はパイプラインを通って貯水槽へと流れる。今では神殿の建物全体に排水システムがいきわたっており、不必要な水流をさらにふさわしい場所へと運んでいる。排水と凝縮のコントロール法が研究されたが、このシステムは、後になって多くの建築技師はもちろん、軍部の人たちでさえその技術の素晴らしさに感嘆したほどである。各部屋が地下に作られているにもかかわらず、壁にペンキで塗られた壁画がそのままの状態を保てるほど十分に乾燥が保たれているのである。

ダマヌールの住民たちは、彼らの行く手にあるあらゆる障害を克服し、最高の結果を作り出すことによって素晴らしい力を発揮したのである。

次に、『大地のホール』と『水のホール』をつなぐために、らせん状の階段が作られた。それは、物理面だけでなくスピリチュアルな面でも二つの部屋をつなぐ命綱であった。『大地のホール』の壁や円柱が完成し、床にセメントが流されてからガラス細工用のアーチが建てられた。『水のホール』の床の中央には、天井下にある彩色されたガラスの中央を照らし出すためのネオン灯が取り付けられた。ネオン灯用の接続部を内蔵している上げ蓋《ぶた》に、電気ゴテで補強材がはんだ付けされた。

この地球の深部へのすべての作業は崇高な気持ちで行われた。建造者たちは、今では共通した強いモチベーションを持ち、共に働くことに大きな満足を感じていた。そのためか、彼らの仕事はどちらかといえば遊んでいるように見えることがよくあった。

山の深部は、宇宙の力と自然のままのつながりを作っていた。このつながりはセルフィカによって増幅された。セルフィカとは、非物質的で神秘的な力である〝サトルエネルギー〟を集め、蓄えるために使われる複雑な構造をした装置である。古代の学問であるセルフィカは、現在ダマヌールにおける大きな研究分野になっている。このセルフィカという学問がダマヌールで再発見され、開発され、現代の技術を使って改良されている。その目的は、金属や螺旋《らせん》、錬金術的なプロセスを使うことによって知性を持つエネルギーを集め、方向づけることである。

約三百トンものセルフィック構造が、神殿の骨組みの中に組み込まれた。使われたセメント自身も、前もって特別なセルフィックなエネルギー活性装置につなげられ、それによって作用の場を広げ、全体の統合体を構成するより大きなセルフィック・ネットワークを形成した。セルフィックなエネルギーは神殿の部屋のいたるところに押し寄せ、シンクロニック・ポイントへの直接的なつながりを強化し、人間の活動によって神殿内にもたらされた自然エネルギーを補足しながらエネルギーのネットワークを形成している。

ひとたびホールの建造が終了すると、再び天井の取り付けやセラミックでの円柱の化粧仕上げなど、壁の装飾が始まった。最初の陶芸ワークショップはたまたまこの時期に始まったものであり、ダマヌール内に何人かの非常に熟練した腕の良い職人を生み出した。

『水のホール』の床はモザイク模様で完成された。その上、その下側となる『大地のホール』の天井は手の込んだデザインで彩色された。『水のホール』にはむき出しの岩の一部がそのままの状態で置かれていた。同様な場所があらゆる部屋に残された。これは、ダマヌールの住民たちに、自分たちと地球そのものとのつながり、すなわち地球の中心に掘り進むことは、彼ら自身の魂の内部深くへの探究だということを思い起こさせるためである。

次に建築される予定の部屋は、一番規模の大きい『鏡のホール』であり、このホールは大気のエレメントに捧げられる。このホールは、彼らが建てたいと夢見た建造物の中で最も巨大で大掛かりなものであった。構造上安全なものにするために、莫大な量のセメントが調合される必要があった。彼らの間で、そのように大きな建造物の安全面には、特に用心深く配慮したいという強い願望があった。再びそのコンクリートの中には、大量のセルフィック構造が組み込まれた。

グループはまた、神殿内で研究の仕事に集中して携わっている人たちが泊まるための小さな部屋も建てた。この部屋に隣接して『球体のホール』がある。そこはシンクロニック・ラインの諸力と直接つながっており、発生しているエネルギーやセルフィカの実験をしている。その部屋の両側には、錬金術的な実験室やセルフィック・キャビンを収納している部屋がある。この領域は、より特殊な研究課題がたくさん行われる神経中枢である(口絵、人類の地下神殿地図参照)。

次には『迷宮』という建物にやってきた。ここの通路は、ステンドグラス作品用のさまざまなニッチへとつながっている。神殿のこの部分の建築はいまだに進行中である。ここでは建物が一つのアルコーブ(小部屋)の端で行き止まりになっており、むき出しの岩にはハンマーの跡が残ったままである。

次に完成される予定の神殿部分『金属のホール』は『鏡のホール』の一層下に位置し、『球体のホール』と小部屋にサンドイッチ状に挟まれている。『金属のホール』はまた現在建設中である別のホールの真上にあり、それは『大地のホール』とつながっている。この二つの部屋は、部屋の中央を真っすぐに通る支柱を共有している。

『人類の神殿』は、結局一九九二年、ある出来事をきっかけに世間に知れ渡ることになった。初期の頃のコミュニティーの一員で、かなり以前にダマヌールを去っていた人物が突然法外な額の現金を要求し、コミュニティーを脅迫し始めたのである。この事件の詳細については第六章で述べることにするが、その直接的な結果として神殿は地域当局からの脅威にさらされ、すべての建造作業は中止しなければならなくなった。

当時、ダマヌールの住民たちは複雑な感情を抱いていた。コンドルはそれを次のように述懐している……。

『神殿』は私たちにとってあまりに身近な存在であり、私たちのきわめて重要な魂の一部そのものでした。しかし、世の中に神殿の存在を知らせることは、そう、私たちが非常に誇りにしているこの偉大な芸術作品をついに世界に見せることができることでもあり、大きな安堵感もありました。世界は、ダマヌールのその他のことについても知ろうとしていました。神殿だけなんてわけないでしょう。

オベルトは、神殿が秘密のままであった方が良かったかどうか聞かれたとき、肯定的な答えをしている。というのも、この作業はまだ完成には程遠かったからである。実際、現在でさえまだ一〇パーセントしか建てられていない。しかし、建築している人たちは秘密の作業からちょっとした休憩を得てホッとしているに違いない。そして、もう秘密にしておく必要性がなくなったので削岩機を使い始めるかもしれない。

いずれにしても、彼らは共通して、いずれ仕事を再開する適切な時期を見つけられるであろうと確信していた。事実、現在では、限られた建物ではあるが工事を続ける許可を得ている。そして、すでに工事中の箇所は工事を完了させることが認められている。彼らは現在の構造を監視し、地球物理学者によるあらゆる種類のひずみテストや耐震性や構造耐性の検査を受けるために多額の資金を使っているし、あらゆる調査によってこの神殿が全く安全であり、安定した状態にあることが示されている。実際、多くの技術者たちは神殿の構造の高いクオリティーに驚嘆している。技術者の一人が「これは大した建物だ！」とつぶやいていた。

第二章　信じられないほど素晴らしい芸術作品

私たちにはありあまる体力と情熱、さらに偉大な発想がありました。

ピオヴラ・カフェ

初めて神殿を訪れたとき、あなたは驚くべき経験をすることになる。何ということもない中庭のドアをくぐり抜け、最初の部屋であるエジプトの部屋への通路を下ると、あなたはすでに特別な何かが自分に起こりつつあることに気づくだろう。

もしあなたが『人類の神殿』を見たいと思うなら、ダマヌールの人々は大歓迎である。〝ウェルカム・オフィス〟に電話をかければ、あなたのためにいろいろと手配をしてくれるだろう。しかし、ダマヌールでは心の準備をするための特別な日を設けるように求めている。一時間ほど心の内部の調和を図り、次いで聖なる言語の文章を唱えながら動き、それを踊りで表現し、山の頂上のサーキットである渦巻き状の道を歩きながら瞑想し……それから神殿に入る。

この方法で準備し、意識が高められて初めて、あなたは神殿を正しく理解することができる。

そして、部屋を建設したり装飾を施した人々が経験したのと同じ気持ちを幾分かでも共有することができる。あなたは、その場所のスピリチュアルな体験に加わることができるのである。私は、最初にエジプトの部屋を訪れたときのことを思い出す。手の込んだモザイク模様の床があり、そこには《これは本物の神殿を隠すための偽の神殿である》というメッセージが隠されている。そこで私たちはエジプトのヒエログリフの中に、秘密の入り口を隠している壁の割れ目を見つけようとした。私たちは七人のパーティーだったが、どんなに一生懸命に入り口を見つけようとしても、見て分かるようなどこかに通じる割れ目を誰一人見つけることができなかった。

私たちはそこで最初のマジックなもてなしを受けたのである。理解可能なマジックだが、マジックには違いない。オベルトが彼のリモコンで信号を送ると、巨大な石の平板が滑るように動いて通路が現れた。私たちは畏敬と驚愕の念で言葉もなかった。イタリア文化遺産省の建築物調査官であるダニエラ・ビアンコーニがつぶやいたように、「こんなところはインディ・ジョーンズの映画以外には存在しないわ」である。

ダマヌールの住民にとっては、ここが特にご推奨の場所というのではない。しかし、ビアンコーニ女史も一九九四年の『the Beaux Arts』（美術）の視察記事に、その建物の構造や付随する美術作品の素晴らしさについて賞賛に満ちた報告書を書いている。

石の平板が目に見えない線路を滑るように動くと、新しい回廊への入り口が現れる。そこをくぐっていくことは別の世界に入っていくようなものである。ここの壁という壁は、あらゆる種類の記号やシンボル、なじみの薄い言語の書体で埋め尽くされている。曲がった道を行くと、もう一つの入り口が『青の神殿』へと続く。

『青の神殿』

『青の神殿』は、かつて青に塗られていたからそう呼ばれている。また最初に建てられた部屋であり、しばらくの間はこの部屋が神殿そのものであった。現在、この部屋には神殿の神経中枢の一つである大きな青い球体が置かれている。この部屋は、それ自身が神聖な場所であるばかりではなく、『迷宮』やそれより上にある残りの神殿に向かう秘密の入り口が存在する部屋でもある。

ここの最初の装飾物は明るい色のアクリル絵の具で塗られ、人間の霊的進化のエネルギー・センターであるチャクラを象徴的に示している。天井には全面に星が描かれている。〝すべての人間はそれぞれ星の一つ一つである〟という古いことわざが、ダマヌールの文化に徐々に浸透している。一つの星には五つの点を持った人間の形が描かれており、これは人類の進化の中心的な活動、すなわち神との交信を表している。

長年にわたってこの部屋の正確な役割は明らかではなかったが、『人類の神殿』が開発されるにつれて、その目的が鮮明になってきた。現在、この『青の神殿』は瞑想の場へと変えられ、

〝神殿の誕生〟に捧げられている。壁は長年の間に数回塗り替えられ、現在では自然の五つのエレメント、すなわち火・空気・水・地・エーテルによって活気を与えられるような生き生きとしたデザインが描かれている。

モザイクの床には、流れるような黒髪と王女の冠をつけて微笑んでいる女神が美しい裸体で横たわっている。その像は固い素材で作られているのに、あまりに柔らかく感覚的で光り輝いている。彼女はタロット・カードの17であるステラ、すなわち『the Star』（星）を表している。二つの大きな水差しから『命の水』を注いでいる彼女は、永遠の若さと美を象徴している。この女神は事実上の直感力、理想主義であり、天国と自然のエレメントと交信している。

しかしながら、これが床について一番に注目すべきことなのではない。リモコンをもう一度操作すると、女性の胴に接した部分が地下に降り始め、下の通路へ続く階段になった。

階段の左側には、セラミック製の素晴らしい作品である巨大な王座がある。両肘掛にはイルカがあしらわれ、背面は大きな貝殻の形をしている。王座という概念は、一九八三年、多くのダマヌールの人々が始めた長いスピリチュアルな探求に基づいて考え出され、約六年の後、パセロット・オルモによりカステラモンテ・テラコッタで実現された。探求の物語は、神話の錬金術的・空想的な要素の様式化された表現とともに王座に象徴的に彫り込まれている。それは現在では、『青の球体』の反対側にあるアルコーブの中に置かれている。

「青の球体」は『人類の神殿』の中で最大の球体であり、約六十六リットルの容積を持っている。これは、錬金術的な物質で満たされた不思議な器具である。その機能は、内省を助け、この部屋で瞑想する人々の集中力を高めることである。ここは、この連合体の指導者たちが連合体を代表してスピリチュアルな決定を下す際に儀式的な瞑想を行う場所であり、その他の人々は個人的な問題について深い瞑想を行う場所である。

別の通路を降りていくと芸術作品はさらに精巧になり、象徴主義や折衷的なデザインの特徴を備えてくる。その通路は、石の棚のあるレンガの壁のところで突然行き止まりとなる。ここでも、目にしている物がすべてではない。これはもう一つの偽装された出入り口であり、開けると一連の急な階段が現れ、その階段はたくさんの大理石で作られたアルコーブへとつながっている。そこには、チャールズ・レニエ・マッキントッシュの様式をまねて上品に作られた初めてのステンドグラスの現物がある。通路に沿ってエジプト風の人物像が描かれており、ここにも別の秘密のドアがあるに違いなかった。

思った通り、リモコンのボタンをちょっと触れただけで石の巨大な塊が勢いよく開いて別の通路が現れた。通路やはしご段に沿って、高さ五十センチほどの、小さな彫像が並んでいる。一つ一つが全く違うスタイルで、座っていたり、跪《ひざまず》いていたり、奇妙な姿勢で立っているものもある。粘土で出来た人物の一つ一つは、ダマヌールの住民が自分自身を表現して作ったものである。それは彼らが、常にこの神殿の内部に象徴的に存在していることを表しているのかもしれない。

幾つかの秘密のドアと通路を通り抜けたあと、本物の取っ手のついた豪華に装飾された重い石のドアを目にする。このドアは、神殿の最大の宝石の一つである荘厳な『水のホール』へと開かれている。

『水のホール』

『水のホール』は非常に特別な部屋である。豊かな青い海色の競演、非常に強い印象を与えるステンドグラスのドーム型天井、大理石とオニックスのモザイク模様で出来た床、そして壁のほぼ全体を覆っている、入り組んだ、想像もできない量の聖句や図形の仕事に息を呑むはずだ(口絵カラー写真参照)。

このホールの建造に取り組んだのは、ダマヌールで最も長く活動に参加している数人を含むわずか二十八人の人々である。その間、他の人々は他の部分を掘り続けていた。

この小さなグループは、自分たちがシンクロニック・ラインのちょうど活動的なエネルギー流のポイント上で、特別に意味のある何かを創造していることを知っていた。

『青の神殿』の祭壇内に隠されたドアの陰で穴掘りは再び始められ、下方に向かって垂直に続けられた。山の重みは鉄の梁によって支えられた。神殿内にある信じられないほど美しい芸術作品を目にしていると、これまで外気に触れたことのない土を掘り出した、特別に許可された少数の人々の気持ちを想像することは難しい。しかし、彼らのすべてを駆り立てた考えは、彼ら自らの手で秘密の場所を創造し、瞑想に使われ、美しい芸術作品で飾られる特別な場所を創造するというものであった。

『神殿』の秘密文書の中に、私はこの部屋の芸術作品の意味についてのヒントを見つけ出した。『水のホール』は、それぞれの人間が魂の源に達し、女性性のアーキタイプ（原型）とのスピリチュアルな交流に加わるまでの人間の旅を象徴的に表している。女性性の原型とは、生と死、夢と不眠、知識と記憶を統括したものである。このホールに関連した神々は、すべて神聖な女性性と関係づけられる。

大きな四匹の蛇がこの部屋を支配している。二十四カラットの金箔によってこの蛇は光り輝いている。円形の壁は、記号、サーキット、地図、セルフィックな線画、マジックな目的を持って考案された図形、ダマヌールのスピリチュアル物理学の直接的な応用などで完全に覆い尽くされている。この部屋の壁の内側には渦を巻いて流れる水路があり、神殿の他の部分からの水の流れによって連続的にエネルギーを生み出している。多様な記号が複雑に、青、赤、金、オレンジ、黒などで入念に線引きされ、その複雑さや色によって特別な感覚的効果を生み出しながら広がっている。

壁の上の素描の間には、円や球体につながった、たくさんのサーキットがあり、円や球体は銀河系において人が住んでいた惑星を表している。地球は二匹の蛇のしっぽの後ろに二つの半球として二度表現されている。ダマヌールの住民の研究では、すでに生命が存在したことのある惑星や将来住む可能性のある一連の惑星を確認している。同様にシンクロニック・ラインも描かれている。これらのラインは、地球を横切っているだけでなく、この銀河系のたくさんの世界と結びつく道をも形づくっている。この道は、近くや遠くの星の系列間をつないでいる。

四匹の蛇は、これらのシンクロニック・ラインを明らかにしている。蛇は大きな口を開けており、口の中にはマジックな記号が書かれている。蛇の動きはラインの実際のエネルギーの流れを表現し、粘度の高い伝導性を持つ山を通って流れるエネルギーに対応している。

この部屋には二つの祭壇がある。最も重要である祭壇の一つは部屋に入ってドアの左手にあり、むき出しの土のニッチの中に置かれ、主要なシンクロニック・ラインの一つと直接接している。もう一つの祭壇は反対側の大理石の階段の一番上にあり、それぞれの祭壇には錬金術的に準備された特別の球体が置かれている。

床のモザイク模様は、六つの尖点を持つ星の内側に一つの円を形づくっている。それぞれの点には、聖なる女性性につながるイルカや神聖視される動物がいる。その中央にはダマヌールの旗がひるがえっている。床の残りの部分は、海の波を表現しているオニックスのモザイクで出来ている。波の効果がオニックスの特定の色調やその色彩で得られている。これは、ダマヌールで完成された最初の大理石の床であった。当時、この芸術の表現様式は、若い芸術家にとって本当に重要な試みであった。簡単に忘れてしまうが、当時の主な芸術作業はまだ神殿内で行われていたのである。ダマヌールの住民たちは、大部分がまだ若く、理想に燃え、豊かな才能を持った二十代はじめの連中だった。

私は、芸術家の一人ピオヴラ・カフェと長時間語り合った。彼女は現在、『芸術と統合テクノロジーの道』の責任者である。この道はダマヌールの『スピリチュアルな道』の一つであり、この神殿の部屋にある、あらゆる芸術品を調和させる役割を持っている。彼女は芸術品のすべてを詳しく知っている。ピオヴラにとって、それらは自分の子どもみたいなものである。「芸術品を創造する方法は、私たちが最初はじめた頃とは大きく異なっています」と彼女は言う。「全プロセスへの取りかかり方が違うのです。そして、疑いなく、将来はさらに違ったものになるでしょう」

なぜ変わるかと言うと、ダマヌールでは変わらないものは何もなく、あらゆるものが進化の過程にあるからである。ピオヴラにとっても、これが芸術の第一の規範となっている。

かつては、芸術家たちがそれぞれ独自の方法に従い、自分たちの文化的な背景やなじみの仕事のやり方に基づいて自己流で仕事をしていました。しかし、類似性のある作品を作りだすために、共同で行える何かを見出そうとしました。私たちは、大きな仕事を共同で始めようとして、度々集まって話し合いました。

彼らをさらに密接な間柄にした初期の大きな仕事が、『オープン神殿』の設計と建設だった。それは大きな挑戦であった。

……というのは、この地域には赤土を扱って仕事をするたくさんの伝統職人がいます。これは、この地域の主要な伝統産業なのです。私たちは大した経験もない、単なる若い人間の集まりにしかすぎません。しかし、私たちにはありあまる体力と情熱、さらに偉大な発想がありました。私たちにとって、何事も大きすぎる目標には思えませんでした。

『オープン神殿』は、発想においても製作においても、確かに規模の大きなものである。その神殿には、天にも達するような巨大なテラコッタの円柱や階段状ピラミッドの頂上におかれた祭壇がある。その作業は、芸術家たちに新しい技術を熱心に習得するに際して、初期の頃の挑戦の場を提供した。これらの技術は、その後の『人類の神殿』の仕事にとって計り知れないほど貴重な準備となったことが分かる。

私はピオヴラに、これまで『人類の神殿』のためのしっかりした設計、それがどうなるらしいという計画があったのかどうかを尋ねた。彼女によると、神殿をどのように実現すべきであるか、特に建築についてはオベルトが非常に明確な考えを持っていた。

それはもちろん初期の芸術作品の一つでしたし、たとえあなたがお気に入りでも、他のすべての芸術作品の始まりにすぎません。最初私たちは、気まぐれに作業をしていました。何かのアイデアがわくと仕事をし、わかないと中断してしまう。そして新しい着想がわくとまた仕事を始めるという状態でした。しかし、オベルトはたくさんの壮大なヴィジョンを持っていました。そのため私たちも、もっと規模の大きなものについて考え、心の中に計画性を持つことを学びました。

私たちが最初に仕事を始めたとき、芸術家たちを支えたのはオベルトただ一人だった、と申し上げるのは重要なことだと思います。なぜなら、神殿がこんなに美しいものになるとは誰一人信じていなかったからです。彼は私たちを一生懸命に励まし、みんなに、芸術が文化として、インスピレーションとして、さらには神殿の目的の表現としてどれほど重要なものであるかを完全に理解させることができました。

私は、その過程がどのようにうまくいったのか、あれこれ疑問に思った。オベルトは、ちょっとしたスケッチや線画を持って芸術家のところにやってきたのだろうか。さもなければ、多分そうだと思うのだが、その場所の考え方について何らかの見解を与えたのではないだろうか。ピオヴラは次のように説明した。

オベルトだけが、それぞれの部屋の機能がどうなる予定であるかを知っています。そして、どのような象徴表示やデザインがそこに盛り込まれるべきであるかの指示を私たちに与えます。かつて私たちは、オベルトがこうすべきだと指示したこと以外は、全く動こうとしませんでした。現在では、新しい部屋に取り掛かる際も、芸術作品を通して自分自身の考えを表現しています。しかし、部屋は何らかの意味を持たなければなりません。

ある神殿の部屋のテーマを選んだら、私たちはまずそのことについて調べる努力をします。その特別な主題や側面について、ダマヌールの考え方を詳しく研究します。私たちは本を読み、調べ、さまざまな質問をします。オベルトにたくさんの質問をするでしょう。彼は私たちに、もっと質問内容を広げるように仕向けるでしょう。これが、このテーマについての理性的な部分、思考の部分です。加えて、夢を見ることを使わなければならない微妙な部分があります。私たちは夢をよく利用します。もし夜、夢を見なかった場合には、翌朝、独創的に何を行ったらよいか途方にくれると思います。芸術家というものは、誰でも自分たち独自の仕事のやり方を持っています。例えば心を開いて、自分たちに流れ込んでくるアイデアを受け入れようとする人たちがいます。しかし、アイデアというのは、理性に基づかない心の部分からやってきます。その理性と非理性という両部分が結合され、技術や職人の作業場を通して仕事というものは創造されるのです。それが最終段階です。仕事の約六〇パーセントは、それを計画、立案することに当てられ、四〇パーセントがそれを実現するために使われます。

この全工程を通して、私たちは常にオベルトと接触を持ちます。もし私たちがそのテーマから外れそうになると、彼は私たちを本来のテーマに戻そうとするか、他のアイデアを付け加えたりします。どんなに良い芸術作品を作るためにも、芸術家自身が、彼らが行っていることを感じ、知らなくてはなりません。このプロセスがスピリチュアルな道であるというのは、そのような理由からです。

『水のホール』の芸術作品は、実際他の作品とは少し異なっている。それというのも、オベルト自身が中心となって製作に参加したのは唯一この部屋だけだからだ。ピオヴラは「私たちは、『シンクロニック・ライン』の流れを示す蛇竜を彩色しただけでした」と認めている。

その部屋は、謎と複雑さに満ちている。壁は、独特の『聖なる言語』による書き物で覆われている。お分かりだと思うが、その書き物を理解するのは難しい。どんなに複雑なものであろうと、オベルトだけはそれをすべて理解できる。これは知識を与えられるというより、知識を自ら手に入れる学科である。この言語を研究する人や書いてある言葉の一部を理解できたと断言する人がいるが、たとえその言語を完全に理解していなくても、それを見るだけで人の内部に共鳴を引き起こす古代から受け継いだ符号である。ピオヴラは、自分が貢献した仕事について話を続けた。

オベルトの書く作業が終わり、蛇竜が所定の場所に置かれてから、私の仕事の丸天井に取り掛かりました。今度は、仕事をする人たちにとってずっと理解し易くなりました。それというのも、その部屋の目的が丸天井の上や周りに記号で書かれていたからです。

もう一つ思い出すのは、光についてです。光は色に関連するため非常に重要です。色はそれ自身が周波数、波動を持っており、私たちの体にも影響を及ぼします。そのため、私たちがより高次の力と接触を持つ際、色はあたかも私たちをその力に接触させるためのメッセンジャーになるのです。すべての部屋において、ガラスを通してやってくる光がこの機能を持っています。

この部屋は、青、ライトブルー、白の波動で満たされています。なぜなら、これらは女性性に関係した色なのです。

この丸天井は、初めての大規模なティファニー様式の芸術作品であった。当時、ダマヌールの芸術家たちが着手した最大の芸術的な仕事である。私は感心したのだが、ピオヴラが、この丸天井は初歩的で単純なものだったと言ったのには驚いた。

そう、この仕事は美しいわ。でもこの設計には、たった二つしか『聖なる言語』の記号がないでしょう。その後の仕事ではもっと複雑になり、同じ表面に百五十もの記号が書かれています。

この丸天井を作る際には、とても愉快な話が幾つかあります。その一つをお話ししましょう。丸天井が曲がっているのに気づきましたか。これを作るに当たって、私たちはガラスの部品すべてを木製の骨組みの上に乗せ、それらをつなぎ合わさなければなりませんでした。このドームの仕事をしたとき、曲線のガラス作品を作るのは初めての経験でしたが、本当に一生懸命取り組みました。しかしよく見ると、私たちが間違った方向に曲げてしまったことに徐々に気づいたのです。このステンドグラスには、粗い面と滑らかな面の両面がありました。はんだ付けをした際、私たちは滑らかな面を前面にしたのですが、実際には粗い面にすべきだったのです。落胆しました。

それで私たちは、重たい本をたくさん持ってきてステンドグラスの上に置き、反対側に曲がるように試みました。私たちは作業場のドアに鍵をかけ、何台もヒーターを置き、数日間待ちました。そうやっている間に、熱と重さによってドームが反対側にうまく曲がってくれるのを期待したのです。ステンドグラスはその間ずっと奇妙な音を出していました。これが非常に狂気じみた試みであることを知りながらも、昼夜を問わず、うまくいくようにと祈っていました。でもうまくいったのです。

その後間もなく、『鏡のホール』のもっと複雑な丸天井を作りました。もちろん今度は正しい方向にちゃんと曲げましたよ。

私は、『水のホール』はただ存在しているだけで意味のある場所だと強く感じている。私には書籍を集める癖があるが、それを読むのではなく、ただ所蔵しておくだけのこともある。その場所で書籍の文に囲まれることによって、自分自身のこころを直感的に解放できる空間を創り出す何かがそこには存在する。それはあたかも、本を開かずして知らぬ間に読むことができるようなものである。『水のホール』とは、そのような場所である。その上、壁の上の聖なる言語に加えて『シンクロニック・ライン』の図式やマジックな決まり文句さえそこには書かれている。

壁の上の文字は図書館の本のようなものである。すなわち、一冊一冊の本の内容を根気強く学ぶことなく、知らないうちにその内容を身につけることができる。そこはまるでマジックな図書館だといえる。この複雑な壁は、また、メディテーションの一つの形態とみなすこともでき、書かれた文字は曼荼羅《マンダラ》と同じ機能を持っている。意識的に理解したり指示棒でその文字の上をなぞる必要もなく、その文字をただ見るだけでスピリチュアルな行為となる。ダマヌールでは、個人的なメディテーションのためにカードや紙の上の図形を指や特別なペンでなぞっている人をよく見かける。その多くは、脳内の地図に類似しているパターンをなぞることによって脳のシナプス内に特別なつながりを作り出す方法の一つなのである。

この『水のホール』が女性原理を表しているからといって、女性だけが使っているわけではなく、男女共、自分自身の女性的な側面を探求しようとする人たちが使っている。メディテーションや儀式を通して、宇宙にある女性的な力とコンタクトを取っている。このホールはまた、誕生や再生ともつながっている。妊娠中の女性がしばしばそこで瞑想をしている。

ピオヴラが私に、シンクロニック・ラインが通っている場所にあるむき出しの岩のニッチを示した。そして、このエネルギーの地点こそがそこに神殿を建てた真の理由なのだと話した。ダマヌールの人々は、その地点を通して、シンクロニックなネットワークに適切な想念形（ソートフォーム）を送ることができる。彼女は、思考には物事を創造する力があるので、建設的で調和の取れた思考を広げることが重要だと説明した。ダマヌールの憲法では、誰でもが如何に自分自身の思考に責任があるかを強調している。

神殿内のすべての部屋と同様に『水のホール』にも目的があり、その一つは、アイデアを交換し、発信し受け止めることである。一つ一つのホールが特定のエネルギーを持っており、直観力の経路は単に一つの部屋とだけつながるものではない。

『大地のホール』

子宮である『水のホール』から、へその緒にあたるらせん階段を通って『大地のホール』へと入る。この注目すべきホールは、神殿全体でも私のお気に入りの部屋である。ダマヌールを三度目に訪れた際、私は神殿内で執筆をしてもよいかどうか尋ね、結局このホールを選んだ。次の文は、一九九六年十二月三十日に私が書いたものである。

私は今、『人類の神殿』の『大地のホール』に座りながら、神殿の中で神殿について書いている。

様式は同じでも、すべてが異なっている八本の白い円柱が床から天井へと伸び、その白磁で出来た表面には、金で浮き上がらせた像がある。それらは、聖なるシンボルや神の彫像などで、蛇、鳥、サソリ、人魚、均整のとれた優雅な人物など、神話上の象徴的な意味が表されている。円柱には冠をかぶせられた柱頭があり、それぞれ独自の彫像が描かれている。

これらの円柱は、それ自身が『大地のホール』の確固たること、堅さ、固体性、およびそれを建造した人々の堂々たるシンボルとして立っている。座ってこの文章を書いている今現在も建設作業は続いており、神殿の他の部分からハンマードリルの音が聞こえてくる。これまでわずか一〇パーセントしか建築されていないが、さらにこれから建設が進められ、魂や人類の普遍的な精神への更なる扉が開かれる。

『大地のホール』の私の側で作業をしているのは、ひとりの芸術家である。彼女は、この部屋にたくさんあるフレスコ壁画のうちで、『球体のホール』を象徴している最新のフレスコ壁画に色を塗っている。このパネルは、神殿の他の部屋でなされた仕事の重要性を象徴化したものや、それを想起させるために大切なものであふれている。

タロット・カードの意味することを読み解くときと全く同じように、神殿の壁全体が読み解かれるべき意味を持っている。読まれ、解釈され、それについて深く考えるように……。

見上げてみた。すると、天井は信じられないほどの色の競演である。多様性に富む六つの円形の帯飾りが描かれている。私は、ダマヌールに住む誰もがその彩色に加わったと聞いている。そのことが重要なのである。かつてオベルトが、「現在目にする絵の下にもたくさんの絵があり、『人類の神殿』は単に表面に見える芸術作品だけではなく、表面の下にも芸術作品があり、それらは決して表に出ることはない」と私に話したことがあった。石棺の裏面も常に彩色していた古代エジプト人と同じく、ダマヌールのフレスコ画の下にも、もはや目にはできないが、このコミュニティーの全歴史が描かれている。

円柱が柱頭につながっている部分を除いて、外側の天井の輪はオレンジ色で、外に向かって白くなる。このオレンジ色の輪の内側には、赤、緑、金の円を組み合わせた、込み入ったデザインが描かれている。天井の一部はごつごつした岩がそのままの状態で残されており、次の濃い紫の帯飾り同様、オレンジ色の帯飾りにも食い込んでいる。これは、裸の地面を削ったことを忘れないためであり、神殿とそれを建てた人々、それを共有するためにやってくる人々との間のスピリチュアルな接触点でもある。

その紫はやや濃く、比較的目立つ色であり、輪の内部にはダイヤモンド形や角ばった形が描かれている。次の帯飾りは濃い緑で始まり、青緑色で終わっている。六つの輪のうちでこれが一番幅の広い帯飾りである。赤い色の大部分は豊かな葉の中にあるベリーのようであり、赤いハート型の模様を含んでいる。その内側には、入り組んだ赤いダイヤモンド型の帯飾りにより隔てられた、みずみずしく明るく輝く色、ロイヤルブルーの力強い帯飾りがある。その中にははすの花型が描かれている。そして最終的には、豊かな赤色の帯飾りが、星型や葉状の柄をしたワインレッドのデザインを完成させている。

この天井にデザインされたシンボルは、実際には『聖なる言語』の表意文字であり、ERIJA BET LEBAJ（「We arrive at the Awakening.」私たちは覚醒に達する）という歌の歌詞を記したものだと聞いている。この歌の全歌詞がこの部屋の周りの大理石に刻まれている。それは、前世のすべての記憶をもって新しい肉体で再覚醒するための歌である。

最後の帯飾りは多色で、光に照らされたティファニー・ガラスにある。緑や紫がかった青のその帯飾りは、色が波紋状に終わっている。そして、これらの波紋状帯飾りの中央には七つの顔のモンタージュ絵があり、その顔の中心には太陽がある。これらの顔は誰だろう。きっと神なのだろう……。

神々……、神々……、今まさに眠りにつこうとしている神々が再会する。神々は、自分たちのために夕暮れとともに末世カリユガの時代がやって来て、長期間、星の渦（the Stellar Vortexes）の『黒い神』が世界を支配することを知っている。

『高位の偉大な神（the Great Major God of the Superior Circle)』である『スリー・タイムズ・ラー』は、人類と結びつき今だに目覚めている三人の神、『ホロ』、『水の女神』、『謎に包まれた神』を招集する。これら三人の素晴らしい神々は、肩を並べて座り、遠方の『高位の偉大な神』の目を覗き込んでいる。また視野が特別に優れていて、広範囲を見渡せるこの三人の神々は、自分たちをじっと見つめ、善意や敬意をいっぱいに注いでいる教え子のみに気づいている。

一つの力強い声が三人の神々に、新しい都市が神々と『人類』との協働から現れる場合にのみ、再び眠りから覚めるであろうと告げる。未来の数千年後のある日、新しいエネルギーの渦、その集合点や『シンクロニック・ライン』が通過すると思われる場所にその都市は現れる。その都市は、『人類』を救済できる可能性があり、それまでは、その都市がその運命に値するものかどうかを知るために、試され、鍛えられることになる。

そして、神々が目覚めることによってのみ、『人類』は正道に向かうであろう。その時代は正確で完全でなければならず、『人類』の願望とその力から生まれなければならない。『人類』『人類の神々』『高位の偉大な神』が協働する未来の聖なる場所は、今『ソッフィオ』と呼ばれる小さな地の精に委ねられた土地である。『男性原理』と『女性原理』が合して一つになり、『人類』の中に男女両性具有の状態をタントラ（インドの秘教的聖典）的に作り出した時にのみ、この協働は可能である。

『ホロ』は、小さな妖精『ソッフィオ』に委ねた土地に向かって北にいく。彼は旅や数千年の努力にうんざりし、どんどん弱くなっている。彼は、まるで降ったばかりの雪のように山から一握りの土を掘り出し、快適な座席を作り、ゆったりと座り込む。そして左掌の上に頭を乗せて横たわり、眠りにつく。

『水の女神』は同じ場所で休息するために、自分を三つの水源に変える。彼女が膝を置いた場所には大きな湖が生まれ、彼女が手の指をついたところには小さな湖が作られる。彼女が頭を置いたところは海になる。

『謎に包まれた神』も同じ場所に到着する。彼は三人の神のうちで一番疲れている。土の上に横になり、まるでそれが最高に快適なマットレスであるかのように、ぐったりと身を任せる。彼のひじは山々であり、髪は緑の森、のどは深い火口である。

今や神々にとっては、彼らのマーヤー（幻想の産物に）に対して、また人類に対して、彼らが守ってきた真実を与えるという夢だけが残されている。

夢だけが残されている……。ただ夢だけが……。

深い眠りから覚めるかのように、私は身を震わせる。天井を見上げ、豊かな生命の流れ、私たちが現実の表面に作り出しているさざなみをじっと見つめている。私の目は、彩色された同心の帯飾り中央にある七つの顔に引き寄せられる。そして私の想像力は、ダマヌールの神話の一つ、『サファイアの面の神話』に次第にたどり着く。今では、私をじっと見つめているこの七つの顔が地球の七つの原人類を表していることを知っている。眠れる神々は、この仕事を通して、この場所のここで、まさに目覚めさせられようとしている。この天井は、ダマヌールの人々の献身と勤勉、目的に対する自覚を象徴している。彼らを結びつけているのは、彼らを共に活動し続けさせるものである。天井絵の重なり合う構造は、彼らの生活が密接に重なり合っている性質を反映している。

一つの円柱の陰から、『時間』がそっと私を覗き見ているのに気づく。彼は長い灰色の髪とあごひげを持ち、背が高く威厳がある。素足で、緑色の絹の縁取りと赤い裏張りをした金色のローブを羽織っている。右手には小さな砂時計を持ち、左手はガラスの球体を高く持ち上げている。『人類』が現世で必要な時間に気を配りながら、手には人間の未来を握りながら、部屋の広い空間を覗き込んでいる。

『時間』は、心を和らげる偉大な力を持っている。彼の側には四季が描かれている。私たちは、四季によって時の推移やサイクルを知る。彼の左手の少し先には、地球という惑星の過去の文明についての重要な記念碑がある。上方には、未来の新しい黄金時代を象徴する黄金の都市が描かれている。壁のその部分には、縦に長い窓が三つある。これはティファニー・スタイルが開発される以前の、ごく初期の頃のガラス製品である。『星の諸力』『女性性の諸力』『大地の諸力』に捧げられている。

私はこの場所にいて幸せである。それが何であるか正確には分からないが、この場所に親近感を感じ、くつろいだ気分になる。

ホールをじろじろと見回して、次に目に飛び込んできた大きな像は女性である。おそらく彼女は『母なる大地』だと思われ、妊娠しているのは確かだ。ほぼ裸体に近い体は、青緑色のシフォンの衣服を優雅にまとい、肩や胴体部分を透けた状態で覆っている。流れるような色鮮やかな赤毛には、一連のビーズや貝殻が編み込まれ、髪の大きなウエーブが彼女の美しさを増している。彼女の腕はいっぱいに広げられ、片方の掌は上を向き、他方は下を向いている。ダマヌールの人々が、これは聖なるダンスの身振りであり、このダンスは出産の準備として妊婦が利用しているのだと教えてくれた。

この女性は、実際に叙事詩の一場面、『人類』と『人類の敵』との戦い、苦難を乗り越えようとしているダマヌールの人々の戦いの場面に、今まさに足を踏み入れようとしている。『人類の敵』である顔の無い灰色の姿が、膨大な数の迫ってくる人影によって表されている。彼らに対抗して戦いに投げ込まれたのがダマヌールの人たちである。私はその何人かを知っている。私がここを何回も訪問しているうちに友人になった人たちだ。ここにはタピーロ（バク）、フェニーチェ（フェニックス）がいる。カイマノ（カイマンワニ）、ガウ（ガチョウ）、アラ（コンゴウインコ）、コボルド（ドイツ民話の小妖精）、アンティロペ（レイヨウ）もいる。

ふと、スーパーマンのような肉体をしたコンドルに気づいて、一人静かに笑った。戦いは激化しているが、誰もが微笑と笑い顔を絶やさず強い決意を抱いている。彼らは必ず勝利を得る人たちだ。彼らが顔の無い闇の力に打ち負かされることはないだろう。戦いの勝利者であるために、自らの生命に反するマイナス思考や自己に限界をつくることをも許さないであろう。これはまさしく人生の戦い以外の何物でもない。彼らは『人類』の代表であり、絶対に失敗してはならない。

厳しい警告として、『将来大地の母となる女性』のシフォンで覆われた肩の上方には、宇宙の闇を表す情景が描かれている。これは、もし人類がこの課題に失敗すれば何が起こるかを表している。しかし、ダマヌールの人々の笑顔と決意の表情を見れば、彼らが最後まで戦うであろうことが分かる。彼らは、喜びと快活さを持った民族であり、不屈の精神と確固とした楽天主義を持った民族である。

確かに、これは空想的な戦いである。しかし、それはダマヌールの特徴を示し、人類の運命を危険に備えて絶えず警戒し、勇気ある守護者であろうとするこの民族集団の力強さと確固たる信念を示している。そして、たとえそれが一般の人には普通でないように見えても、ここダマヌールでは当たり前の状態なのだろう。

目を移すと、妊娠中の『大地の母』の足元から『月の扉』（口絵頁写真参照）へと流れ込んでいる豊富な水に気づく。『月の扉』の裏側には地下貯水槽があり、『人類の神殿』内でなされる多くの仕事に滋養物と生命エネルギーを与えている。

戦いの場面の反対側には、戦いの後の時期を表していると思われる場面があり、そこには三人の人物が描かれている。一人目の女性像は、戦いのシーンを眺めており、両手で『聖なるダンス』の身振りをしている。髪の毛に花やリボンが絡みついていることを除いては、全裸である。両手や腿には、まるで刺青のようにダマヌールの人々を表す動物の像が彩色されている。それらの動物はダマヌール市民自身であり、みんな身近な存在である。女性の頭上に吊るされているのは『聖杯のグラス』であり、絹製の黄色い布上に浮いている。

このグループの二つ目の像は約五・五メートルの高さを持ち、部屋の中で最も高い金色の体をした人物像で、大きな男女両性具有の存在である。毛やそれと分かる性器が無く、一見したところ男性に見える。しかし、紫外線の光を当てたときだけ見えるような特別の塗料を使って、女性的な特徴を持った別の像が描かれている。そのようにして、男性と女性の和合、スピリチュアルな原理の統合が表現されている。その像の両手は、先ほどと同じように『聖なるダンス』の身振りの一つを表し、右手を下げて掌を上に向けてカップ状にし、左手を高く上げている。

両性具有像の右側には若い男性の像があり、彼の髪の毛は、まるで無数の花火が一度に打ち上げられたように天界の出来事で輝いている。彼の両腕は『聖なるダンス』の本を開いたような掌の格好をしており、それに息を吹きかけている。腕は透明になりつつあり、手からはさらなる天界の爆発的なほとばしりが発せられ、宇宙空間へと広がっている。これは宇宙の創造を表している。彼は世界を形成する神デミウルゴスであり、最高神ではないが、アーキタイプ（原型）や思想を手に入れ、それらを物質世界に投入する存在である。

叙事詩の部分である次の人物は、走っている男で、あらゆる人類の男性側を象徴している。そして、左手を前に突き出して〝ストップ〟の身振りをしている。彼と次の像との空間には、知識の木と中央にある不死の木とともに、進化のらせんを表している。しかし、彼の身振りは、向き合っている巨大で邪悪そうな灰色の人物像に向けられている。この像が表現しているのは、生命に反する行動の基準、『人類の敵』である。『人類の敵』とは、自分たちが神を源にしていることを忘れ、利己主義、自分本位、分離、多様性や生命を破壊する行為などである。

彼は気味悪く恐ろしい姿をしており、魅力的というには程遠い。素っ裸で、いかめしく、しかめっ面をしている。太い首、盛り上がった筋肉をした、弱い者いじめの暴れ者という感じである。自由に動き回らせないため、一種の美と高い理想の檻、ダマヌールの『聖なる言語』の符号がその像を覆っている。彼は、あなたが会いたくないと思いながらも、あなた自身の限界の現れとして、いつかは出会うかもしれない誰かなのである。

彼の傍には、アトランティスの素晴らしい文明が描かれている。しかし、生命に反するその行動の基準が文明を壊そうとしている。エスペリデの説明によると、精神性の成長と技術は共に進まなければならないということを、私たちに思い出させるためにそこに描かれているのだ。人類が過去に犯したと同じ過ちを再び繰り返さないために……。

最後の大きな像は、物質世界における二元性を象徴している。『大地のホール』の新しい部分へとつながるアーチの上には、二つの顔を持つ人物像がある。彼は両手で見せ掛けのベールを引き上げている。

壁の下方にある一連の彩色されたパネルには、ダマヌールの精神性探求の生き方、『道』が描かれている。ダマヌールの住民一人ひとりは、自分たちの興味に関係するそれぞれのスピリチュアルな生き方に従っているため（第四章「七つの道」参照）、神殿にそのことを表現するのは当然であろう。

私のよく知っている人たちが神殿の壁の上に描かれているのを見るのは、いまだに興味をそそられる。それはイタリアでの別の場面を思い出させるからだ。

一九七七年、私はウンブリア地域でのスポレート芸術祭に若い演劇グループを連れていった。言葉の壁を乗り越えるために視覚に訴える作品に取り組むことにし、デヴィッド・ボウイのアルバム『ダイヤモンドの犬』に基づき、ボウイの他の歌も組み入れたドラマを考え出した。当時はパンクファッションがロンドンでの支配的なスタイルであり、その作品は近未来の世界の終末を表すものだった。

劇中では、若い攻撃的なパンクがムチや鎖でひどい扱いをしながら年上の白髪まじりの人たちを支配していた。ドラマは、その哀れなシーンを描きながら、燃えさかるたいまつを手にしたみすぼらしい行列で始まった。若い俳優たちは、舞台に上がると預言者風の人物に迎えられた。預言者は、手を上げて警告と五を表すサインである指を広げ、「５年間」を歌った。それは、彼らが差別を解決するには五年しかないことを警告していた。

「シグネット・コミティー」という歌の題名に基づいた次のシーンは、傷を癒し、争いを解決するために座り込んでいる二つの陣営を示していた。いくつかのシーンや歌が終わり、状況は再び悪化し、邪悪な戦いが続いて起こった。若者の何人かは、サーカスで使われる口から火を出す技術を学んでいた。それは、ただ一人の人物が「ロックンロールの自殺者」を歌っている最後の見せ場で、視覚的な効果を狙って取り入れられた場面である。

私たちは、ウンブリア中の町の広場や野外劇場でこの作品を演じ、イタリア人たちも気に入ってくれた。驚いたことに、私たちの演じたものの一場面がオルヴィエート（Orvieto）にあったのである。私たちはそこにいる間に、一五〇〇年頃に彩色された素晴らしいシニョレリ・フレスコ画で有名な大聖堂を訪れた。私がこれらの昔を思い起こさせるフレスコ画を見ながら歩いていると、若者の一人が走りながらやってきた。

「ちょっと来てください」と息を切らして言った。「僕たちの物語が壁に描かれているのです」。彼は私を別の部屋に連れていった。確かにそこには、パンク風の人々がムチや鎖で灰色がかった人々を支配している行列が描かれていた。手を上げながら五本の指を広げ、警告のジェスチャーをしている預言者風の人物もいた。座って相談している人々の一団がおり、巨大な大火災の上空高く、天使たちが〝火を吐きながら〟飛んでいる！　これらすべての場面は、四世紀以上前に描かれたものであった。

今私は、イタリアの別の場所にある『人類の神殿』にいて、『大地のホール』の周りのパネルに描かれた知人たちを眺めている。

最初は、芸術家がいまだに作業を続けているパネルである。中央には、世界中のあらゆる国や大陸からやって来た子どもたちの一団がいる。子どもたちは団結のダンスを踊りながら手を握り合っている。遠方にはカップルが向かい合い、両手を前に出して互いに触れ合いながら立っている。これは、精神性探求のための教育の『道』を表し、子どもたちの世話をし、養育する『道』である。世界中の子どもたちの団結に捧げられており、世界を前進させる可能性のある道である。

『球体のホール』の一部、『水のホール』の一部に、子どもたちがダンスをしている様子が描かれており、女性原理の安全な避難所を象徴的に取り囲んでいる。このフレスコ画のパネルは象徴性が豊かで、二つの違ったホールで行われている仕事の重要性を反映している。

次のパネルは、青い月光を浴びた大気の中のオープン神殿を描いている。シレーナ・ニンフエアが火の祭壇の前に立ち、『オラクル道』のための儀式を執り行っている。『オラクル道』とは、『神聖な諸力』と通信する精神性探求の道である。

次は、たくさんのバケツに入った土を、人間の鎖という強力な方法で運んでいる神殿内の建造者たちの絵である。そこには、ピッキオ（キツツキ）やアルチェ（ヘラジカ）がいる。この二人は『騎士道』という精神性探求の道に従っており、神殿の建設とダマヌールにおける安全の確保に特別な責任を持っている。

『修道者の道』には、敬虔でスピリチュアルな黙想状態にあるチコーニャ・ジュンコ（コウノトリ・イグサ）や他の男女の修道者たちが描かれ、神殿内での瞑想や儀式の場面によって表されている。別のパネルは全体的に青みがかっており、ガッビアーノ（ユリカモメ）が本を手に座りながら、車座に座っている熱心な聞き手にダマヌールの哲学の細かい点を説明している。これは『言語道』を表している。

『芸術と統合テクノロジーの道』のパネルはまだ出来上がっていないが、神殿におけるすべての芸術作品がこの特別な精神性探求の道の証である。

今この覚書きを読みながらも、鮮やかな記憶がまざまざと蘇ってくる。神殿内における私の時間はインスピレーションに満ちていた。私はすっかりリフレッシュし、活気を与えられてそこから出てきた。

その後、『大地のホール』がシンクロニック・ラインの中心に位置しており、そのためこの部屋は『大地の諸力』と物理的に接触していることを知った。私がこの部屋でくつろぎを感じたのも不思議ではない。

私がちょうどこの部屋を出ようとしたときに、興味深いことが起こった。訪問者の一団が神殿を案内されていた。その中の一人、ドイツ人の女性がこの部屋に入り、周りを見回した途端、感情の波に完全に圧倒されて号泣し始めたのである。彼女は慰められ、間もなく落ち着いたが、部屋に歩いて入っただけで強い感情が呼び覚まされたことは確かである。

頭の中にそうしたさまざまな考えを抱えて、私は次の日、再びピオヴラ・カフェと議論を始めた。私は彼女に、私が本当にやりたいのは『大地のホール』で暮らすことだという気持ちを伝えた。私はただそこに留まりたかった。そして、ピオヴラや他の友人の誰かに、時々パンを持ってきてほしかった。

「いいわよ。ただし、あなたがペンキ塗りをしたければだけど……」と、彼女はからかった。

私は、神殿内でペンキ塗りが進行中でない『大地のホール』を見たことがなかったのは事実である。『大地のホール』ではほぼ常設的に足場が組み立てられている。ピオヴラは、そのホールの天井がどのようにしてペンキで塗られたかを回想した。


神殿が掘られ、漆喰を塗られた直後がどんなだったか、想像してみてください。壁という壁は、まったく色のついていない白でした。それが突然、白い壁からこのように鮮明な色に塗られた天井が現れたのです。それはただ浮き出したのです。あの天井がどんなだったかを、いつも記憶にとどめておくつもりよ。

私たちは、ちょうど天井まで足場を作り、その上に上がるための厚板を置きました。そこへはぐるぐる円をかきながら登らなくてはなりませんでした。私たちは、その厚板の上に横になって色を塗りました。ちょくちょく起こることでしたが、明かりが消えてしまったときには、静かにちょっとした仮眠を取ったものです。私たちはあまりに天井近くで作業をしていたため、しょっちゅう誰かが「この厚板を降ろそうよ。そしたら物がちゃんと見られるのに……」と言っていたわ。

この天井のエネルギーについて非常に印象的なのは、当時ここにいた百七十人のダマヌールの住民すべてが、この天井の色塗りに貢献したことです。私たちは、人々について三種類の秘密のリストを作りました。色塗りが上手な人、まあまあの出来の人、全く役に立たない人です。私たちは役に立たない人のことを〝アーティチョーク〟と呼んで、背景の色を埋める作業や易しい仕事をさせました。作業がすべて終了するまで、このリストは秘密のままにされていましたが、ある時、私がそのリストをうっかり置き忘れ、その結果、その〝アーティチョーク〟リストが見つかってしまったのです！　そのため、みんながその秘密を知ってしまいましたが、誰もが本当に大笑いでした。

天井の模様は、数字の33と66を基本として『聖なる言語』の祭文が書かれている。その模様は、ガラスの上に描かれた七つの顔の中央から始まっている。残りの部分には、六十六回渦を巻いている巨大な渦巻きがある。それは一見幾何学模様の繰り返しのように見えるが、聖なる言語で瞑想用の聖句を綴った文書やシンボルが描かれた非常に複雑なデザインになっている。

別の機会に、私はピオヴラに、『大地のホール』に描かれているダマヌールの人たちの肖像画について聞いてみた。彼らは三つの異なった方法で表現されている。一つは、大きな女性像のボディー・ペインティングとして、次いで戦場における人物の顔として、最後にダマヌールの精神性探求の道のパネルに、それぞれの人が自分たちにふさわしい道のところに描かれている。ピオヴラの説明によると、ダマヌールの市民たちは動物の名前を持っており、新しい名前が付けられるたびにその女性の上にその動物が描かれるそうだ。そして、誰かがダマヌールを離れる場合は、もはや動物名が必要ないので、その動物は塗りつぶされる。それは戦場の顔についても同じである。

夏の時期、時にはペンキ塗りを中止しなければならない。それというのも、湿気が大問題なのである。ペンキ塗りは非常にデリケートな仕事であるため、壁が完全に乾いていることがとりわけ重要である。そのため、ペンキを塗る人たちは、その時期は刷毛を置いて、神殿の内部が乾燥する冬の計画を立てる。『大地のホール』だけでも五、六年分の仕事を予測することができるのだと、ピオヴラは言った。

ある意味、この作業は決して終わらないでしょう。物事が発展するにつれ、私たちはさらに複雑な考えや新しい状況を知ることになります。私たちは、実際にはまだスタートしたばかりなのです。それが完成されるときには、巨大な仕事となるでしょう。それは一冊の百科事典のようなもので、ダマヌールの物語を語るだけでなく、秘教的な物理学や人類の歴史を説明するものとなるでしょう。内容は多岐にわたります。

このように、この作業の計画は徐々に複雑さを増していくでしょう。私たちがその仕事を知れば知るほど、さらにその複雑さは増していきます。しかも、すべてが明らかなのではなく、ある部分は内面からのみ理解され、またある部分は、秘教的な意味で秘密になっています。部屋に行き、壁に描かれた内容を理解しようとすることが学習の一形態なのでしょう。

これが実際、この部屋の機能の一つである。すべての部屋にはいくつかの機能があり、それぞれが特定の要素に捧げられている。それも単なる物質的な要素だけでなく、それに関連したあらゆるもの、あらゆる形態や概念にも同じように捧げられている。この『大地のホール』についていえば、私はいつもこの部屋を『母なる大地』と結びつけて考えていた。しかし、ピオヴラは、このホールの均衡は、実際に、男性原理と地球内部からの力、生殖原理に密接に関連しているという。そのため、ここの芸術作品は男性と女性の原理を反映しており、人物像をじっと見つめることによって、あなたは実際に、あなたの内部の男性原理と女性原理をバランスする過程を経験している。両性具有者は、男女両性の結合を象徴しており、神的存在としての人間の完成を表している。

ピオヴラは、これは芸術の精神的な価値の何かを示しているのだと、次のように説明した。

芸術とは、あなたに魂を磨かせる何かです。芸術とは、ある人にとってはただ美しいだけのものかもしれませんが、私たちにとっては魂の進化に向かう道に続いています。あらゆる芸術にはこの基盤があり、私は、芸術が人類に対して「付加価値」を持っているとしか表現できません。私にとって芸術とは、神と話し合う手段です。ある人は、自然を通して神と親しく語り合うでしょうが、私にとっては芸術が神との交信手段なのです。そして芸術とは、あなたが外側に美を創造するとき、同じようにあなたの内側も美しいという隠喩でもあります。

次に私が『大地のホール』を訪れたとき、その壁はたくさんの新しい画像で埋められていた。新しい絵は、ダマヌールの神話というテーマを続けていた。『大地のホール』には、この『人類の神殿』全体の中で最も力強い画像群が描かれている。

最近になって、『大地のホール』には新しい増築部分が加えられた。新しい円形の部屋が、階段によって最初の部分につながっている。それは無限の広がりの具体化を示し、私たちの惑星・地球を残りの宇宙に関連づけることを象徴している。ピオヴラは、この部屋についてたくさんの夢を見ているのだと話した。

その夢は、私が通常見る夢よりもずっと色彩も豊かなのです。私はまだ存在していない『ホール』の夢を見ます。それで、起き上がってからそれを書き留めます。でも、すべてのホールは、準備としてかなりの研究も必要なのです。直感のおもむくままや夢にだけ従うのではなく、いろいろなことを研究しなければなりません。それから、研究したことと夢とを関連づけるのです。

私は、神殿の上に住んでいることがピオヴラの夢を見る助けになっているかどうかを聞いてみた。彼女は言った。

まさにその理由のためにここに住んでいると思っています。以前は夢を一つも覚えていませんでした。ここに住んだ最初の数日間は、夢を見ませんでした。エネルギーが多すぎたのです。しかし、その後はうまくバランスが取れるようになりました。

同じようなことが私にも起こった。私が夢を見ることはほとんどない。しかし、ダマヌールではたくさんの夢を見た。マジーラに滞在している間や、ケルト族の古い居留地跡の山地にあるダマヌール住民の家に滞在したときには、ほぼ毎晩のように夢を見た。他の人々も、この場所では夢を見ることが多くなると報告している。

二度目にダマヌールを訪問した際、幽体離脱体験を通して夢の世界で他の人たちに会うことを目的とした夢のプロジェクトがあった。しなければならないことといえば、ただリストに名前と生年月日を書き、そして眠る前に緑の色を視覚化することだけであった。容易なことではなかったが、努力してみた。その結果、夢の世界では誰にも出会わなかったが、びっくりするほど視覚的な（ヴィジュアルな）夢を見たのである。その後幾晩かは明快な夢を見た。しかし、地下に神殿のある山の頂上に建てられた家、オニ・ドーベに移った最初の夜には眠ることができなかった。夢を見るどころではなく、まるで何かに駆り立てられるような感じだった。しかし、その後も夢は見なかった。ダマヌールでどんなエネルギーが働いているにしても、そのエネルギーには影響力がある。

ピオヴラが言った。

多分あなたは夢を見ているのだけど、思い出さなかっただけなのよ。エネルギーが強くなるほど記憶しているのがむずかしく、はっきりとは残らないのよ。一度あなたがその利用法を学べば、ここは夢を見るのに最適な場所の一つよ。

最近訪問した際、『大地のホール』の増設された場所へと階段を下りていった。この新しい部屋は、絵やモザイク、彫刻、ガラス製品で満ちている。そして、たくさんの意味を伝えている。このホールの主要なテーマは、時を通して展開する人生のサイクルであり、私たちの惑星上での命の美しさと多様性である。この惑星の風景は、自然のシナリオの偉大な多様性に満ちた『大地』を表している。壁に沿って、絶滅したり、絶滅に瀕しているさまざまな動物たちが描かれ、私たちが現在知っている物質世界のこの光景の記憶を未来へと伝えている。ダマヌール市民すべての肖像画である人物像は、人間が遭遇する人生のさまざまな発展段階を表している。誕生、幼年時代、青春期、恋愛、結婚、病気、治療、死、学ぶこと、教えること等々……。このホールは、人生の循環性を象徴する二輪車の車輪のようである。この車輪の車軸は、中心にある円柱である。それは象徴的に、天と地、すなわち天井と床を結びつける男性と女性を表している。これは、霊性と物質面の架け橋である人間の種としての機能を想起させる。

円柱の柱頭は、ティファニー・ガラスで作られており、宇宙の誕生という考え、ビッグバン理論に影響を受けている。天井は夏空を表し、そこに描かれたすべての画像は、星座やそれから連想される神話によっている。光ファイバーで作られた数百の星が、彩色された画像の間できらめいている。

円柱の足元を飾っているモザイクは、典型的な季節の植物とともに、夏至と冬至、春分と秋分を表している。それぞれの花の構図の中央には、ダマヌールのシンボルであるタンポポが描かれている。床をいくつもの部分に分ける美しい星状のパターンを作り出すために、一つ一つの点からゆっくりとカーブした線が延びている。外側部分にある四つの人物像の構図は、時と活動を表している。これによって、床の上の物語を完成させている。あらゆるモザイクのモチーフは、鏡像効果を作り出す高価な御影石をバックに描かれている。

この新しい部屋の完成とともに、『人類の神殿』の最初の一割が終了した。これからまだ作られる必要のある九割は、ブケ(Buche)と呼ばれる近くの建設予定地にある。将来、読者の皆さんが『人類の神殿』を訪れる際には、私が今書いている以上に驚嘆すべきものになっているだろう。

『金属のホール』

ダマヌールの芸術家たちが初めて集まったのが、この部屋であった。それは芸術作品の進化、結果として人々の進化を前進させる大きな一歩であった。私にとってこのホールは、出現しつつあるダマヌール・スタイルを示してくれている。物憂い静寂や落ち着いた雰囲気を備え、空間や快活さを感じさせる最高に満足のいく部屋である。

この部屋の大きな特徴は、人間の形状である。壁には巨大な木炭画と思われる男性と女性の像が描かれており、力強く自信に満ち、生命と活力にあふれている。また、ホールの中央には、銅製の、等身大より大きい人物像の浮き出し模様で飾られた一本の円柱がある。私は以前、ピッキオ・アベーテの工房で制作されているこれらの作品を見たことがあった。通常、この種の浮き彫り作業の限界だと考えられる以上の銅を押し出す技術を、彼は考案した。この人物像は、非常に様式化されているが、そそり立ち、力強い。

他の四本の円柱は、モザイク画像でまばゆい床とテラコッタの浅浮き彫りで出来た天井とをつないでいる。これらの円柱は、まわりに何層ものシンボルが巻きつけられ、うわ薬の自然色を強調する美しい青銅色の金属仕上げで複雑に出来ている。工房での粘土作業から最初の焼成や初期のうわ薬がけを経て、神殿内での分割された建設作業までのあらゆる進展段階を目撃していたので、この芸術作品の一つ一つに特別な親近感を感じている。

この天井は、ベージュや光沢のある白、金で美しく彩色された浅浮き彫りの人物像、戦士や踊り手などで、テラコッタ作品をさらに一段階先へ前進させている。床はさらに独特である。モザイクで見事に描かれた大きな人物像は、人類を悩ますさまざまな悪を表現している。目を閉じている女性〝意識の欠如〟は、火の中に飛び込んでいる。利己主義は鎖でつながれている。プライド、悲観主義、怠惰、偽りなども表現されている。

八つあるステンドグラスの窓は、鉄から金への精錬の象徴的な旅として人間の異なった年代を表している。四つの窓は中央に女性の顔があり、他の四つには男性の顔が描かれている。その洗練された見事な細部は、ガラス工房の職人が如何に高いレベルに達しているかを示している。肖像画の細部を最高に細かく表現するために、ガラスに絵を描いている。ピオヴラは、以前私に、この部屋は火を象徴化していると語っていた。私はもっと詳しく話してくれるように頼んだ。

見てすぐには分からなくても、中央の円柱には火があります。側面の円柱やティファニー・ガラスで出来た美しいドアを見てください。四つのエレメントである土、火、水、大気が表現されています。金属を細工するためには、地中の金属を見つけるための土が必要です。また、火で金属を溶かす必要があるため、火も必要です。金属を鍛えるための水も必要です。そして、空気なしでは炎を手にすることはできません。

私たちが話題にすることはほとんどありませんが、もう一つ基本要素があります。それがエーテルです。エーテルはすべての基本要素を結びつけるものであり、スピリチュアルな乗り物なのです。

このように、エーテルは五番目の要素、そして最も重要な要素なのです。私たちはエーテルについてあまりよく知りません。土には触ることができますし、火によって火傷《やけど》をさせられます。顔面には風を感じることができますし、空気は呼吸することができます。水も浴びることができます。しかし、エーテルは全く異質なものです。私たちの行動の基準は思考に基づいており、エーテルはまさにそれなのです。

彫刻とテラコッタの工房の責任者であるもう一人の芸術家、コブラ・アッローロとも私は話をした。コブラは二十一歳のとき初めてダマヌールにやってきた。彼は鉄道作業員だったが、コミュニティーでの彼の最初の創造的な試みは、木材を扱うものであった。彼が粘土製品を試みたのは、オープン神殿用に大きな円柱が必要になったときである。そして、入手できる最大の窯を手に入れ、六メートルもの円柱の巨大な組み立て部品を作ることによって独自のテラコッタを考え出した。彼のお気に入りの仕事は、彼の工房が『金属のホール』のために作った天井の一部である。作るのは容易ではなかったが、その仕事は二年間の発展的な作業過程を示していた。コブラにとって、これは単に美的感覚に訴えるプロジェクトではなく、苦闘と克服の物語であり、他の芸術作品の作業場とどのように共同で仕事をしたらよいかを見つけ出す人間の物語でもあった。この仕事中に大きな友情が育まれ、強力な個人的つながりが確立された。それはあたかも『金属のホール』が、ダマヌールに住む芸術家の時代が到来したことを刻印するかのようであった。作業を続けることはまさに芸術以上の経験で、人間的な経験だった。芸術家たちは、本当に特別な何かがその仕事から現れたことに気づいた。事実『金属のホール』は全く信じがたい偉業なのである。

だがコブラは、芸術作品も人間関係も、さまざまな大変な状況を乗り越えずには何一つ達成されなかっただろうと秘かに打ち明けた。

人間は誰でも限界や矛盾を抱えています。私の中にも矛盾があります。人は、時には自己中心的になったり嫉妬深くなりかねません。私たちは単に人間なんです。私が何かをどのようにしたいか、他の人がそれをどのようにしたいか、その二つの間には大きな違いがあります。最終的にそのような衝突はここでは解決されますが、いつも容易なわけではありません。しかし、私たちが特別な目的のためにここにいるという事実は、目的を達成させるためには生じてくる対立を解決しなければならないことを意味します。あなたが対立を解決するにつれて、あなたの内面は成長します。あなたは、あなた自身の内部と対決しなければなりません。これが精神性を探求する成長の道なのです。

私たちは、たくさんの石がある川を類推として使います。石はお互いにこすれ合いながら、荒い角が滑らかになっていきます。ここでは、あらゆる人々、あらゆる素材、あらゆるとがった部分、辛らつな視点も、お互いにこすれ合って、自然に滑らかになっていきます。

私はこの類推が気に入った。彼ら全員がどのようにうまく対処し、お互いに創造し、どのようにしてこの記念碑的な意味を持つ仕事が成し遂げられたかを説明している。敬虔な仕事であり、毎日の勤めでもある『神殿』のための仕事は、スピリチュアルな成長を完全なものにする助けをするためにそこにあるのだ。ダマヌールの人々にとって、これは携われば携わるだけ多くを与えてくれる仕事である。コブラは、オベルト・アイラウディがこの神殿についてはっきりしたヴィジョンを持っているので、計画段階では時々口を挟むが、芸術家たちは彼自身の考えを前面に出すことができると何度も繰り返して言った。そのような時、工房では集会を開き、共同でアイデアを見つけ出す。この仕事の仕方は、現在では定期的な討論会となり、『神殿』についてだけでなく、ダマヌール以外で展示会を計画するなど、共同で仕事をする際の変わらない様式となっている。そのような協力や共同企画の態度は、偶然に生じたものではなく、芸術家たちが従っている高い精神性を探求する生き方の結果として生まれたものである。言うまでもなく、『金属のホール』を創る手助けをしたことはコブラに大きな影響を与えた。彼がそのことを話すとき、声には特別な感情が感じられた。ピオヴラも、その仕事が特別であったと感じていた。

私はこの仕事に誇りを持っています。私たちは物事を共同で行い、共に成長しました。ですから私たちは、みんなこの部屋に少なからぬ愛着を持っているのです。

彼女は、この部屋が発展途上にあるダマヌール独自の芸術様式を示していることを認めた。

実際、それが私たちの目的なのです。私たちは、自分の環境や生い立ちから自由になろうと努力を続けています。再び、子どもに戻らなければなりません。そして頭を空にし、再び大人になるのです。とても難しいことですが……。

同様に難しいと分かったのは、ダマヌールの哲学体系を初めて金属で表現することだった。ピオヴラは、自分がダマヌールでは化学や物理を勉強していることに気づいた。実際、学校時代の彼女はこういった学科の成績は非常に悪く、全く興味もなかったことを認めている。

私たちは、徐々にいくつかのアイデアを手にし始めました。そして、確か十六年前だったと思いますが、オベルトが、何らかの意味を持ち始めたと言ったことを思い出します。彼は私たちに手がかりを与え、私たちは共に成長し、研究を始めました。そのようにして、私たちは共同で、この部屋がどうあるべきかを検討したのです。

どの部屋も精神的な努力だけで仕事がはかどったのではなく、技術の向上が実現したおかげでもありました。

技術的な実現が、このホールでの偉大な前進をもたらしたことは確かである。この天井は、とりわけ明るく輝くよう仕上げられた大変珍しいテラコッタである。床の上のモザイクは、指のつめほどの大きさの非常に小さな断片で作られている。ガラス細工も最高の品質である。あらゆる工房が、自分たちの限界を克服し、このホールのために新しい技術を開発した。確かにそれは、ダマヌールの住民である芸術家たちの成長における画期的な変化である。

『球体のホール』

『金属のホール』から狭い通路を降りると、神殿全体の神経中枢として働いている非常に重要な部屋がある。

ここでは、壁に沿ったニッチの中に球体が並び、その間の台の上には聖餐杯（チャリス）が並んで置かれている。その台には、絡み合ったカップルの凝った人物像が彫刻されている。これらは、大理石の粉末とコンクリートの混合物〝ヤングストーン〟を使って神殿のために作られた造形芸術の初めての例となった。その上には、ぜいたくな深紅の大理石の鏡板が、一つ一つの聖餐杯の周りにオーラを創り出しているように見える。

この部屋の絵は、牧神パンや女神、若いホルスの、奇妙に素朴で大きな造形的な肖像画である。それぞれは、彼らの生涯に関連のある出来事を演じている小さ目の背景の人物像とともに、神話上の設定がなされている。この部屋全体は、金箔で贅沢に飾られ、金箔は天井全体を完全に覆い、さらに壁の途中まで覆っている。

「そう、ここは魔法のホールなのよ！」ピオヴラが大声を張り上げて言った。

この部屋について最高に愉快だったことは、金箔を使った作業を行った時でした。私たちは、年配の非常に変わった男から金箔の扱い方を学んだばかりでした。彼は大切な工芸技術が消えかけているので、ぜひ私たちに作業の仕方を見せたいと言いました。

しかし彼は、私たちに木材の小さな小片の上での作業の仕方を教えたのです。実際に私たちが必要としていたのは、天井全体に金箔を貼り付けることだったのに！

通常、金箔は重力の法則をあてにして、貼り付けるために平らな場所に置かれますが、それを天井に貼り付けるのは本当に大変な仕事でした。どうにか金で覆うことができても、毎回金は少しずつ落ちてきて、文字通り金が捨てられました。

この種の仕事をする際、金箔があまりに繊細なため、テーブルの上に置いてさえ呼吸すると浮き上がってしまうことがあるため、通常は防御用のマスクをします。たとえつまみ上げようとしても、手の中で破けてしまうでしょう。しかし私たちは、何時間も何時間も足場の上にいましたから、マスクをはずして自由に話をしたり笑いたいと思いました。そして、結局自分たちのやりたいようにしたのです。そう、金箔の使用法を変えました。

黄金の天井の下、それぞれのニッチ内に置かれた球体は、奇妙な印を付けられ、この部屋や神殿、それ以外で活性化されたエネルギー源にセルフィックにつなげられている（セルフィカについて詳しくは十三章参照）。球体は、錬金術的な液体や、長年かかってダマヌールで開発されてきた水溶性の物質で満たされている。それぞれの円柱は聖餐杯を支えており、あるものはダマヌールで作られ、あるものは他から集められたものである。これらの聖餐杯は、聖杯のシンボルであり、特にサトルエネルギーに関係した部屋には効力のある象徴である。

部屋の反対側には二つのドアがある。一つは錬金術の実験室につながり、他方はタイム・キャビンを入れる部屋につながっている。タイム・キャビンは、サトルエネルギーの強力な蓄電池、および『シンクロニック・ライン』への有力な連結機能として働く精巧な構造をしている。

『鏡のホール』

山の最も表面近くにあり、神殿で最大の部屋『鏡のホール』は、光、空気、空、太陽、そして生命に捧げられている。この部屋は、天空神ホルスと象徴的に結びつけて考えられている。ホルスは、ダマヌール市民にとって新しい千年紀の最も重要な神の力を表し、『みずがめ座の時代』に人類が再覚醒するために、人類と同盟を結んでいる。

このホールへの入り口の一つには、エジプト様式の通路にある階段の上、御影石の壁に完全に隠された跳ね橋のからくりを通ってやっと到達する。もう一つの入り口は脇のニッチ内に設置され、『球体のホール』近くにある場所につながっている。

部屋に入るや否や、即座に広さと拡張する感じを受ける。まずあなたの注意を惹きつけるのは、荘厳な丸天井のドームである。直径約十メートルで、込み入ったティファニー・ガラスのリングで出来ている。丸天井は特別に湾曲したネオン照明で背後から照らされているため、天井の上が大空であるような印象を与えている。支配的な色である金は太陽の象徴化であり、神から形の世界への旅におけるスピリチュアルな光の象徴化に関係している。そして、あらゆる生命の現れは、神が源であることを表明している。ドーム内には、スペクトルのすべての色が存在している。

丸天井の下、部屋の四隅には美しく彫刻された鳥たちが置かれている。鳥たちは背後から照らされ、力強いシルエットを創り出している。部屋の最上部をぐるりと一回りして、複雑な金銀細工の手すりのついたバルコニーが続いている。それは印象的で壮観である。

普段は、部屋に入ると、澄んだ喜びに満ちた美しい女性の声で音楽が演奏されている。この部屋の音響効果は独特の透明感があり、その歌声をまるで天使の歌声のように高めている。目が慣れて明るさが見えてくると、その効果は完成する。あなたは、そこで初めて自分が完全に鏡に囲まれていることに気づくようになる。あなたの目に入る限り、他の鏡とともに、あなた自身と部屋のあらゆるものの映像が鏡に映っている。映像の中に映像があり、その中にまた映像があり、それは無限に続いている。『鏡のホール』では、本当にギョッとするような体験をする。

その床は、赤い御影石で出来ている。丸天井の中央に対応する床の中央には黒い大理石の円があり、ダマヌールのシンボル・フラワーであるタンポポの赤、黒、青、黄色の優雅なモザイク模様で縁取られている。鏡の下の側面には、余分な水分を運び去るための狭い排水路と、土、空気、火、水を表す四つのニッチが続いている。

この部屋のコンサートに参加するのは、本当に幻想的な体験である。踊り手や音楽家の姿と同じように、この部屋は音も反射する。

「その部屋の色は、丸天井の色のために何千回も反射されるんです。それはまるで色の湯ぶねに入ったような感じで、さまざまな色に変わります。あなたは実際に、自分の体を変化させられるのよ」と、ピオヴラは感激して話した。

この丸天井は、これまで建造された最大のティファニー・ガラスであり、世界最大のものとしてギネスブックでも認められている。それは巨大な鉄製構造の上に、きれいに彩色された高品質のガラス細片で作られている。その丸天井の中央は太陽を表している。その周囲のすぐ近くには二つの異なった蛇の帯飾りがあり、それらは宇宙の基本的な形である渦を形成し、命を象徴化している。

次の帯飾りは、宇宙もその中に入ってしまうほど巨大な翼を持った『花形スターのハヤブサ』を表している。さらに外側の帯飾りには、六十六の記号からなる『聖なる言語』で書かれた祈りの言葉がある。三回繰り返され、四枚の羽を持ったスカラベが分断している。ハヤブサ、蛇、スカラベはすべてホルス神の象徴であり、三番目の千年期の宇宙神として再覚醒させられたホルスは、人類を再覚醒へと導く。

この部屋の丸天井のすぐ下の壁にかかれた万年暦には、四季が表現されている。それぞれの季節は、一つの要素、すなわち水、火、土、空気、それと『神の諸力』のシンボルである動物に関連づけられている。それは大地、水、星、太陽の諸力のシンボルである。隅にはモザイクで太陰周期と太陽周期が表され、鏡のモザイクが夏至・冬至と春分・秋分における星座の位置を示している。壁の象徴的な意味は非常に複雑であり、長期の研究に値する。

同様に、壁の上にはダマヌールの人々が精神的に深い瞑想に使う祈りの言葉が『聖なる言語』で書かれており、その年の各月に使われる祈りが書かれている。
三月の祈りは次のように書かれている。

私たちの夢が道しるべでありますように
私たちの意思が強力でありますように
春が、私の一部でもあるこの施設に
新しいエネルギーをもたらしてくれますように
ダマヌールが
活気ある芽をたくさんにつけた
力強いオークの木のようでありますように

季節、祈りの言葉、星座、万年暦などの仕事は、『神殿』の壁に表現した最初のモザイク模様であった。ピオヴラは、このモザイク模様と丸天井とのつながりを次のように説明している。

私たちが行ったのは、丸天井の中央に使われるイメージを選ぶことでした。それは太陽光線を象徴するもので、同じデザインをモザイクで繰り返しました。色は徐々に変化させ、丸天井の中央に近いほど明るく、モザイクの低部に向かって徐々に暗くなっていきます。これは、光とは、黄色から徐々に暗い色に変わるという事実を表しています。光は地球に向かって降り注いでくるということを示しています。

この丸天井の下、映し出された画像でいっぱいのこの部屋の中に立っていると、あたかも根源的な『神の諸力』に接触し、心の内部の世界やコミュニティーの外部の世界とポジティブにつながっているように感じられる。部屋の中央にある黒い大理石の円上に立って鏡を覗き込むと、まるで全宇宙とつながったように感じる。一人ひとりが独立した個体であり、同時に宇宙を構成している一人ひとり、普遍的な精神性の一部でもあるという関係にある。丸天井を見上げると、これらの感情が増幅される。ピオヴラによれば、この感情は鏡の機能に関係している。

鏡は非常に重要な役割を演じています。鏡は光を反射し、あなたが鏡に映ると、あなたはどんどん増殖します。同じものが同じように映し出されていると考えているうちに、あなたは再びいろいろと考え始めます。鏡はたくさんの重要な意味を持っているのです。鏡はあなたが見ているものだけを映すのではなく、あなたの考えや行動のすべてを映し出します。

彼女は、ドームの建設作業やその進展状況についても説明してくれた。

計画立案にかかった時間を別にすれば、ガラスを物理的に作るのに九カ月しかかからず、非常に早かったと言えます。たくさんのダマヌール市民がこの仕事にかかわりました。しかしその一方で、色の選択には長い時間の準備が必要でした。まる一カ月、ガラスを触ることさえなかったこともあります。それというのも、色はダマヌールの哲学体系と関連づけられ、知識の一形態だからです。そしてそれは、ドームの意味することを読み取るための鍵の一つでもあります。

このドームは、創造的な複雑さの美しい見本である。

『迷宮』

私が一九九五年に訪問した際には一つの『迷宮』が完成されようとしており、神殿の下の層で強化工事が行われていた。時々山の奥深く、遠くの方から聞こえるドリルの音を耳にした。現在、『迷宮』は九つの通路が一続きになっている。この大きな『ホール』は、ゴシック様式のアーチのある三つの正統的な身廊（ネーブ）からなっている。中央の身廊は両脇の身廊より広く、三つの類似したギャラリーにつながっている。それぞれの身廊の極めつけは、『迷宮』に更なる深さと複雑さを与えるために壁を鏡で覆ったことである。それはまるですべてが迷路であるように、たくさんの違った通路を示している。この『迷宮』は、この惑星における『神の諸力』の調和に捧げられ、このホールには人類の歴史が非常に特別な視点から語られている。すなわち、根源的な『神の諸力』が時代を通して人類という人々と結びつけられている。あらゆる神々は、その民族の考え方、現実の理解の仕方、五感によって知覚された意味関係を細分し、それを民族の特質や働きにするやり方などを象徴的に表している。このホールを歩くことは、私たちの惑星の歴史を歩いているようであり、それはそれぞれ自分の心の中から神の本質につながる最も輝かしい部分、単に文明の描写を超え、時を越えて存在するエッセンスを抽出しているようである。

ガラスの窓は、『迷宮』に描かれたそれぞれの『神の力』に捧げられている。今現在三十五の窓が神々に捧げられている。アフロディテ、天照大神、アルドウィー・スーラ・アナーヒター、アヌビス、アスタルテ、アテナ、バルデル、バステト、ブラフマー、ブラン、ブリジット、仏陀、キリスト、キュベレ、エンリル、ガネーシャ、ガイア、ハーデース、ホルス、フフエテコトル（Huhuetecotl)、イスラム教、ユダヤ教、マナトゥー、マルドゥク、ミトラス、ウンクンクル、オシリス、パン、ペレ、ペルセポネ、ポセイドン、ラー、シン、テングリ、トートである。さらに六つの窓が、アルチラ、バガジムビリ、ラクシュミ、オディノ、盤古（Pangu)、セドナに捧げられることになっている。このように人類全体が表現されるだろう。

壁やアーチ状の場所に沿った通廊の交差点には、男女の彫像が互いに向かい合って立っている。彼らは『迷宮』の守護神たちである。それぞれの像の上には、窓に描かれた神々に関連のある動物たちが装飾に使われている。女性像の上には水に関連したシンボルがあり、男性像の上には大地や金属につながるシンボルがある。

中央の身廊の壁は、アトランティスの滅亡から現代に至るまでの、この惑星の文明の展開を表す彩色されたパネルで覆われている。原初、男性原理と女性原理とは調和が取れていた。しかし、時代が経過するにつれてこの原理のバランスが失われ、ますます分化、特殊化、分離状態が進み、調和の喪失へとつながっていった。現在、人間は重大な岐路にあり、私たちの未来やこの惑星の未来は、かつてないほど私たちの手中にある。ダマヌールの人々は、歴史上の決定的な出来事のすべてをここに描いた。そのため私たちは、人類の進化について思い起こし、そのための正しい選択を行うことができる。

床には、窓に表現された神々に関係する花や果物が描かれ、モザイクで完全に覆われている。これは、人類にとっての植物の世界の重要性を賛美するためである。二〇〇五年の夏至に完成するまで製作に十年が費やされ、神殿で最高に美しい床である。

『新しい入り口』

後にダマヌールを訪れた際、新しい入り口となる通路の話を耳にしたので行ってみることにした。わずかな量の岩石が掘り出されており、建設作業が始まっている証拠があった。二組の空気ドリル、何本かの支柱、あの有名なバケツもあった！

この通路は、裸のまま残されることになっている。そのため、『神殿』や瞑想にやってくる人々は、大地と本当の接触を持つだろう。その入り口に入っていくことは彫刻作品の内部に入っていくようであり、物理的に掘り出された何かの内部に入っていくことである。この通路はエネルギーに満ちている。

現在では、初期の先駆的な掘り手たちが、初めて山に掘り進んだときに感じたに違いない気持ちを少しは分かる。私たちは、バケツや壁を自由に流れ落ちている水、床の上の水溜りのそばを通り過ぎて歩き続け、ようやく『神殿』へと入っていく。そして地下三十メートル余りにある『大地のホール』に到着する。

●マジックな戦争の神話

数千年も前のこと、マジックな大戦争が勃発した。『人類』は敗れ、知識と自分自身の神性の自覚をなくし、物質の中に閉じ込められた。伝説では、その『敵』はただ勝利するだけでは飽き足らず、『人類』を完全に破壊したいと願ったと語られている。『人類』が再び立ち上がって銀河系に広がる別の帝国を形成し、文明や知識をもたらし、異なった形の生物と協力してスピリチュアルな同盟を作ることを恐れたからである。それは、ただ一つの人種という相同性を押し付けるつもりだった『敵』の計画とは違っていた。

『人類』は、自分たちの消滅を避けるために、少なくとも知識の一部を救おうという計画を立てた。名残であるその記憶を、人類のために、同じ形状にプログラムされた輪廻転生という生命の糸に委ねた。このようにして生まれた未来の生命によって、この太古の知識が再び呼び覚まされる可能性があると願った。

『人類』はかつて戦いに敗れ、石器時代に戻ってしまったにもかかわらず、輪廻転生という方法で記憶を存続させ続け、今や自分たちの力でスピリチュアルな復活を成し遂げることができる。

銀河系の最果てにある私たちの小さな惑星は、星間文明世界から忘れられた。特使たちが、新しい文明の種である、火、書くこと、数学の知識を持って『地球』に送られたとき、ついにその時はやってきた。

数世紀が過ぎ去り、新しい文明が開化した。それが、ムーとアトランティスの文明である。やがて彼らは、『人類』の再覚醒という目標をますます強力に表現していった。再び太古の『敵』は、その勢力拡大の兆しに気づき、『人類』を消滅させる仕事に取り掛かった。その結果、地球は再度破壊と大災害に見舞われた。『人類』は自分たちの起源を忘れ、聖職者は神々とのつながりを失った。幸運にも緊急計画が練られ、数人の賢者がその聖なる知識を何とか守ることに成功した。賢者たちは、再び人類を自由と高い精神性覚醒への道に沿って導くという大変な仕事を引き受けた。

『敵』は地球の『シンクロニック・ライン』を征服していた。それを通して、魂の流れを支配することが可能である。そのため『人類』は、何本かの『シンクロニック・ライン』を征服する計画を立て、『人類』が神聖な源に対する気づきを失ってしまった状態から、再び『再覚醒という山』に登るのに最適な魂を選ぶという選別政策を取りはじめた。

『マスターたち』がやってきて教えた。そして彼らは、今でも人類に、自身の内にある『人類』の本質に気づく方法や、それとは気づかずに『敵』の囚人となっている人間を救うための戦い方を教えている。現在では、私たちの惑星の『シンクロニック・ライン』は解放されており、進化した惑星間の魂の交流を可能にするマジックな軌道が再び開いている。人間は、自分たちが神を起源とする存在であることをこれからますます思い出すようになり、新しい文明の最初のつぼみが開花し始めようとしている。

第二部　グループから連合体へ、そしてさらなる世界へ

第三章　社会生活のユニークな試み

それは、一つのプロジェクトとして、世界がこうなるかもしれないという一つのヴィジョンとして始まりました。この試みは、全世界についての私たちのヴィジョンでした。

オランゴ・リーソ

『人類の神殿』が驚くほどの偉業だとするならば、それを建立したコミュニティーについてはどうなのか――。

ダマヌールの人々が発展させた社会構造が、神殿と同じくらい注目に値するものであることが分かった。

最初にはっきりしたことは、ダマヌールが高い精神性、そして哲学的な探求の場であり、新しい宗教を創設しようとしているのではないということである。人々はここでスピリチュアリティー（精神性、霊性）を探求し、社会哲学を探求し、生きることを探求している。ダマヌール市民は、生活様式の試みがうまくいっているのは、何よりもまずバランスに基づいているからだとうれしそうに話すだろう。そのバランスとは、精神性、社会哲学、生活の三つの側面のバランスである。ダマヌールの基本的な社会構造は、この三つにしっかりと基盤を置いている。カイマノ・サーリチェはそれを要約して、「ダマヌールには、『メディテーションの学校』、『社会生活』、『ゲーム・オブ・ライフ』の三つの側面があり、それがダマヌールの三つの主要な部分なのです」と語った。

『メディテーションの学校』はダマヌールの精神性の基盤であり、あらゆるものを養う神聖なる心である。ダマヌールでの『社会生活』は完全に民主的なものであり、長年にわたって多くの変化を経験してきた。しかも一方では、しっかりと確立した正式な組織を維持している。『ゲーム・オブ・ライフ』は、人々が、ダマヌールで元気いっぱい、気分さわやかに暮らし続けるのを支援する社会協力の独特で基本的な慣例である。

私はオランゴ・リーソに、どのような経緯でこのような組織が実現したのかを尋ねた。彼は明快に答えてくれた。

それは、一つのプロジェクトとして、世界がこうなるかもしれないという一つのヴィジョンとして始まりました。私たちは、小さなコミュニティーが集まって人が住んでいる世界というヴィジョンを持っていました。そのコミュニティーは、自治権があり、自主的で、お互いに調和的な関係を保っているのです。

こんなことがうまくいくわけがないと思うかもしれない。しかし、私はダマヌールに滞在し、多くの人々と接し、共に暮らし、ダマヌールの社会構造が人々の毎日の暮らしに機能しているのを経験して、現実が彼らのヴィジョンに近づいていると確信を持って言える。

ダマヌールは〝光の都市〟を意味し、エジプト西部のデルタ地帯中央、カイロの北西約一六〇キロに位置していたエジプトの都市にちなんで名づけられている。そこは、太陽神ホルスに捧げられたかつての古代都市Tnm-Hor（トゥム―ホル）にあった。現在のダマヌールは、もはや単なる一つのコミュニティーではなく、高度に洗練された管理機構を持つコミュニティーの連合体である。この管理機構によって、社会生活の精神的な側面、哲学的な側面、そして活動的な側面を一体化した存在へと統合することに成功している。

ダマヌールにおいては、単純なものは何一つない。人生のあらゆる側面が、それ以外のあらゆるものに完全に統合されているように見える。そのため、例えば経済問題が深遠な精神的な特質を持っており、神殿を建設することが社会的な役割を果たすことに完全に統合され、ダマヌール市民の敬虔で高い精神性を持った誠実さが、企業家的な機知に富んだ才能と一緒になって高い成果を挙げている。

『社会構造』

私が初めてダマヌールに行った当時は、カイマノ・サーリチェとオランゴ・リーソが、ダマヌールにおける二人の選ばれた『レ・グイダ』（Re Guida）、すなわち〝キング・ガイド〟であった。ダマヌールの市民である以上、もちろん彼らの名前も、それぞれ〝カイマンワニ・柳〟と〝オランウータン・稲〟という意味を持っている。

ひとたび個人がダマヌールの精神性探求の道を進み始めると、彼らの生活に一、二の明らかな根本的変化が生じてくる。ある人物が内面的に成長し、ある地点に到達すると、動物の名前を受け取ることになる。名前を変えることは、人は誰しも変化とともに生きていることを思い出させ、魂を硬直させすぎず、頭を柔軟にしておくことを思い起こさせてくれる。

動物名を得ることは、動物のある種族とつながりを持つことを意味する。神話的な生き物や自然界の精霊の名前を受け取ることもある。この新しい名前は、個人をほかのダマヌールの人々と非常に意味深く積極的に結びつける働きをする。同じように、内面的な開発がさらに進んだ段階では、たくさんのつながりをさらに強化するために植物や野菜の名前が付けられる。その結果、カイマノ・サーリチェ（カイマンワニ・柳）とオランゴ・リーソ（オランウータン・稲）が、定期的にフォルミカ・コリアンドロ（アリ・コリアンダー）、フェニーチェ・フェルチェ（フェニックス・シダ）とスピリチュアルな問題について議論したり、ピオヴラ・カフェ（タコ・コーヒーの木）が、彼女のデザインのアイデアを、いつもゴリラ・ユーカリプト（ゴリラ・ユーカリの木）と共有したりする。

『レ・グイダ』の役割は、ダマヌールのコミュニティーを連合体として保つ責任がある指導的な地位であり、選挙で選ばれる。ここで使われている『レ・グイダ』、すなわちキング・ガイドの〝キング〟という言葉は、君主という意味ではなく、ある点では古代のpriest-kings（法王）、臣民にスピリチュアルな責任を持つ王のような存在という意味で使われている。『レ・グイダ』は憲法上の問題を扱うが、人々の精神的な悩みや問題の解決のためにも尽くしている。すべてのことは関係があり、つながっているのである。

『レ・グイダ』の選挙には、男女の別なく立候補ができる。実際、ダマヌールでは、多くの責任ある地位を女性が占めている。この第二版を印刷することになった当時も、フォルミカ・コリアンドロが、ゴリラ・ユーカリプトとともに、六年以上も『レ・グイダ』をつとめている。

コミュニティー連合体の三人の長が、昆虫類や巨大な霊長類、鳥にちなんだ名前を持っているのは少し奇妙に感じるかもしれない。しかし、これは単に、三十年以上発展し続けるコミュニティーを導いてきたこの社会システムが考案した、お互いの敵意を和らげるための工夫の一つである。社会的な判断やコミュニティーを機能させるために、ゲーム、すなわち生きるゲームが、中心をなす重要な役割を持っていることを部外者は理解に苦しむかもしれない。だが、その〝ゲーム・オブ・ライフ〟が、おそらくダマヌールの成功を確実にした一つのダイナミックな側面である。

初期の頃、ダマヌールの社会構造は、程度の差はあれダマヌールの内部に目を向けたものだった。一カ所にまだ数十人で暮らしていたときには、社会的な取り決めも必要最低限の基本的なものでよかった。オベルト・アイラウディ（ファルコ）は、精神的なマスター、予見力のあるインスピレーションの持ち主として、初期のころには現在よりもさらに中心的な役割を持っていた。しかし、その時でさえ最も重要な考え方は、誰もが他の誰かのために協力し、献身的な努力と無私の協同によって神殿を建てながら、自分たちの生活も築くことであった。

コミュニティーが成長し始めるにつれ、さらに明示された社会的な手順が必要になってきた。ダマヌールの中心部や渓谷のあちらこちらに点在する家に、百人から百五十人もの人が住むようになると、憲法問題についての討論が始められた。彼らにとって社会的な安定性こそが実現を目指す目標であり、それには安定した機構が必要であった。その社会的な安定性とは、人々と、そして神と協力して共同で行う活動と共同作業の努力を、全員で協同して行うことを基盤としていた。

財政状態はどのように規制されたのだろうか。コミュニティーはどのようにして経済的、現実的に機能したのだろうか。住民の数が増えるにつれて、何らかの行動を起こす時期がきた。大勢の人間が、お互いに自分たちの要求や願望を制限することなしに一緒に住めば、いろいろな問題が起こる可能性や手に負えない状況も発生してくる。それを改善する必要性が生じてきた。

まず二つのコミュニティーが設立された。それぞれが自分たち独自の民主的なプロセスと経済的なシステムを持っていた。その後、三つ目のコミュニティーが作られた。当時、この三つのコミュニティーを社会的、精神的、経済的につなげるために連合政府が設立され、年を経るとともにその機構はますます複雑になり、洗練されたものになっていった。自分たちのパスポートや立法権を持つような、ダマヌールという国をつくりたいという漠然とした考えが一つの連合体をつくることになった。連合体は、テンティリスとエトゥルテという二つの基盤のしっかりしたコミュニティーと、ラーマ、ダミール、ヴァルダイミルという、まだ萌芽期の三つの地域グループで成り立っており、たくさんの事業や仕事の協同組織でもあった。

テンティリスでは、毎年大統領を選んだ。他方エトゥルテでは、毎年王か女王を選んだ。エトゥルテは『人類の神殿』、『聖なる森』、オニ・ドーベの修道院を含む地域であり、スピリチュアルな重要さが強調される場所である。また、それぞれの地域グループには、この新しい社会グループをコミュニティーという地位に昇格させる支援をするために選ばれた代表者がいた。コミュニティーも地域グループも、それぞれ独自の理事や財務担当者からなる委員会を持っている。そのコミュニティーと地域グループそれぞれの内部には、ヌークレオ、すなわち「核」と呼ばれるたくさんの家族があった。ヌークレオは、通常大きな家に一緒に住んでいる十二人から十五人で成り立っており、生活費やあらゆる社会的な責任を共有していた。それぞれのヌークレオには選ばれた家族の長がおり、家族の財政状態に責任を持つ人物がいた。

私がこの第二版を修正しているときに、ダマヌールでは新しい根本的な変化が起こりつつあった。大きなコミュニティーと地域グループの完了が布告され、四十余りのヌークレオがヌークレオ・コミュニティーとして知られる自治権のある単位に発展しつつある。

二〇〇五年六月、ダマヌールの複雑さが急激に増加するにつれて、ダマヌールの住民たちは三人目の『レ・グイダ』が必要だと感じた。そして、ダマヌールの現在の社会機構にはフォルミカ・コリアンドロ、ゴリラ・ユーカリプト、アルバトロス・エバノという三人の『レ・グイダ』がおり、精神性のかじ取りや連合体のあらゆる問題を公平に処理する仕事、四十以上のヌークレオからなるヌークレオ・コミュニティーを調整する役割を担っている。

私はゴリラに、『レ・グイダ』という役職に選ばれたことについてどう感じているか、また、最初から彼は選ばれることを期待していて、それが現実になったものかどうかを尋ねた。彼は笑いながら答えた。

まず、『レ・グイダ』という役割を引き受けることは、私にとって非常に感動的なことであり、とてつもなく重い責任でした。ダマヌールのすべてが自分の肩にのしかかってくるのですから、大変なことです。私はこの仕事に専念するように努めていますし、この義務を、多くの喜びとできる限りの心の広さとエネルギーを持って果たしています。現在では、この役割が耐えがたくなったり圧倒されることなしに、この重い責任を引き受けることができると感じています。

『レ・グイダ』とは、ヌークレオ・コミュニティー、精神性探求の道、その他の組織を監督し、協力し合う連合政府の長である。連合政府は、財政上の問題や行政上の手順を規定する責任がある。そのため、神殿の作業チームや芸術作品の実験室などが必要な資金を確実に利用できるようにし、結果として『人類の神殿』の仕事を続けることができるのである。彼らは、登記事務所、公文書保管所、外務や国際関係、法律および技術に関するサービス業務、さらに財務に対する責任も持っている。

『連合体』

一九九六年、私が最初に連合体の構造をもっと詳しく知りたいと思った時、当時の『レ・グイダ』、オランゴ・リーソとカイマノ・サーリチェのオフィスを訪ね、彼らをインタビューすることから始めた。カイマノは、連合体の成立について次のように語った。

別のコミュニティーをつくろうという決定は、市民の数が二百五十人以上に増えたときに行われました。それというのも、大体二百とか二百二十人という数が、人々が結束した社会集団を作るのに十分な数だと分かったからです。これは、ダマヌールにおいて鍵となる推移でした。それが未来の方向を定め、その方向が、より小さなコミュニティーを持つという現在に続いているからです。現在の連合体は、私たちが想像している連合体と比較して、まだまだ私たちが成し遂げることのできるほんのわずかを達成したにすぎません。

オランゴが付け加えた。

ダマヌールは、一つのプロジェクトとして世界がこうなるかもしれないという一つのヴィジョンとして始まりました。これは、私たちが抱いた全世界の縮図のようなヴィジョンでした。その適切な時期にダマヌールを連合制度に変える選択は、地球全体に対する私たちの考えの反映でした。そして、もちろん私たちは、ここシンクロニック・ラインの上にいます。そのため、私たちがここで行うことは、残りの世界にとって新しく起こることのきっかけになるかもしれません。

最初の自治権のある地域のグループは、一九八六年頃に組織された。実地に作業するというダマヌールの行動の基準に従い、さらにそれを改善しながら、地域のグループから現在のコミュニティーへと発展していった。

各コミュニティーは地理的に同じ地域にあるいくつかのヌークレオからなっており、それが位置している環境の特性に関連して特定の方向性を持っていた。例えば、テンティリスは家族に関心を向けている。一方、中央に神殿や聖なる森のあるエトゥルテは精神性探求の中心地である。私が最初にダマヌールを訪れたときには、第三のコミュニティーであるダミールが存在しており、ダマヌールを体験したいという人々や世界中からダマヌールへやってくる人々を歓迎するレセプション・センターとしての活動を引き受けていた。

ダマヌールでのトータルライフといえば、技術的、哲学的、そして精神的なものを一つに結びつける生活である。現実的なレベルでは、例えばエトゥルテでは、グリーン・エコロジーや環境にやさしい技術の研究を行っている。そこのいくつかの家族は、実際に水や太陽エネルギーによって自分たちの家の明かりや熱するための電気をつくり出している。
オランゴは次のように説明した。

人々は現在、自分たちが想像するものとは異なったものを必要としているのです。私たちは自然と技術の融合を必要としています。もし技術が適切に使われるならば、技術はさらに大きく前進することができます。そして、技術は、私たちの社会構造の発展をも助けてくれます。まず、技術は私たちの情報技術を進歩させました。また私たちが実行可能な実験の種類を増やし、難解な物理学の基礎をなすたくさんの実験を可能にしてくれました。私たちは、自分たちを非常によく勉強する人間だと考えています。そして、技術のおかげで、私たちは新しい哲学的な考えを発展させることができました。

ダマヌールにおける生活の相互連関性は、あらゆるグループ、個人、コミュニティーの異なったニーズのバランスを取ったり、発展のための共同計画を練る際の『連合体』の役割にも反映されていた。このようにして、各コミュニティーの動機は、単に利用されるだけではなく、共通の財産にもなっている。
オランゴは続けた。

毎年『レ・グイダ』は、『ダマヌール連合体の決意の書簡』なるものを作成します。『レ・グイダ』は、ダマヌールすべての組織やグループに、次年度の彼らの目標を提出するように求めます。『レ・グイダ』は、一つの共通の方向のもとに、みんなの目標すべての調和を図ります。ひとたび『連合体の決意の書簡』が完成すると、ダマヌール市民である個人は、それぞれ自分自身の決意の書簡を書くことができます。『連合体の決意の書簡』を参考にして、それを自分自身の才能や、自分の目的を実現するための自身のやり方に適合させます。このようにして、誰もが、より大きな組織という現実の中においても自分たちを表現する方法を発見し、自分たちの現実を創造することができるのです。これが、自己中心的なヴィジョンを超えて、より優れたヴィジョンへと発展させていくことになります。それがダマヌールの『民族』の誕生へと導くものなのです。

ダマヌールの〝精神的民族〟

ダマヌールの〝精神的民族〟とは、ダマヌールのコミュニティーよりもずっと広範囲の、後援者を含む広い意味での支持者のことである。全員がダマヌールに来たことがあり、民族の一人になるための短い儀式に参加し、ダマヌールへの帰属のしるしとしてピンクの絹のブレスレットを与えられる。

ダマヌールが創立されて十年後の一九八六年、ダマヌール市民は、もはや自分たちが一緒に住むだけでは満足せず、自分たち自身の新しい社会を創造すべきだと悟った。そこには、欠けている何か、時間の経過とともに成長し、より強くなる、さらに深い団結を創造できる何かが存在していた。

そのような時に、オベルト・アイラウディがダマヌールのコミュニティーを去った。彼は文字通り立ち去り、誰一人彼とコンタクトを取る方法を知らなかった。結局彼は、みんなが問題に対する回答を見つけたときにのみ戻るだろうというメッセージを送ってきた。ダマヌール市民たちが、何が問題なのだろうかと自問自答した時、戻ってきたのがまさにそのメッセージだった。問題とは、〝問題は何か〟ということだった。

長期間のメディテーションの後、最終的に感情の宿るハートと知性・理性の宿るマインドを共通のリズムで一つに結びつけるその問題とは、〝私の願望とは何か？〟であるという認識にたどり着いた。するとオベルトは戻ってきた。

あらゆる個人は、自分自身をより大きな意識を持った何かの一部であると認識し、思考やエネルギーの生きている貯蔵場所である統一体をつくって、すべての人の夢や感情を受け入れることができる現実を創造する必要があった。その時点で、〝ダマヌールの精神的民族〟、『ザ・ピープル　民族』という概念が生まれた。『民族』の一員であるということは、その理想、文化、芸術を共有することを意味する。すなわち、世界に、自分自身のヴィジョンや願望を真に反映させる環境を創造することである。

『民族』とは、単なる個人の総計以上のものである。その『民族』とそれを構成している個人は共益関係でつながっており、『民族』の発展は個人の成長をも加速する助けをする。それと同時に、『民族』は、それを構成しているあらゆる要素の発展を利用し、複雑化し、精神的な力を創造することができる。『民族』の各メンバーは、この力からエネルギーやインスピレーションを受け取るのである。

ダマヌールの『民族』は、人の存在によって豊かにされる進化する有機体である。メンバーは連合体に住んでいなくとも、世界のどこに住んでいようとも、精神性を成長させるために働く機会を持ちたいと願っている。ダマヌールの人々は、『民族』のメンバーである人を、単なる形式としてではなく、高い知能を持ったエネルギーと経験、夢の生きている貯蔵場所との精神的でマジックなつながりとして考えている。

イタリアおよび外国の数千人もの人々が、現在では『民族』と呼ばれるこの存在の一員である。この『ダマヌールの精神的民族』の紹介では、次のように述べられている。

『ダマヌールの精神的民族』は、この惑星上の賢明な人間たちの再創造を可能にする、人々や文化に関するルネッサンスの最初の種である。知識や才能を、私たちの神性のマトリックス（母体）であるスピリチュアルな本質から人間へと取り戻す。『ダマヌールの精神的民族』とは、『民族』を構成するすべての人々の成長に協力する『神々の力』との絆である。『神々の力』は、あらゆる人間に精神的な富を注ぐことを目的としている。『民族』の一員であるということは、選択であり、名誉なことである。それは、実際的な方法で世界の変化にかかわることを意味している。すなわち、理想や倫理的な原理原則を具体的な行動に変換していく。『精神的民族』のメンバーは、ポジティブな考え方をし、責任感があり、信頼できる人物であろうと決意する。そして、いかなる状態においても、受け取るよりも与えることに心を配り、常に世界をより豊かでより明るい場所にするよう心を配る。

ダマヌールの市民

ダマヌールに住み、働いている人々は、ダマヌール市民と呼ばれる。ある人はダマヌールの完全な一員であり、そうでない人もいる。彼らは、市民A、B、C、Dと区別されている。市民Aは、二十四時間ダマヌールに住んでおり、すべての財産を共有している人たちである。市民Bは、ダマヌールの家に少なくとも週三日間住み、一定量の貢献をする。市民Aと市民Bは、『メディテーションの学校』『ゲーム・オブ・ライフ』『ダマヌールの社会機構』に完全に携わっている。市民Cは、ダマヌール以外の、彼らが住みたいところに住んでいるが、ほかの人同様『メディテーションの学校』に参加している。市民Dは、どこに住んでもよく、『メディテーションの学校』の一員でもない。市民Dは、広い意味でのダマヌールの『精神的民族』と同じである。彼らは、ダマヌールとの関係はゆるくても精神的につながっていたいと願っている人々である。

ダマヌールと他のグループやコミュニティーとの関係

ダマヌールは現在、世界中のスピリチュアル、エコロジカル、コミュニティー思考のグループと広範囲の接触を持っている。その中には、アリゾナ州オラクルで『バイオスフェア（生物圏）Ⅱ』プロジェクトを独自に展開した人々がいる。

『バイオスフェアⅡ』は、ダマヌールと同じような記念碑的、野心的なプロジェクトであった。それは、世間との交わりを完全に絶ち、惑星地球と同じ囲まれた生活空間の模型をつくるという試みであった。実験期間中、どのような構造が広範囲の生物形態を維持することができるかを知るために、砂漠や海、サバンナや熱帯雨林などのひな型をつくった。

その後、生物圏研究者として知られるようになった八人の科学者たちは、密閉された構造の中に二年間滞在した。このプロジェクトの開発責任者であったジョン・アレンと、プロジェクトの中心にいた二人の生物圏研究者がダマヌールを訪れ、自分たちの考えのいくつかを共有した。

ジョン・アレンとオベルト・アイラウディは、お互いに話をするにつれ、それぞれのコミュニティーには多くの類似点があることに気づいた。両コミュニティーとも、手荒な扱いや法的手続きを使った敵意のある政治がらみの妨害を受けた。ジョン・アレンは、「私はアメリカ政府に感謝していますよ。毎日百万ドルに値する法律の勉強をさせてもらったのですから…」と語っていた。オベルトにはその意味がよく分かった。『神殿』を守るために戦ったおかげで、ダマヌールの人々は多くのさまざまな分野でエキスパートになっていた。オベルトとジョンは、自分たちが捨て子の兄弟のように感じた。両方とも、彼らに与えられた多くの辛苦が彼らを強くしたのである。

私は、彼らが共有した考えのいくつかは、きっと実現するだろうと確信している。例えば、ジョン・アレンや彼のチームがアリゾナの砂漠で達成したプロジェクトに大きく影響され、将来ダマヌールでも生物圏プロジェクトが計画されるだろう。

ダマヌールは、イタリアのいくつかの精神性探求のグループやエコロジカルなグループ、またフランスのコミュニティー、ヨメア（Yoméa）のメンバーたちと強いつながりを持っている。ヨメアは、ダマヌールに強い精神的なつながりを感じ、二つのコミュニティー間で定期的に考えの相互交流を続けるために、ダマヌールの近くに地所を購入したほどである。現在では、ヨメアのたくさんのメンバーがフルタイムでヴァルキュゼッラに住んでおり、世界中の多くの高い精神性探求を目的とするコミュニティーと密接なつながりが保たれている。

一九九八年、ダマヌールはGEN（グローバル・エコヴィレッジ・ネットワーク）の一員となり、現在では国際レベルで世界のコミュニティー間の交流を調整する管理グループの一員として働いている。ダマヌールの本拠地近くでは、同じような考えを持った広範囲の人々を渓谷に連れてくるのを目的としたヴァルディキー・プロジェクトの開発が続けられている。

オーストラリアのブリスベーン大学の社会学教授ビル・メトカーフは、『コミュニティー』（一九九九年、No.103）という雑誌に「ダマヌール……不思議で神秘的な旅」という一文を書いている。

ダマヌールは、今日、世界で最も興味深い国際的なコミュニティーである。そして、ZEGG、オロヴィル（Auroville）、フィンドフォーン共同体など別のコミュニティーとも定期的に交流している。ダマヌールの経済的、社会的、文化的な業績は、他の発展途上の国際的なコミュニティーにとってインスピレーションを与えてくれるモデルとなっている。GENの一員として、ダマヌールの人々は環境保護の立場から、環境に優しい食料、住宅、エネルギー技術を探し求めている。エコ・ダマヌール・アソシエーションは、現在ではこの分野でのイタリアの主要な一員であり、国際的な評価も高まりつつある。

『憲法』

ダマヌールでは、長年にわたってたくさんの基本的な社会の行動基準が導き出され、現在では一つの憲法としてまとめられている。『レ・グイダ』は、保証人としてこの憲法が遵守されるよう目を光らせる責任がある。この連合体の社会的・政治的な機構に思い切った変更があった場合は、いつでもその憲法の項目は更新され、必要な改善が行われる。

現在有効な憲法は二十項目あり、一九九八年に公布された。ダマヌールの目標は社会的な規範を制定することだけでなく、最も重要なことは、毎日の生活に活気を与えるような共通の精神的な理想を定めることである。ダマヌール連合体の憲法全文を後に載せるが、その序文には次のように書かれている。

ダマヌールが目指す目的とは、精神的、物質的な本質を持った神としての人間の自由と、再覚醒……倫理的な原則、望ましい共同生活、そして愛に基づく自給自足の生活モデルの創造：人類の進化につながるあらゆる『神々の力』との調和の取れた統合と協同である。

この憲法では、市民の相互信頼と尊重、建設的で調和の取れた考えを広げること、コミュニティー生活の特質と自給自足を達成する手段、あらゆる作業が等しい価値と尊さを持つこと、肉体に対する調和の取れた配慮、社会的な責任と奉仕の精神などが扱われている。また、ダマヌールの市民であるための一般的な責任とともに、あらゆる形の汚染や浪費を避けることによって自然と交流して暮らすこと、芸術と科学の研究と教育、個人が生活をする空間に心を配ること、結婚と子どもの養育をする責任などの実践的な原則もある。

この憲法は、地域の公開討論で案出されるコミュニティーの規則によって補われ、ちょうどイギリスの地方自治体の条例と似たような考えのようだ。しかし、この規則は憲法の原則を取り消すことはできない。憲法の原則の変更は、このコミュニティー連合体全体が決定する問題である。

コミュニティーの規則について、初めての集大成が一九八〇年に制定されて以来、八回の大きな修正があった。最近の最も根本的な改正は、一九九六年の連合体機構の確立と、二〇〇三年のヌークレオ・コミュニティーの確立である。

初期の頃、ダマヌールの社会システムでは、ファルコ（オベルト・アイラウディ）が今以上に重要な役割を持っていたが、現在では単なる普通の一市民である。彼の役割は、市民の観点からすべてのことがうまくいっているかどうか観察することである。現在では、ほとんどの事柄が『レ・グイダ』の指導や権限の下にある。『レ・グイダ』は、基本的には『メディテーションの学校』とヌークレオ・コミュニティーのメンバーによって六カ月ごとに選出され、何度も再選可能である。

《ダマヌール連合体の憲法》

ダマヌールとは、オベルト・アイラウディによって創立され、彼の教訓に導かれる思想の学校である。ダマヌールは、伝統や儀式を司る『メディテーション』、実験と原動力を司る『ゲーム・オブ・ライフ』、こういった教えを総合的社会的に実現する『社会生活』という三つの柱を通して表現される。

ダマヌールが目指す目的とは、精神的、物質的な本質を持った神としての人間の自由と再覚醒、健全な共同生活と愛の倫理原則に基づいた自給自足の生活モデルの創造、人類の進化につながるあらゆる『神々の力』との調和の取れた統合と協働である。

この憲法は、ダマヌール市民によって形成される『社会組織』を秩序立てる基本的な『憲章』である。

ダマヌール市民は、自分自身の人生を憲法に示された原則と目的に当てはめることに専念し、憲法にあるすべての規範を尊重し、遵守することを約束する。

市民になるという行為には、個人の選択やかかわり方によって、さまざまな形態がある。『コミュニティー』は、団結と共同生活という理想的な形態を表わしている。それは、結束と分かち合いの原則によって導かれる。全体としての『コミュニティー』は、一つの『連合体』として組織される。

考えの異なった流派に属している『コミュニティー』が、たとえダマヌールの思想の学校から生まれたものでなくとも、同一の目的によって導かれている限り、『ダマヌール連合体』に加盟することが可能である。

伝統、文化、歴史、さらに共通の倫理観の創造から、ここの民族は生まれる。

一）市民は、相互の信頼、尊重、明快さ、受容、団結、そして絶え間のない内面的な変容を通して、お互いに助け合う兄弟姉妹である。各市民は、他の兄弟姉妹たちに、常により高い状態を目指して進む機会を与えるよう専心する。

二）各市民は、建設的で調和の取れた考えを広め、あらゆる考えや行動を精神的な成長に向けて方向づけることに専心する。各市民は、彼らのすべての行為が、『シンクロニック・ライン』を通して、世界中に増幅され、反映されることを認識し、彼らがここで取るあらゆる行動に、社会的および精神的な責任がある。

三）ダマヌールは、コミュニティーの生活を通して、『知識』と『自覚』によって相互関係を律している個人を啓発することを目指している。生活の基本的なルールは、他人を思いやり、お互いの違いを歓迎し、賞賛するという共通の意識である。

四）仕事には精神的な価値があり、他の人たちに対する自らの贈り物だと理解される。この考えを通して、各市民は、必要とされる任務を遂行しながら、人々の物質的、精神的な進歩に参加する。各市民は、共通の利益である活動（テラツァトゥーラ Terrazzatura）に、自らの作業の一部を提供する。どの作業も、貴重であり、同等の価値を有する。

五）社会的な責任という役割を引き受ける市民は、個人的な利益を求めたり、特定の人物の私的な利益のために行動することなしに、奉仕の精神でその任務を果たす。コミュニティー在住の『市民』のみが、連合体の法律に定められた形式や様式に従って、社会的な責任のある地位に対し、選出、または指名される権利を持つ。

六）高い精神性、研究、エコロジーは、環境とのあらゆる関係に影響を与え、適切な技術の使用を通して、生活の質を改善することに役立つ。すべての『市民』は、自然、およびそこに存在するサトル（微妙）な諸力と一体化して生活する。『市民』は、資源を尊重してその保護に努め、可能な限り公害や浪費を避けることに専心する。

七）各『市民』は、自身の肉体に敬意を払い、大切にし、いかなる形での薬物・アルコールなどの乱用を慎みながら、肉体を調和をもって養う。『市民』は、肉体、マインド、精神の調和のとれた進化にふさわしい生活法を実践する。『市民』は、自らの生活環境の秩序と清潔さを確保する。各個人は、自制できること、分別ある選択ができること、思考や行動において純粋さを保てることを期待される。

八）ダマヌールは、科学と芸術の両分野の探求を促進し、援助する。ダマヌールは、実験が調和の取れた形で行われる限り、物質的、非物質的（サトル）両方の絶え間のない実験を育成し奨励する。すべての『市民』は、常に教養の向上を図り、研究（勉学）、芸術、仕事、余暇の活動（興味のある精神的探求の道での活動）の分野において、知識を広げ、深めていく。

九）『民族』（ザ・ピープル）は、常に進化を続ける一つの身体であり、単一の個人すべての有機的な総体である。『民族』は、内部で表現される経験、思想、感情の全てを保有・統合し、それらを共通の文化的、倫理的、精神的な財産とする。

一〇）ダマヌール市民は、自身および全連合体の経済的な維持のために、自らの資産、仕事、さらにあらゆる方法で貢献する。共有の基金は、互助の原則との調和に基づいて、全体の利益のために投資を行う。『民族』への参加をやめる個人は、『民族』に対して、財政上のいかなる要求もできないし、『民族』から返還を受ける権利も持たない。

一一）『コミュニティー』に居住しており、一組のカップルとして社会に認められた関係になりたいと願う『市民』は、仲間の『市民』たちに、このことを公式に発表する。そのカップルは、公開の儀式により、コミュニティーにとって、堅実で有用な結束関係を築くことを約束する。ダマヌール市民は、子供の出産を計画して選択する。

一二）すべての市民は、子供たちがその特質を表現し、発展させるために必要なあらゆる手段を与え、一般の教育学的ガイドラインを適用しながら、自主的で自由な個人に成長するように、彼らを励まし教育する。居住市民のすべては、子供たちの教育に参加し、その世話と扶養に関与する。

一三）ダマヌールの市民になりたいと希望するものは、その理由を記入した請願書を提出しなければならない。もし、その申請者が、『市民』となるための基本的な資質を備えている場合、申請者は、『市民』としてのテスト期間を開始することを許可される。このテスト期間内に、申請者はどのように『コミュニティー』の生活に参加するかについて合意する。申請者は、本憲章および他の『コミュニティー』の規則を遵守するよう求められる。『市民』としての参加請願は、申請者が『民族』の原則や、文化的な財産についての知識を習得できたことを証明した後に、初めて受理される。これは〝市民権の認可〟と呼ばれる。

一四）個人が市民であることをやめるのは、個人自らが脱退する場合と連合体から除名される場合である。重大な違法行為によって、市民としての関係を続けることが不可能な場合、問題の当人に弁明を行う機会を与えた後に、初めて除名の決定がなされる。

一五）ダマヌールにおける最高権威は、『レ・グイダ』によって代表される。彼らは、社会生活のあらゆる表現において、三つのボディー（組織）を管理し、理想的な目的と精神的な目標のたゆまぬ追求を保障する。彼らはあらゆる選択を指揮、調整し、すべてのダマヌール市民が関心のあるあらゆる課題について法令を発する。『レ・グイダ』は、『メディテーション』の組織のメンバーから定期的に選出され、その選出は、『メディテーション』の組織の中で決定された規則に従って行われる。この『レ・グイダ』によって合意された意見は、民族のいかなる個人、グループ、組織に対しても強制力を持つ。重大な難局、緊急事態においては、彼らはどのような措置や対策も講じることができる。

一六）『民族』の中において、ダマヌール在住の二人以上の市民からなるグループでも、社会的に有用な機能を持つグループであれば、その存在権の承認を得ることができる。この『グループ』は、異なった相補的な個人間の相互作用から形成される新しい存在（ENTI-TA）である。そのためグループは、その目標に向かいあい、積極的に提案を行い、より大きな能力を発展させる。

一七）連合体内の法規遵守の監督機能は、『司法組織』（Collegio di Giustizia）が果たしている。すべての市民は、その決定を尊重しなければならない。『司法組織』は、『民族』の他の組織によって公布された違法な条例を一時停止させたり、無効にすることができる。『司法組織』は、『憲法』の規範に違反する行為がある場合には、懲戒処分を指示し通告する。連合体の法規により規定された様式や形式で、他の組織から出された懲戒処分の場合には、『司法組織』が上訴機能を果たす。市民間、市民とダマヌールやダマヌール内の組織間の論争が如何なるものであろうとも、他のどのような支配権も排除され、『司法組織』の法的権限の下に置かれる。『司法組織』は、手続きの形式にこだわることなく公正に裁判を行い、その裁定は決定的なものである。

一八）共に生活することを選ぶ市民たちは、コミュニティーを組織する。あらゆるコミュニティーは、連合体によって制定された形式や制限内で、自分たちのテリトリー、自分たちの住民を有し、そして自治権を持つ。各コミュニティーは、完全な自給自足を達成することを目標にし、その住人数は二百人もしくは二百二十人を超えてはならない。各コミュニティーの組織、運営、機能に関する規定やその活動の調整は、定期的に選出される地域政府により採択される。『コミュニティー』は組織を立ち上げ、伝統や全住民のより多くの利益に配慮しながら、コミュニティーがよりよく機能するために必要だと考えるどのような規則をも公布することができる。すべてのダマヌール市民は、彼らがあるコミュニティーの地域内にいるときには、それぞれのコミュニティーの法律を遵守することに専心する。ダマヌールのコミュニティー在住の市民、および『レ・グイダ』の配慮によって、ダマヌールの地域に居ることを認められた人は、喫煙、過度のアルコール摂取、ドラッグの使用が禁止されている。

一九）この『憲章』に表現された原理や目的に矛盾しないで活動しているコミュニティーやグループは、『ダマヌール連合体』に加入することができる。『連合体』に加入する様式は、『レ・グイダ』が決定を下す。

二〇）現在の『憲章』執行の際の規範には、憲章に反する条例を含んではならない。全住民に関係するあらゆる規律は、全住民によって守られるべき『法律』によって行われる。この『憲章』に含まれる規則の修正は、決められた規則に従い、『メディテーション』の組織に属する人々により認可される。現在の規範の解釈について懸念が生じた場合は、常に『司法組織』に助言を求めた後に、『レ・グイダ』が解決策を採択し、『伝統』という原則に従って表現される。

ダマヌール　一九九八年（DH二十四年度）十二月十四日

（以上の内容はダマヌール日本の日本語憲法文を参考にさせていただきました）

『司法組織』(Collegio di Giustizia)

憲法は、『司法組織』の制度についても規定している。カイマノが説明してくれた。

『司法組織』が私たちの法律システムです。ここでは、私たちの規則や法律の執行を行います。『司法組織』にはたった三人の人物がいるだけで、二人は住民によって選出され、一人は『レ・グイダ』により選ばれます。私たちが新しい法律を提出したり古い法律を変えたいと思ったときには、提案の評価を受けるために『司法組織』に持って行きます。何か問題があったり、論争や紛争、また解釈が難しい事柄があるときにも、『司法組織』に行きます。このように、『司法組織』は仲裁裁判所としての機能も果たします。

もし『レ・グイダ』が新しい法律を公布したいと思ったら、まずそれを『司法組織』に提出する。『司法組織』はその内容をチェックし、次いでそれを適切な方法で発表させる。『司法組織』が内容をチェックする結果、その法律を憲法や伝統と一致させることができる。

このように、『司法組織』は立法を行う組織ではなく、法律を判断する組織である。彼らは成文法を参照するが、それ以上に伝統や前例に従って決定を下す。この観点から言えば、これはイタリアの法律よりもイギリスの法律にかなり近い。イタリアのシステムでは、伝統は何の役割も持たず、すべては成文法に基づいている。
二〇〇四年にダマヌールを訪れた際、適用されつつある個別の法律という新しいシステムについて耳にした。私は、友人である前『レ・グイ』（クイーン・ガイド）レプレ・ヴィオラに、この新しい考えを説明してくれるように頼んだ。

ダマヌールの目標は、法律のない、しかし個人の意識の発達と憲法の原則に則った社会を実現することです。そのため私たちは、あらゆる法律の一般的な特徴を廃止したいと願っています。その代わりに、私たち一人ひとりに真に有用で明確な規範を確立したいのです。そのため個別の法律は、個人の倫理習慣のようなものになります。それは、より多くの場面で個人的な特徴を十分に役立てられるように、その特徴を改めたり発展させたいと願う個人の側面に基づいています。これら個別の法則は、私たちの意識が開発されるにつれ、時を経て変更することができます。

例えば、話しすぎる傾向のある人物が、一方では他人にも話させる余地の残し方を学ぶでしょうし、そのおしゃべりな傾向を他の人への奉仕に使う方法を学ぶかもしれません。そして、スポークスマンなど、欠点を利点にできるような仕事に就くかもしれません。

『司法組織』は、あらゆる人が自分独自の法則を作り上げる手助けをする。ダマヌールの住民にとって、これは個人および社会的な成熟の新しいレベルを示す一つの重要なステップである。

『メディテーションの学校』

『メディテーションの学校』は、ダマヌールの生活の中核をなしている。ダマヌールの完全な市民（AとB）は、全員、イニシエート（知識の道の探求を許された人）である。『メディテーションの学校』は、全人類の再覚醒のために、あらゆる人間と『神』とを結びつけることを目的とした個人および集団の生き方の道である。それは独創的な『イニシエーション（知識の道の探求を開始）』の道であり、あらゆる伝統の共通したエッセンスを合体させながら、変化と入念さと絶え間ない実験に基づいている。それは、神聖なものとの儀式的な交流を通して知識と自分に力を与える方向に向かう内的な訓練法である。『メディテーション』の集会では、人間の精神的な側面、および人間と神との接触について扱うあらゆることが議論され、探求される。この儀式的な集会で、イニシエートは、修道士の衣服に似ている長いひとつながりの衣服、ローブを着用する。学校内では異なったレベルがあり、異なった階級は異なった色のローブを身に付ける。白が最初のレベルであり、赤、黄、青と続く。

『メディテーション』で得られた知識は、毎日の生活に適用される。これは、ダマヌールにおける生活の重要で独自の側面の一つである。それは二つの方向に活かされる。『メディテーション』から得られる知識は社会システムに応用され、その社会システムは『メディテーション』に使える概念や方法を発展させる。あらゆる事はお互いにつながっている。『メディテーションの学校』も、ダマヌールで執り行われる非常に重要な儀式のいくつかを管理している。『メディテーションの学校』の長であるシレーナ・ニンフェアが説明してくれた。

『メディテーションの学校』と直接関係している儀式は、夏至・冬至と春分・秋分に関する儀式です。これは非常に重要な、全体で行われる大きな儀式です。

夏至・冬至の儀式は、六月と十二月に行われます。私たちにとってこの儀式は、地球上や内部から表出されるエネルギーや力と接触できる瞬間です。自然それ自体のサイクルによって、また植物の世界との協同によって、他の宇宙空間に関係している『シンクロニック・ライン』が開く瞬間でもあります。

これらの重要な儀式では、『神々の力』との共生が起こり、少なくとも約六千年もの間、地上に存在しているグループによって中断されることなく続けられてきました。今この瞬間でも、夏至・冬至は重要であるため、私たちはここ数年間世界中に旅行し、異なった場所でこれらの儀式を執り行い、これらの儀式の基本的なエッセンスをダマヌールに持ち帰っています。それというのも、『シンクロニックな結合点』がここダマヌールに発見されているからです。

時代を超えて残されている基本的な儀式の形があるが、開発可能な側面も存在する。しかし、儀式の基本的なメッセージは常に同じである。『メディテーションの学校』がその儀式を監督し、参加するさまざまなグループや彼らが行う役割、例えばミュージシャンやダンサーなどについても監督する。

ダマヌールの人々にとって、『メディテーション』とは精神的な原則に従って自分という存在を行動に移す方法である。自分たちの限界を乗り越え、自身の神聖な側面、眠っている感覚や意識を再び呼び起こすために、すべての人が他人の助けを借りて自分のインナー・セルフ（内なる自己）に働きかける。『メディテーション』とは、ダマヌールの人々が一日二十四時間従うことを選んでいる生き方の道なのである。

『メディテーションの学校』を通してスピリチュアルな成長に段階的に利用できる技術を学ぶことができるが、この道に従って提案されるさまざまな訓練法は単なる手段であり、人々の究極の目的ではない。

シレーナが、『メディテーションの学校』におけるファルコの役割について説明した。

『メディテーションの学校』では、ファルコを私たちの『スピリチュアル・ガイド』と考えています。ファルコの教えでは、研究、実験、独断的な態度の克服、個人の可能性を完全に表現することなどを通して内なるマスターを呼び起こすことが奨励されます。すべての『イニシエート』は、人間性や精神的潜在能力の開発につながるあらゆる分野を探求し、その結果を共有することが可能です。その目標とは、私たちの内なる神を完全に明確に理解することです。

現在では、『メディテーションの学校』への入門的な講義がインターネットで得られる。また、『メディテーションの学校』の教官が、定期的にイタリアやヨーロッパ、日本、アメリカなどにあるダマヌール・センターを訪れ、ダマヌールの『知識』の道をグループの人々に指導している。『メディテーションの学校』は、英語を話す人々のために計画された特別なプログラムを持っている。それは、夏至、冬至、春分、秋分の年四回開かれる四日間の集中プログラムである。この『学校』は、海外の人々にダマヌールの『イニシエート』の道に従う可能性を提供している。

この『インターナショナル・スクール』の最初の十二人のメンバーは、『バイタ神殿』の隣にある『デルタ・デラ・ルナ』に集まった。興味深いことに、『バイタ』はダマヌールが手に入れた最初の建物であり、『メディテーションの学校』が十二人の創設者によって始められたとき、ここで最初の会合が開かれたのである。

もしこの符号が意味のあるものなら、前途有望であることを意味しているのかもしれない。ちなみに、この『インターナショナル・スクール』はあまりに多くの参加申し込みが来たため、第二のグループがつくられようとしている。

コミュニティーと社会構造

数回の訪問では、私もカイマノが住んでいるヌークレオ家族に入れてもらい、彼と過ごさせてもらった。それは意味深い経験だった。ヌークレオは、ダマヌールでの典型的な核となる社会単位で、その世帯には十五人ほどが暮らしていた。しかし、私がそこに暮らした四週間のうちでみんなが集まったのは確か一度だけだったと思う。好き好んでそうしているのではなく、みんな忙しく暮らしている人たちだからだ。家族のほとんどは朝早くに出かけ、夜遅くまで帰ってこないことが多い。彼らはみんな、ヌークレオの集会に集まりたいと願っている。その集会では、家族のあらゆる種類の問題が議論される。私がゲストとして参加した集会の一つでは、ほぼ四時間も続いた。時には議論が過熱するが、友好的でないことは一度もなかった。彼らはその夜、遅くまで宇宙のあらゆることを議論していたようだった。しかし誰もが笑顔であり、すべての問題が解決されたようである。

私は、マジーラと呼ばれる場所でもかなりの時間を過ごした。そこはルニャッコにある山の上方、ダマヌールの行政本部から少し離れた所にあり、当時はテンティリスのコミュニティーの一部だった。マジーラは大きな住宅であり、現在大規模な修復が行われている。この家は古いケルト族の居留地に建てられており、そこからは特別に細長く掘られた穴のある岩など、明らかな考古学的痕跡が今も発見されている。ケルト族は儀式の際、その岩の穴に、星の位置と一致させて松明《たいまつ》を置いていたようである。シダ類の茂みの下には、壁に囲まれた土地も発見されている。また、その場所には泉や聖なる場所があり、結婚式やほかの儀式が行われる。

長年の間、この家はピエモンテ州の年老いた女性の邸宅だった。彼女は、幾世代にもわたってそこに住んでいた裕福な家の唯一の生存者であった。後年、この巨大な家が、彼女一人で住むには大きすぎて手に負えなくなり、荒廃と崩壊状態になり始めた。老婦人は、ダマヌールのコミュニティーにこの家を売り、同じ渓谷のもっと彼女に適した場所に移り住んだ。そして、マジーラの修復が始まったのである。

マジーラでの生活は、自然と調和の取れた近代的なものである。そこでは自然による解決法が見つけられないときにのみ、技術的な方法が使われる。例えばその家では、太陽エネルギーや水流駆動タービンによるわずかな水力発電が利用されている。私は、ジャングルのような低木の茂みを切り開きながら、その家から少し離れた、タービンが設置されている場所まで渓谷を降りていったことがある。その地点は、小川の流れが最大になっていた。そのタービンの羽根は、魔法の泉からの水の自然な流れによって完全なリズムで変わらずに回転していた。これは、電気を生み出す素朴な手段である。初期の頃、マジーラにほんの数人が住んでいたときには、電気はそれで十分だった。だが、二十人もこの家に住むようになった現在では、余分の電力を電力供給会社から手に入れなければならない。しかし、そのような電力は賢明に使われ、今でも利用可能な自然エネルギーによって常に補われている。

マジーラは、豊かな自然環境にある美しい建物群の光景の一部をなしている。滝になって落ちる水、踊っているような泉、種類に富んだ花々、珍しい植物がある。さらに、必要とされる食物の大部分がこの地域で育てられている。ここはマジックな場所であり、女性的な場所であり、ダマヌールのヌークレオすべてを鼓舞する精神の象徴である。ダマヌールの他の場所と同様、マジーラに住む人々も、以前の荒廃した遺物から快適な住環境を創り出すために、本当に一生懸命働いた。その努力はいろいろな方法で報われている。その作業は、人々に快活さを与え、人生のトラウマからある程度解放させ、ネガティブな重圧をポジティブなエネルギーに変える能力などを与えている。住居が立派な住まいになるにつれて、生活の質も徐々に向上している。

私が初めてダマヌールを訪れた際、『オニ・ドーベ（あらゆる場所）』として知られる家にも滞在することを許された。そこは当時、『聖なる森』に位置するダマヌールの修道院であり、エトゥルテというコミュニティーの一部であった。そのコミュニティーの前指導者エルフォ・フラッシノと話し、その歴史について教えてもらった。

エトゥルテは、他のコミュニティーに先駆けて生まれたコミュニティーで、独立した主体性を確立した最初のコミュニティーでした。エトゥルテ以前には、ただ一つのユニットとしてのダマヌールがあっただけです。しかし私たちは、ダマヌールが、異なったグループに分割すべき時期が来ていることに気づいていました。エトゥルテは小規模に作られました。しかし、最初からエトゥルテは、それ自身の非常に強い特徴、実験主義的な特徴を持っていました。実際、最初、エトゥルテはダマヌール内での実験的な研究室でした。エトゥルテが設立された当時、『神殿』はまだ秘密にされていました。そのため、この地域に住み始めた人々は、自分たちをある点においてこの土地の管理人と考えており、そこに住むことは大きな名誉であるとともに、エトゥルテを『神殿』の延長部分であると感じていました。過去において、『神殿』の周りに一つの村落が自然にできたと同じように、このコミュニティーは一つの地域として成長しています。多くの家や不動産が購入され、リフォームされました。

まず、不動産が分割されましたが、現在ではそのすべてを一箇所で管理しています。これはエトゥルテの上方部分ですが、エトゥルテには、クチェリオにある別のヌークレオも含まれます。それがアヴァロン、略してアヴァールというオベルトと他の十三人が住んでいる家です。

『神殿』に加えて、このコミュニティーのもう一つの特徴的な場所は森林です。森林は、少しずつ清められて聖別され、さらに重要性が増し、その両方の理由で聖なる場所なのです。エトゥルテの憲法が制定されて数年後、私たちの家の暖房装置は、すべて薪を使うシステムになりました。そのため、このコミュニティーは、エネルギーの観点からは自給自足となりました。これは、経済的には大きな前進でした。これが私たちに、森との共生と、精神的にも高いつながりを達成する機会を与えてくれたので、喜び、満足しました。

私たちは森林内で、ＥＵ（欧州連合）が興味を示しそうないくつかのプロジェクト、再生のプロジェクトを行っています。もとの所有者たちは、長年にわたって森林のあらゆるものを伐採し、根はそのまま放置してありました。新芽が成長して二十年から二十五年ぐらい経つと、同じように伐採されていました。長年こういった状態が続いていました。そこで私たちがしようとしているのは、これらの若い木をもっと長い間、そう、百年ぐらい成長させておくことです。

それは植え替えをするよりずっと困難な仕事です。掘ることから始めるのではなく、植えられていたその木の余命を計算しなくてはなりません。非常に骨の折れる仕事ですが、死にかけている木に命を取り戻させることは、私たちに非常に大きな満足感を与えてくれます。

修道院だったというオニ・ドーベの事情に興味をそそられ、エルフォに、そこがダマヌールの他のヌークレオと大きく違っているのかどうかを尋ねてみた。

確かに『オニ・ドーベ』はユニークな場所です。例えば、そこに住んでいる人全員が、同じ精神性探求の道を共有しているのは、唯一ここの家族だけです。しかし、違った特色を持ち、ユニークな性質を持っている場所は他にもあります。例えば『ポルタ・デル・ソーレ』の家族は、私たちがそこに『神殿』を建造した場所であるためにユニークです。そこは修道院ではありませんが、『神殿』の存在自体が日常生活において非常に強力な要素であり、私たちのそこでの生活を特徴づけています。

それぞれの家族は、独自のユニークさを持った方向に発展させることができる独自の特色、可能性、豊かさを持っています。重要な社会的、行政的な側面はありますが、エトゥルテにあるのは特別なエネルギーであり、それは人々にそのような動機を与える力なのです。

私は、森の中に作られた何マイルも続いている石のサーキット、スパイラル、複雑な迷路について感想を述べた。これらのサーキットは、大変な労働力と、この山の石そのものを使って作られている。石によって輪郭がつけられ、明るい色で彩色されている。そのような数千個もの石が、広大で複雑な回路網を作り上げている。エルフォは次のように説明した。

私たちが森林に創り出したいと思ったのは、『森の神殿』と呼ぶものです。山の内部に神殿を創り上げたと同じように、山の頂上にも神殿を創りたいのです。大空に広がっていくような神殿を……。『人類の神殿』を建造したときと同じ論法で、森には、それ自身の特徴のある特別な環境、特別な場所があります。それぞれを『人類の神殿』のホールと同じように特殊化し、違った使用目的を持たせました。例えば、夏至や冬至、春分や秋分を祝う場所があります。女性的エネルギーに捧げられた場所とともに、男性的エネルギーに捧げられた場所もあります。私たちが今建造中のサーキットは、これら異なった場所のすべてをつなぐことになるでしょう。

最終的に私たちは、エトゥルテにある大きくなった家族のそれぞれの内部に、小さなコミュニティーを作ろうと計画しています。例えば、オニ・ドーベが、自分たちの政府や土地を持ち、自分たちを統治し、自治体の風格を持つことになるでしょう。そのように、エトゥルテの目標は、実現するのにたとえ何年かかるにしても、一つのコミュニティーであることからコミュニティーの連合体になることです。ちょうど一つの『連合体』の中に連合体があるような……。

二〇〇三年までに、ダマヌールは新しい発展段階に到達した。彼らが切望していた新しいヌークレオ・コミュニティーが、実際的な現実になったのである。家族の集まりとしての〝歴史的な〟コミュニティーはもはや存在せず、単一のヌークレオが自治権を持ち、彼らに委ねられたその地域の管理に直接的な責任を持つようになった。

ダマヌールでは如何に物事が急激に変わることがあるかという一例として、一九九七年五月、『ダミール』というコミュニティー内で起こったことは非常に興味深い。一晩のうちに〝革命的〟な出来事が起き、ダマヌールのすべての若者が、その地域に新しいグループを作るために集まってきた。自らの生活をコミュニティーのプロジェクトに捧げているダマヌールの人々は、そのような変化に対する心構えを常に持っている。変化はダマヌールにおける重要な原則である。そのような変化は、社会的な団結に責任を持った民主的な組織によって、何度も議論され準備される。

リラとガンベロという二人の若者が、この新しい地域のレフェレンティ（責任者）として選出された。まだ十代であるリラは、急に引き受けることになった責任のある地位に、他の人同様びっくりしていた。彼女は、突然抜擢された背景にある理由をはっきりと話してくれた。

事態が変わったのは、この地域に活動的でない機構が存在していたからです。私たちは強力な共通の目標を持っていませんでした。さらに、私たちの目標実現のために、的を絞ることさえしていなかったのです。徐々に状況は悪くなっていきました。ここにいる人たちは全員素晴らしかったのですが、協力し合うことなくばらばらで、まるでジグゾーパズルの間違ったピースのようでした。そのため『レ・グイダ』は、この場所をダマヌールのすべての若者たちに与えることを決意しました。若い人たちとは、年も若く、ダマヌール市民としての生活も短く、このコミュニティーにとっては新しい人たちです。ここには古くからの頭の固い人がいるでしょうが、私たち若者は皆、ダマヌールが実現してからやってきたのです。

このグループをまとめるために、リラとガンベロは、実際にこの地域を戦って勝ち取ろうと決意した。勝ち取るといっても、水と旗、それにハンカチを使って戦うのだが……。

ガンベロと私は、『レ・グイダ』に、この地域での戦いを準備するよう頼みました。私たちは、始めようとしていることを正確にはよく知りませんでしたが、それがすべての人を一つにするためには重要であると感じていました。ただの二日間で、私たちはこの戦いを準備しました。それは「年配者」対「若い人」の戦いでした。

私たちは、この地域を八つの区域に分割しました。各区域にダマヌールの旗を立て、攻撃者たちはそれぞれの区域を征服し、その旗を取らなければなりませんでした。私たちは水を使って戦い、背中に下げたハンカチを手に入れようとしました。もしハンカチを二回取られたら、その人物はゲームから外れるというルールです。

実際の戦闘は、夜十一時から四十五分間続けられました。年配者たちは、あらゆるテクニックやトリックを知っていました。彼らは以前にも、何度もこのようなゲームをしたことがあったからです。そのため、規則を破る方法なども知っていました。しまいには、私たちすべての旗を勝ち取ったのです。

最初『レ・グイダ』は、もし私たちが負けたならば、私たちは全員、この地域から引っ越さなければならないと言っていました。しかし、私たちが善戦し、自分たちの陣地を守ったので、結果としてそれぞれが七時間ずつ、この地域で働かなければならないことになりました。そして相手方はルールを破ったので、『オープン神殿』のまわりを彩色したり、サーキットを敷設したり修理をする仕事を、それぞれ三時間ずつしなければなりませんでした。


どこに住むかを決めるためにゲームをするなんて、おかしいと思うに違いない。だがこれこそが、ダマヌールの型にはまらない自由な一面であり、それがうまく機能している。そのような戦いは、ダマヌールでは以前からさまざまな目的のためによく使われており、それは『ゲーム・オブ・ライフ』の一部である。この場合、自分たちの領地のために戦うことは、『ダミール』の若い人たちにとって共通のアイデンティティーという強い意識をもたらした。彼らは、ダマヌールという全体の社会組織に対して自分たち独自の寄与をするために、すでに確立しているコミュニティーのもっと経験を積んだ人たちと一緒になって親しく仕事をした。リラは、賢明にも次のように言っている。

赤ん坊に歩き方を教えるとき、最初は一緒にいて手を取って歩くでしょう。でも最終的には、赤ん坊は一人で歩きます。年配者は経験がありますが、私たちには情熱があります。私たちは夢を見なければならないし、夢は見れば見るほど、よりたくさん実現するのです。

新しい展望

チーニョ・バナーノは、最近、まだ発達の初期段階にあるヌークレオを、ヌークレオ・コミュニティーへと導くという責任を持つことになった。ほとんどの場合、それぞれのヌークレオが異なった発達段階にあることが物事を複雑にしている。私は、チーニョが引き受けた課題の大変さに心から同情した。彼は現在までの経過を話してくれた。

「まだ目標に達していないヌークレオがあります。目標レベルに近いグループもあれば、はるかに遅れているグループもあります。私の行っているこの作業は、数カ月から数年はかかるでしょう」

ヌークレオ・コミュニティーという地位に到達させるための道のりは、〝フレーム〟（炎）という作業レベルの違いによって象徴されるのだとチーニョは説明してくれた。これは、ダマヌールの多くのメンバーが、『神殿』の上にある『聖なる森』に住んでいた当時、一九九四年の『ゲーム・オブ・ライフ』プロジェクトから生まれた考えであった。

一九九四年は、ダマヌールにとって重要な年でした。『神殿』を世界に公開した結果として、ダマヌール市民の数が急激に増え、早急に市民たちをまとめる方法を見つける必要性が出てきました。ダマヌールの伝統に従ってこれを行うには、密接な人間関係とプレー（遊び）を通して行うのが最善の方法でした。ダマヌールの人々は、グループを作り、森に出発し、彼らが建てる趣のある木製の小屋に住みました。このプロジェクトが前進するにつれ、小屋は飾られていきました。彼らは時計を持たず、グループ以外の誰とも接触せず、現実的、内面的な作業を続けるという野心的な課題を持っていました。このプロジェクトの目的は、深い共通レベルの理解を探ることで、それは〝フレーム〟の点火として現れるはずでした。これは、そのグループ内が、深いレベルの愛、信頼、喜びに達したことを意味しました。この森で身に付けた概念が、ヌークレオに持ち込まれました。それは、ヌークレオ内の人々に、熱意と変わらぬ更新とともに成長するよう仕向ける理想的な方法になりました。

〝フレーム〟という考えは、そのため『旅』（ヴィアッジョ Viaggio）という考えとも関連します。『旅』は、ダマヌールの形成期には非常に重要なものでしたし、いまだに多くのダマヌールの人々の心や暮らしに大切な位置を占めています。『旅』は、個人的な成長と行動と変化をもたらすために企てられます。この考えは、『旅』という概念をヌークレオに持ち込み、家庭の内部に行動や変化という概念を持ち込むことでした。

チーニョは、続けて説明した。

私たちにとって『旅』をすることとは、屋外の自分自身から自分の内面を揺り動かすことを意味します。私たちは、旅をすることと心を揺り動かすという考えを、ヌークレオという静的な状態にあるという感覚と密接に結合させたいと思いました。ヌークレオは、固定した単位になってしまっていました。当初はもっと動きがあり、そのため人々は、物質的な事柄に愛着を持たないことを学べましたし、さまざまな人たちに会い、瞬間に生き、明日はどこか別の場所にいるかもしれないことを知っていました。

数年後、この課題は学び終わったため、このシステムはもはや必要なくなった。そして、ダマヌールの人々は、もっと安定した態度で共に住むことが重要になった。もし一人の人物が、特定の家庭にほんの数カ月だけ暮らしたとしても、自分をそこの人々や場所と同一化することは難しかった。数年後この考えは、一つのヌークレオが、一つの安定した一人前のコミュニティーになれるまでに発展して行った。そのように、一つのヌークレオが安定した時、そのグループの成長を象徴的に表す一つの方法として、〝フレーム〟という考えが発展した。ヌークレオ・コミュニティーというレベルは、〝フレーム〟の最高レベルを表している。あるヌークレオは、他のヌークレオよりも早くこの目的を達成するが、それぞれのグループは、異なった変成の魔力を持っている。シーニョは回想している。

次の段階は、ヌークレオを一つの家族として考えることでした。血縁ではなく、共通の自由意志による選択と理想によって結ばれた家族です。人々は、自身の好みや目的に従って、特定の地域に共に暮らすことを選びます。結局私たちは、会話と交流、創造的な冒険心を持った素晴らしいレベルのヌークレオを発展させました。しかし、置き去りにされたグループもありました。ですが、その違いこそが素晴らしいことだったのです。

現在では四十四のヌークレオが存在します。あるグループは、ヌークレオ・コミュニティーとしてすでに確立しています。その他のグループは、〝フレーム〟の異なったレベルにあって、コミュニティーという地位を目指して作業を続けています。それぞれの状況は異なっており、それぞれが異なった取り組みを必要としています。私はこの役割のおかげで、普通だったら三十〜四十年もかかるような経験を生きる機会を与えられています。ですから私は、このような向上をする機会を与えてくれたダマヌールに感謝しています。

レプレ・ヴィオラは、この新しい社会機構についてもう少し詳しく話してくれた。彼女は、『テクナルカート』（Tecnarcato）と呼ばれる内的な精神システムに、この機構がどのように関係しているかを説明した。内面性の純化というこの新しい試みは、最初経験豊かな市民グループにより始まったが、後には、参加したいと願うすべての人が加わった。オベルトは「私たちは超伝導システムを作り出す必要があります。そこでは、人々の間を循環するエネルギーに対する抵抗がありません」と語った。

『テクナルカート』プロセスにかかわるということは、程度の高い個人的な自律、意思の疎通、内省、他人への配慮、相互の信頼、ダマヌールの生活への積極的な参加などを確実なものにするために、毎日鍛錬を続けることを意味します。この成長という個人的なプロセスは、八人ぐらいのグループで作業することによって支えられ、時にはヌークレオ・コミュニティーの内部で作り出されます。二〇〇三年の春に、選ばれた代表者たちによって、『テクナルカート・イニシエート』から、一つの新しい『評議員会』（Senate）が作られました。この『評議員会』は、市民の考えを代表する一つの組織であり、〝シンク・タンク〟として機能しています。

私は、『レ・グイダ』が、これらすべてのことを考えたのかどうか知りたいと思った。そこで『レ・グイダ』のゴリラに会いに行き、このコミュニティーの発展が素晴らしい成功をしているように思えたときに、なぜ社会機構にこのような根本的な新しい変化があったのかを尋ねた。彼はいつもの笑顔で次のように語った。

なぜって……そうですね。このプロセスの背後にある理由は、本当は非常に単純なものなのです。しかし、実際面では、非常に複雑に見えるでしょう。私たちは、ダマヌールをたくさんのコミュニティーに変えてきました。それは、一人ひとりの市民に、一つのコミュニティーをどのように扱い、支援し、作り出していくかを学んでほしいからです。次の段階は、その経験を繰り返すことです。

これまで、地域のコミュニティー機構によって引き受けられていた責任を、現在ではあらゆるヌークレオが引き受けることになった。以前は、百五十人くらいの市民が集まってグループを作って一つのコミュニティーを形成する必要があった。現在の新しいヌークレオ・コミュニティーでは、十五人から二十人の市民で十分である。この機構内では、それぞれの市民が、今まで以上に責任を持っている。ヌークレオは、一つのフラクタルのように、ダマヌール全体の縮図なのである。ゴリラが続けた。

この方針は、精神的な旅を、より社会的な旅に近づけます。私たちの夢は、将来、各個人がほぼ一つになるような密接な関係で結びつくことなのです。その時点で、各人が一つのコミュニティーになっていることでしょう。

私は、私の初版本を『ダマヌール……真実の夢』と名づけたことを、ゴリラに思い出させた。当時私には、ここが夢を実現させる場所に見えたからだ。ゴリラは、満足げにうなずいた。

毎晩、私たちは新しい夢を見ます。そして、毎朝、私たちは前夜夢に見たことを実現する機会を手にしているのです。たくさんの喜びと、大いなる満足をもたらしてくれるのが夢です。

夢を見ることは続いている。これは、堅実で哲学的な原則に基づいたダマヌールの発展の新しい段階である。行動、変化、動くこと、成長……ダマヌールそのものである旅は、たくさんの道筋をたどっている。それぞれのポイントで、細心の注意を要する時期に、人々を導くという責任を負うにふさわしい特性を持った誰かが現れる。

ダマヌールでの生活

さて、以上がダマヌールの社会構造であり、全体として壮大な複雑さに満ちている。ダマヌールが、出入りの激しい社会ではないことを覚えておくのは重要だ。ダマヌールで暮らしている人々は、あらゆる予想される結果を注意深く考えた後にそこで暮らすことを選んでおり、それは生涯続く決定の場合が多い。新しい人たちがダマヌールに参加しようとしても、彼らやダマヌールの住民たちがお互いをよく知るようになるまでは参加できない。ダマヌールについて読んで知り、その思想に惹きつけられることと、日常生活の仕事や約束事、課題を共有することとは別である。ダマヌールはおとぎの国ではない。実際的な意味でスピリチュアルであるというのは、夢を現実にするために懸命に働くことを意味する。

さらに重要なのは、ダマヌールがイニシエート（知識の道の探求を許された人）の社会であり、彼らは全人類の進化と向上のために一身を捧げていることである。それは限りのない、誇り高い使命である。ダマヌールでは、人々は、常に個人の利益よりも共通の利益に主眼を置いて選択している。彼らは完全であると主張したりはしない。なぜなら、彼らは成長するとともに学んでおり、間違いを通して自分たちに磨きをかけ、人生が常に変化していると全く同じように、彼らも常に変化しているからである。この理由のために、ダマヌールは、ただ言葉や考えだけを通して理解することも説明することもできない。それは生きている存在であり、変容の奥行きの深い満たされた経験であり、隠された潜在的な才能を引き出す経験である。

ダマヌールの生活のリズムは、非常に猛烈で速いペースである。そのため、初めてそこを訪れた人は、イタリア人も外国人も同じように、ちょっとした戸惑いを感じることが多い。私の経験から、少しずつ前進するつもりで、ダマヌールの現実に近づいていくのがよいようだ。新しく来た人は、まず『オラーミ・ウエルカム・オフィス』が提供するたくさんのプログラムの一つに参加することをお勧めする。そのような滞在中に、ダマヌールの事業に親密なものを感じたならば、ダマヌールの『精神的な民族』の一員になるステップを取ることができ、ことによると、いつか完全なダマヌール市民になるかもしれない。

『ヴァルディキー』

連合体の住民にならずに、ダマヌールに近いキュゼッラ川の渓谷に住みたいと思う人々のために、一つのプロジェクトが展開されている。それは『ヴァルディキー』(ValdiChy)と呼ばれるものである。ちなみに、『ヴァルディキー』というのはヴァルキュゼッラの古いケルト名からきている。

このプロジェクトは、人々に、社会的、経済的な独立を保ちながら、精神的な理想を共有することを勧めている。現在、四十人以上の人々がこのプロジェクトに意識的に加わっており、その中には、フランスからのグループをはじめ、イギリス、オランダ、アメリカ合衆国、ドイツからの専門家たちも含まれている。彼らは、ヴィドラッコや近くの村落に家を購入している。また、何人かのイタリア人は、自分たちの家や仕事をこの地域に移すことにした。

Ｅｃｏというヌークレオ・コミュニティーは、人々がヴァルディキーにやってくる方法を用意することを主要な目的の一つとしている。今その最初の一歩を踏み出したところである。このプロジェクトは、一人のボランティア・スタッフ、プロジェクトを普及促進するための印刷物、ウェブサイトを用意して事務所を構えている。その特定の地域で計画される催し物や新規の構想などもある。二〇〇四年に開催された会議は大成功をおさめ、多くの注目を引いた。その会議の前に、世話役の一人であるカプラに、このプロジェクトの発展について考えを聞いた。

人々は、夢でもある自分たちのプロジェクトを現実にする機会を持つことでしょう。ヴァルディキーに移ってきた人々は、ダマヌール市民ではありません。「多くの独立した、多様なコミュニティーから成り立っている一つの世界」というダマヌールのヴィジョンを支援したいと願う人たちなのです。彼らは、自分たちの故郷を持ち、精神性探求の道を持ちながら、ダマヌール市民とともに、ヴァルキュゼッラを、『新しい世界』で最初の自治権のある地域にするために力を貸しています。

夢の王国は、居住が始まって十年経っているが、その『ヴァルディキー』プロジェクトはまだ存続しており、実現の道を模索している。ダマヌールでの活動のすべてが、すぐに成功するわけではない。

素朴な楽観主義に満たされ、個人的な理想像を抱いてダマヌールにやってくることと、それをうまくいかせることとは別問題である。十数年前、私が初めてダマヌールを調査で訪れた際、二歳から十三歳の四人の子連れのイギリス人一家がやってきた。彼らはダマヌールにくる際に実際的に予想される問題、どこに住むのか、生計をどのように立てるかなど、現実には何一つ解決していなかった。たくさんの時間と配慮が彼らに与えられたが、ダマヌールは必ずしも彼らの行動指針に合わせる必要はなかった。どのようにしてダマヌールにやって来ようとも、ダマヌールは決して住みやすいところではない。そこでは、決意と献身が求められる。ダマヌールの人々が言うように、人々は奪うためではなく、与えるためにダマヌールに暮らしにやってくる。これは、欠くことのできない公式であり、人はその結果、これまで想像した以上にずっと多くのものを受け取るのである。

また、渓谷に住んで、ダマヌールと関係しながら独立を保つということは、それ自身難しいことであり、何よりもまず財政的な問題がある。特にイタリア語が話せない場合には深刻である。あのイギリス人家族は、理論的にはこれらすべてのことを知っていたが、新しい国に溶け込むために必要な努力の量を過小評価していたようだ。

同様に、初期の『ヴァルディキー』プロジェクトのパイオニアに、ベルギーからきたジャンとジョニーがいた。彼らはヴィドラッコに、中世の二軒一棟になっている家の一軒を購入した。

かつて年老いた兄と妹がそれぞれの家に住んでいたが、妹は死んでしまった。ジャンとジョニーが購入したのは、妹の所有部分であった。しかし、このあたりでは少し頭がおかしいと思われている七十代の老人が、三十年以上も妹の持分に住みついていた。ジャンとジョニーは、立ち退くようにその老人を説得しなければならなかった。彼らはトレーラーハウスを購入し、住めるようになるまで、そこで暮らさなければならなかった。ひどいことにその老人は、五十年以上もガラクタを溜め込んでいたのである。

ジャンとジョニーの物語は、想像できないほどの忍耐を強いた例である。結局二人は、老人の持ち物をきれいに片付け、その家を住める状態に戻した。そして数日間、老人を自分の家に帰るように説得し、ダマヌールの友人チームが二人の持ち物を運び込み、五十年間そこに溜め込んでいたガラクタを取り除いてくれた。それは信じられない光景だった。中庭は、あらゆる種類の古い品物であふれていた。壊れたオモチャ、不要になって捨てられた家庭用品、古タイヤ、ビン類、ブリキ製品、多量の古い雑誌や新聞などである。

最終的に、ジャンとジョニーはこの新しい家に移り住むことができ、本当の修復作業が始まった。言葉を変えれば、それでやっと始まりに戻ったのであり、その家に引っ越すのにほぼ六カ月もかかった。

この二人のベルギー人は、この渓谷で生活するのに必要とされる不屈の精神と粘り強さという素晴らしい特質を証明した。しかしそれでも、二人が『ヴァルディキー』に十分長く留まってその発展に貢献することはなく、結局は去って行った。ジャンはコンピューター・グラフィックを専門に研究しており、妻のジョニーはカリグラフィーの芸術家であった。彼らは二人とも道教の治療法に興味があり、ダマヌールの連続講座と並んで自分たちの講座を行う計画を立てていた。多くの理由から、この計画はうまくいかなかったようである。夢を現実に変える実際的な手段が、時には難しいことがある。

他の人たちはもっとうまく暮らしている。『ヴァルディキー』プロジェクトは、たとえダマヌール市民としての生活を選ばなくとも、容易に屈しない粘り強さ、確かなビジネスセンス、ダマヌールのヴィジョンを共有するために必要とされる技能などの、バランスの取れた特質を備えた先駆者たちによって支えられ、前進している。

ダマヌールは、改宗を強要するコミュニティーではない。それでも、今やこの渓谷に人々が移動してきている。ダマヌールの人々は強要などせず、かえってその反対なのである。ダマヌールの住民は、そこで暮らすことがどんなに難しいかを語り、義務と献身の自覚が必要かを印象づけるだろう。ダマヌールは瞑想にふける場所ではなく、実際的で意味のある行動が内省と同じように重要な場所なのである。そこは、手を使っての作業が、心の作業と同じくらい必要な場所であり、その報酬が意味のある場所なのである。その結果として、人々はダマヌールの事を聞いて世界中からやって来て、中には移り住む決意をする人たちもいる。

プリミ・パッシと百人の新市民プロジェクト

ダマヌールでは、一般人の要求に応えて、コミュニティーとさらに深くかかわりたいと願う、英語を話す人々のためのプリミ・パッシ（Primi Passi　第一ステップ）という二週間プログラムを作っている。最初のプリミ・パッシ・プログラムは、二〇〇二年七月、参加者月十人に制限して始まった。これは、ダマヌールでの暮らしに実際に参加するという、実戦的な経験を人々に与えることを意図している。その結果、参加した人々は、ダマヌールに居住する市民という選択の可能性を、情報に基づいて選ぶという手段を手にすることになる。

二週間のプログラムが終わり、ダマヌール連合体の完全な一員になりたいと願う人々は、新しい『一〇〇人の新市民』プロジェクト、または『ヴァルディキー』プロジェクトへの参加を考えることができる。また、ダマヌールに住まない市民やダマヌールの『精神的な民族』の一員になり、ダマヌールとの結びつきを続けることも考えられる。プログラムに参加する人の多くは、世界のどこかに自分たちのコミュニティーを創るために、ダマヌールについて学びたいという関心を持っているからである。

『一〇〇人の新市民』プロジェクトでは、市民権に関心のある人たちが、ダマヌールの三つの組織、『社会生活』『メディテーションの学校』『ゲーム・オブ・ライフ』と共同して計画したコースに従って、ダマヌールの生活や歴史の核心に入り込む機会を与えている。そのプログラムは六カ月間続き、『市民権』の最終検討委員会のための試験的期間として考えられている。六カ月を終了して、もしダマヌール市民になることを選ぶなら、ダマヌール市民になることができる。

このプログラムの期間、参加者はヌークレオ・コミュニティー内に住み、コミュニティーの地域やガラス製品、モザイク、銅版、陶芸品、彫刻などを作っている芸術家の工房やダマヌールの会社を訪れる。また、ダマヌールの健康管理システムや教育哲学、学問的なシステムについても紹介を受ける。経験者から直接経験した生の話を聞き、ダマヌールの歴史の追体験をさせてもらったり、『セルフィカ』やRiskの星間ゲーム、栄養学、食物、エネルギーの自給自足などの側面についてもなじむ機会が与えられる。これは大掛かりなプログラムである。私はハスキーに、この実行に当たって誰が責任を持っているのか、現在どのように進行しているのかを聞いてみた。彼女は次のように答えた。

新しい考えと新鮮なエネルギーを持った新しい人たちが入ってきています。彼らは、本心から何かに寄与したいと願っています。このプログラムは、そういった人たちに、ダマヌール社会のあらゆる側面を学ぶ機会を与えています。ですから、彼らは、ダマヌールが真に彼らが求めている道であるかどうか、はっきりとした考えを持つことができるのです。

第四章　七つの道

私についていえば、私は『神々の力』と接触を持ちたいために、この内面的な探求を行いたいと思っています。ここには力強い存在が確かに実在していると感じることができます。

メルジーン・アカント

ダマヌール市民は、全員、イニシエート（知識の道の探求を許された人）である。したがって、市民であることはある種のスピリチュアルな責任を伴っている。ダマヌール市民は、『メディテーションの学校』での個人的な成長に加えて、それぞれ従うべき七つの『精神性探求の道』の一つを選んでいる。それらの道は、『メディテーションの学校』から派生したものであり、精神的な成長を達成するために、誰もがそれぞれの才能を表現できるような道である。市民は、一つの道から別の道に変わることは自由だが、最初に選んだ道をやりぬき、何らかの哲学的な困難を乗り越えるよう勧められる。ダマヌールでは、もし誰かが何かを始めたならば、最後までやり通すべきだという原則を大事にしている。それは融通性のある原則であり、厳格な教義ではない。しかし、個人的な困難や抑制を克服することは、個人的な成長をもたらす基本的な部分である。七つの道は、人々が内面的な強さを発展させるのを助け、彼らが暮らしている日常生活の状況内で、その精神的な主体性を達成するように意図されている。

それぞれの道には、メンバーを指導し、助言し、忠告を与える責任を持った人物がいる。それは指導者ではなく支援者である。七つの道についてもっと詳しく知るために、それぞれの道の責任者に話を聞きにいった。

一、『言語道』

これはコミュニケーションの道である。この道を選んでいる市民は、学校で教えたり、ダマヌール内の新聞や放送網を運営したり、対外的な関係や政策を扱ったりしている。要するに、ダマヌールの住民と外部世界の両方に、ダマヌールを理解させるように努めている。彼らは、ダマヌールのメッセンジャーである。『言語道』には、音楽の道も含まれる。声が音であるように、音楽も振動であり、音でもある。

『言語道』の責任者はオランゴ・リーソ（オラヌータン・イネ）である。彼が話してくれた。

『言語道』のすべての表現に共通するのは、コミュニケーションです。そのため、ダマヌールについて正確に証言し、知らせることのできる人がたくさんいることが重要です。

オベルトとともに働きながら、この道はコミュニケーションの学習コースに発展しました。現在では、参加している人々が公衆の前で話すことを恐れることなく会議を開くことができるまでに成長しました。会議は、ヨーロッパ全土、アメリカ合衆国、アジアで定期的に開かれています。人々はセミナーや講座を開いたり、ジャーナリストと意思の疎通を図ったり、テレビで話したりしています。私たちダマヌール市民にとって、この道は、コミュニケーション技術をみがき、お互いや外の世界と効果的に交流することを可能にする、経験主義的な探求が目的です。

『言語道』に従っている人にとって、ダマヌールの良い印象を広めるということは、本質的で、最も重要な生き方です。しかしそれと同時に、このコミュニティー内に共通の文化を創造していくことも必要です。そのため『言語道』は、新しい考えや意見、議論などを発展させていくという課題も持っています。例えば、日刊新聞QDqは、コミュニティー内のコミュニケーションの中心であるという特色があります。また年四回発行される雑誌QDfは、一般大衆のためにイタリア語と英語で語りかけています。QDqとQDfは、共に『言語道』の人々によって運営され、高い精神性を保つように管理されているのです。

このことは、ダマヌールでは、生活のあらゆる側面がどのように絡み合っているかを例証している。ダマヌール市民は、彼らが具体的、生産的に何かを行ったときに、精神的にも成長するのだと信じている。「私たちにとっては、まず行動を起こすことが大切なのです」とオランゴは語っている。そのため、誰かが属している精神性探求の道が彼らの職業と関係していることもある。

新聞について言えば、毎日、八〜十ページものニュースを掲載する精力的な努力を続けている。『言語道』に従っている人々は、コミュニケーションの文化面だけでなく、運営面にも関係している。大事なことを言い忘れた。『言語道』の非常に重要な活動に、政治を通して、この渓谷や地域の発展に活発にかかわるということがある。ダマヌールは、コン・テ・ペル・イル・パエーゼ（Con te per il Paese　あなたとともに、この地域のために）という新しい自主的な政治運動を展開させている。コン・テ・ペル・イル・パエーゼは、ヴァルキュゼッラの政治活動に非常に活発に参加している。ヴィドゥラッコの村長はダマヌール市民が務めており、議会にもダマヌール市民が参加している。二〇〇四年の選挙でも、二十一人ものダマヌール市民が渓谷一帯の村議会議員に選出された。

私は、ダマヌール市民の政治についての考えを知るために、ヴィドゥラッコ村長ビソンテ・クエルチア（バイソン・オークの木）にインタビューを試みた。

私たちにとって、政治とは一種の芸術であり、すべてに最高の状態を求めて集団で奉仕をするという芸術です。確かに、現在、このことが大部分の政治家の共通の関心事ではないことをよく知っています。私たちは、ダマヌール連合体での経験を、あらゆる人の扱い方に生かすことができると感じています。コン・テ・ペル・イル・パエーゼの業績は、精神的な理想が、すべてにとって有益である成長や発展をどのようにもたらすことができるかという一例です。

私は、渓谷の発展に対するダマヌール市民の献身には感心した。将来、できればイタリアでも同様な献身をしてもらいたい。私は、彼らの運動政策を読んでみたいと頼んでみた。次のようなものである。

手を使って仕事をすることと魂との距離は、私たちが考えている以上にわずかなものである。精神的な成長とは、他人の幸福や社会の発展のために、私たちの周りの環境に対する責任を引き受けることを意味する。自分を進歩させたいと考え、毎日一時間座って瞑想するだけでは十分ではない。物事を変化させる具体的な行動を通して、仕事をし、精神的に得たものを明らかにすることが必要である。

オランゴは、「私たちにとって、物質と精神的なものとは絡み合っているのです」と話した。

音楽——『言語道』の一部門

マカコ（オナガザル）は歌手であり、ミュージシャンである。ダマヌールに住む前は、ヨーロッパの一流のジャズ演奏会場で、定期的に歌をうたったり、演奏活動をしていた。現在では声楽を教えており、彼女の精神的な努力の一環として音楽の探究に従事している。彼女は、『言語道』において、音楽が演ずる役割を説明してくれた。

音楽の研究はかなり前から始まり、二つの方向に発展しました。聖歌隊を含むヴォーカルの方向と音楽家の方向です。聖歌隊は、ダマヌールで最も古いグループの一つです。音楽についてたくさんの実験を行っています。私たちにとって音楽とは、内的成長の手段なのです。私たちのコンサートでは、音楽は音楽家と踊り手の両方によって創作されますが、それは、踊り手が踊るためには音楽が必要だからです。新しい音楽や新しい作曲法を開発する努力をしています。たくさんのこのような研究が、『神殿』内で行われています。

音楽はまた、ここダマヌールで行われる儀式の非常に重要な部分でもあります。ここで使われる音楽は、通常のコンサートで演奏される音楽と非常に異なった種類の音楽であり、異なった方法で作曲されます。『神殿』内で音楽を演奏したり、歌をうたう人は、音楽を精神性探求の道として使う人たちです。『神殿』の音楽は、特別な種類の音楽だからです。『神殿』

内にいるとき、あなたは高いレベルの諸々の力と関係しており、あなたの音楽を通してその感情を表現するには、心を透明にし、精神を集中させなければなりません。

私は『神殿』のための音楽を作曲するのに、特別な方法があるのかどうか知りたいと思った。

確かに私たちは、特殊な作曲法を採っています。一緒に作曲するのです。グループによる即興演奏というのではなく、本当に共同で作曲するのです。普通の音楽家はそのことを信じられないようですが、私たちは、全員で一緒に一つの作品を作ります。私たちは多くの瞑想や祈りを使い、心の内的な調和を図ります。

もう一人のミュージシャンで、『言語道』の設立メンバーの一人であるレプレ・ヴィオラ（ウサギ・スミレ）は、ルドルフ・シュタイナーと同様に、スピリチュアルな方法で音楽を作る人は、神との強いつながりを持つと信じている。彼女自身がスピリチュアルな音楽を研究しており、世界のさまざまな民族が、自分たち独自のスピリチュアルな音楽形式を、どのように作り出してきたかを研究している。彼女はこの研究の合間に、ダマヌールのための音楽スタイルの基礎を作った。レプレは、著書『La Via della Musica』（音楽の道）の中で、音の次元や、あらゆる瞬間におけるすべての人にとっての音楽について言及している。彼女は、『神殿』内の音楽は、ステンドグラスやモザイク模様と全く同じように重要であると指摘していた。なぜなら、音楽は音で空気中を満たし、『神殿』の物理的な本体に振動を与えるからである。

シュタイナーは、音楽や色の振動が生きて存在している次元があると信じていました。音楽と魂のレベルでのコンタクトを持ちたいと願う音楽家は、誰でもこの次元につながる必要があり、この振動を音楽に変えるのです。

レプレが大きな興味を持っている別の研究分野は、さらにユニークなものである。ダマヌールに滞在していると、さまざまな驚くべき経験をすると思うが、その一つに、木によって演奏される音楽がある。この研究は、木や植物の感受性を利用している。木や植物は、自分だけで演奏したり、他のミュージシャンと協力して音楽を演奏したりして、その感受性は簡単に実証される。

レプレは説明している。

『植物の音楽』は、二十五年以上前に、自然ともっと深い交流を持ちたいという願望から生まれました。それというのも、私たちは『自然』を、大切にされ、尊重されるべき生きている力と考えているからです。植物の感受性についてのたくさんの実験は、葉や根の表面上の電磁気的な振動を検知できる計器の創作へと導いたのです。この電磁気的な振動は、シンセサイザーを通して音楽に変換されます。その結果は非常に感動的なものです。木はまるで、自分たちが作り出している音楽に気づいているかのように、彼らの電気的な反応をコントロールすることを〝学び〟ます。少しリハーサルをした後に、木は、私たちミュージシャンが彼らと演奏するメロディーに、自分の演奏を実際に調和させるのです。

木と演奏することは、いつもとてもエキサイティングな経験です。この相互交流は、その木と本当に交流のチャネルが作られたときだけに起こるからです。それは決して必然的に起こることではありません。演奏をする前に、私たちとは非常に違う存在と親密な関係を作る必要があります。彼らと交流するために、まず、私たちとは違った彼らの性質と同調しなければなりません。彼らの性質は、私たちと比べてゆっくりとしており、個体による差が少ないのです。いつもは、木がミュージシャンのリズムに順応します。このことは、木が、このシンセサイザーが作る音楽信号をコントロールできると〝理解している〟ことを証明しています。

普通、若い木は、古い木よりも短い時間で学習します。しかし、年取った木の方が私たちとより上手に交流することができ、創造性も豊かです。本当に素晴らしいのは、木々がお互いにどのように学ぶかを知ることです。ダマヌール以外の都市で演奏をするときは、可能な限り、何時でも訓練された鉢入りの植物を持参します。持参した木が現地で見つける木に教えることができるからです。

私は、ヴァイオリン奏者、ディジュリドゥー（オーストラリア先住民の大型木管吹奏楽器）

奏者と木が演奏しているのを見たことがある。何本かの植物が、イギリスから来た陰気で否定的な態度の若い訪問者たちの前で演奏することを、きっぱりと拒絶した場面に出合った。しかし、しばらくして、もっと熱心なドイツからの訪問者グループに対しては、幸いにも陽気に楽しく演奏していた。また私は、『神殿』内部の歌手と一緒に、『聖なる森』の頂上にある一本の木が演奏しているのを聴いたことがある。この特別のコンサートは幾晩にもわたって行われ、大部分の演奏はとても穏やかなものだった。しかし、ある晩、外では嵐が荒れ狂っていた。明らかに神経質になっている状況を、木は音楽を通して表現していた。そのため歌手は、木と同調するのが非常に大変であった。この植物の感受性との研究は、非常に創造的で重要なものである。間もなく新しく開発されるミニチュア装置が、一般大衆にも利用できるようになる。その結果、誰でも植物の王国との交流という、感銘深く感動的な経験を共有できるようになる。『木々とのコンサート』は、さまざまな場所で演奏を成功させている。イタリアやヨーロッパの都市で、一九九八年のカナダ・ニューファンドランドのサウンド・シンポジウム大会で、そしてアメリカ合衆国のフロリダ・マイアミで、さらにインドのいくつかの都市でも成功している。

イタリアの〝フィレンツェ〟にあるダマヌールのグループは、木のコンサートを続け、広めることに特に力を注いでいる。彼らは、〝フィレンツェ〟にある、メディチ家が設立したヨーロッパ最古の植物園の管理者とともに仕事をしている。彼らは、音楽を通して植物と触れ合わせるために、四百人もの子どもたち、その親、先生たちを連れてきて体験させている。この非常に感動的な実験は、『自然科学博物館』の科学的な管理のもとに行われている。そして、これらのコンサートのCDを発表する予定である。

二、『騎士道』

『騎士道』のメンバーは主に男性であり、多くは神殿の建設作業を行っている。彼らはまた、警備員や消防士、市民の保護や赤十字のボランティアとしても活動している。その地方に火災が発生した際には、たびたび呼び出されている。彼らは、火災との戦いや洪水、その他の緊急事態に対処する勇敢な行為に対して、イタリアの『森林管理委員会』から金メダルを受け取っている。そして今では、この辺りだけでなく、国際的にも、緊急時には決まったように奉仕を求められている。

私は、当時『騎士道』のリーダーであったピッキオ・アベーテ（キツツキ・モミ）と話した。彼は、この『騎士道』が、『メディテーションの学校』の教えを応用する良い機会であり、実際的な行動によって調整される思索の道であると私に語った。

『騎士道』は、他のいくつかの精神性探求の道とともに、一九九〇年に設立され、『神殿』の建造、ダマヌールを守る必要性、コミュニティーに対する十分な奉仕を通してその存在を主張している。

『騎士道』の全般的な哲理は、始まりからすでに決まっていた。肉体的、現実的な活動が、内面的な成長に対応している必要があった。そのため、『騎士道』の最初の発展は、社会的、実際的なレベルについてであった。『騎士道』には、建築学や建築業界に関してかなりの実際的な知識を持った人々がおり、こういった人々が『人類の神殿』の大部分を建造したのである。『騎士道』の他の人々は、森林の火災を消したりする市民の防御と保護に関する仕事をしていた。彼らはまた、住宅や市民の安全を保障することのできる防御システムを作り上げた。しかし、このようなあらゆる実際的な仕事とともに、『騎士道』には内面的、精神的な側面も存在した。その一つとして、彼らはマジックな防御システムを開発した。ピッキオは次のように語った。

マジックな防御の概念について、可能な限り簡単に説明しましょう。その概念は、私たちが表現可能な何らかの行動を通して現実に近づき、現実に特別な態度を取る一つのモデルなのです。そこには、私たちが〝シンクロニック・共時的〟と呼び、行動に対応し、マジックに結果を生み出す特定の出来事が存在します。

例えば、あなたはダマヌールの入り口で大きな門を目にしました。その門には鍵がありません。私たちの観点から言えば、その門を閉めているのは、マジックな見せ掛けなのです。論理的な観点から言えば、誰かが単に開ければよいのです。しかし、マジックな観点から言えば、それは一つの防御になっています。

もちろん、このようなマジックな防御のためには、関連するたくさんの儀式があります。

その考えを有効なものにするために、私たちは建設的実際的な行動を取ります。それは単なる迷信でも、偶然に起こることでもありません。私たちはダマヌールの地域すべてに意識をめぐらし、思考力でダマヌールを守っています。これが、ダマヌールで起こる出来事に著しい影響を及ぼしているのです。

こう説明したらとても簡単に聞こえるかもしれません。しかし、現実的には、思考や瞑想という側面なしには実現できないため、この考えは実際には大きな基礎となるものなのです。

ピッキオは、『騎士道』が行った研究が、『神殿』内でのいくつかの興味深い発見を導いたと説明した。

私たちは、『神殿』内でたくさんの仕事を見つけ、知性（マインド）よりも心（ハート）によって伝えられることが可能なたくさんのことを発見しました。私たちが発見し、〝三十三メートルの法則〟と呼んでいるある事柄をお話ししましょう。それは、『神殿』の物質的な発掘と自分自身の魂の内的な発掘との間には、ある符号があるということです。

また私たちは、一緒に働いている人々のグループと個々に働いている人々との違いを発見しました。グループで共同して行う仕事と、たった一人の人物がする仕事の間には大きな違いがあります。グループで行う仕事は、同じ数だけの個人が同じ長さの時間働いた場合よりも、量においても質においても常に卓越しています。

例えば、『神殿』で行われる仕事は本当に重労働でした。しかし、そこでグループで働いた人々は、当初参加した時よりもさらに多くのエネルギーを得て作業から出てくるのです。

私はピッキオに、〝三十三メートルの法則〟という考えを、もっとはっきりさせてほしいと頼んだ。私は、『神殿』での仕事に関して、この言葉を他の人が同じように使っているのを聞いたことがあったからだ。

〝三十三メートルの法則〟はオベルトが持った考えで、私たちなりに解釈しています。それがダマヌールの現実的な面と精神的な面を一致させています。私たち自身のある部分を築くためには、私たちは『神殿』の一部を築く必要があることを知りました。そして、オベルトが私たち一人ひとりに『神殿』で三十三メートルの建設作業を行わなければならないと言いました。

かつては、その言葉が全く文字どおりの事実で、実際に『神殿』を三十三メートル掘っていた。それは、高さにおいても幅においても岩を三十三メートル掘っていたという意味である。彼らはそれがバケツ何杯分に相当するかを計算し、最初に誰が三十三メートル掘るかを競ったりした。ピッキオが、「何しろ当時は、みんなまだ思考力という点では非常に若かったですからね」と言った。現在では、三十三メートルとは『神殿』を掘ることではなく、各個人の最高の特質を意味している。もし非常に優れた画家がダマヌールにやって来たとして、その人物に三十三メートル掘ることを要求するなど意味のないことであり、三十三メートル分の絵を描いてもらう方がはるかにましである。すなわち、三十三メートル掘るのに相当する量の別の仕事をしてもらった方が賢明である。例えば、建物の屋根を張る作業とか、森林で枯れた木々を片付けることとか、インターネット上に素晴らしいコンピューター・プログラムを構築することなどである。

ピッキオの三十三メートルとは、警備の領域で力を発揮することを指す。

ダマヌールは警備をする必要がありました。例えば、森林火災は、時には故意に引き起こされました。特に冬の時期、外部の人によって……。外部の人にとって、長年、ダマヌールは異質であり、そのためおそらく危険な存在だとみなしていたことが問題でした。イタリア警察のような公的な勢力は、はじめのうち、私たちに対して非常に疑い深い態度でした。例えば、外部から私たちの駐車場にやってきて、車のすべてのタイヤを傷つけた人物がいても、それに対して何も対抗する方法が見つかりませんでした。もちろん、そういった出来事はいつも警察に報告していました。

しかし私たちは、長年かかって徐々に彼らの信頼を勝ち得ました。最近では、私たちが何か問題点を指摘すると、ただちに助けに来てくれます。しかし私たちは、災難を防ぎ、災難に遭わないことを目指しており、私たち自身で救急隊を持っています。私たちの考え方は、防御よりも防止に力を入れることです。

今日では、市民保護のボランティアとして、約百二十人のダマヌール市民がいる。さらに赤十字（ＣＲＩ）に百六十八人、百六人の献血登録者、六十二人の資格を有する緊急ボランティアがおり、二十人がヴァルキュゼッラの年配者介護に当たっている。ダマヌール市民ボランティアは、ヴァルキュゼッラ地域の緊急時の活動範囲を保障するため、ヴィドラッコに最初の赤十字支部を創設し、地域の病院や一般市民のために特別な輸送手段を整えた。

『騎士道』は、長年ボランティア分野で働いて得た経験を共有するために、『ダマヌール民間人保護協会』（Damanhur Civil Protection Association）という協会を創設した。ダマヌール市民チームは、アルバニアの〝レインボー・ミッション〟、二〇〇四年の津波後のスリランカへの赤十字救援派遣隊、地震や洪水によって引き起こされた地域への多くの緊急支援に参加した。この『協会』は、森林火災と戦うための特殊な専門家チームを持っている。

ダマヌール市民のボランティアに対する積極的なかかわり方は、渓谷一帯の人々との社会的・政治的な新しい関係の発展にきわめて重要である。それはまた、渓谷に対して刷新や新しい活動を行う際に、公務員として一般大衆に選ばれたダマヌール市民の努力を補足してくれる。

私はピッキオに会うのが楽しみだった。彼は強い個性を持ち、自信を与えてくれる男性である。私は、もし彼が私を守ってくれていたならば安心していられるだろうと思った。ピッキオにとってダマヌールでの生活は申し分ないものであり、彼は、このコミュニティーが実際に如何に有効に機能しているかの理想的な見本である。

三、『オラクル（神託）道』

それぞれの精神性探求の道が、ダマヌールにおける生活の一側面のスピリチュアルな表現であるとすれば、『オラクル（神託）道』は『神聖な力』との接触に捧げられた部分である。これは、完全なる献身と内的純化、自己修養の特別な形が要求される過酷な『道』である。そのような本質的な変容に込められる行動基準は、『神』への導管となるために自分自身をより良い状態にするものである。それには、神の特別な召命と特定の性質、使命感を必要とする。

『オラクル道』によって行われる仕事は、ダマヌール市民の日常生活において休みなく続くマジックな相互作用である。私が知る限り、〝マジックな相互作用〟とは、この物質世界での物事や出来事を左右する法則の知識に基づいた、一連の正確で熟考された活動を意味している。すべてのダマヌールの活動は、常によく熟考された上で生活のサイクルに従って行われている。『オラクル道』は、特に深い精神性、マジックなもの、神聖なるものに向けられているため、修道女や聖職者レベルへの入り口を用意している。また『オラクル道』は、さまざまなマジックなレベルでの作業や研究を利用し、厳格な倫理規則に従い、すべてが人類の建設的な進化に向け利用されている。

この『道』は、〝時間の調査（time prospecting）〟に関係する『神々の力』の一つの集まりである『ダマヌールの神託』にちなんで名づけられている。〝時間の調査〟とは、〝出来事を動かしたり変更したりできる時間の研究〟として説明される。ダマヌールの人々は、『デルフォイの神託』から約二千五百年経った一九八五年に、これを研究する方法を〝再び見つけ出し〟、復活させたと主張している。

私は『オラクル道』の責任者であるシレーナ・ニンフェアと話した。彼女の魅力的な名前は、〝人魚・スイレン〟を意味している。彼女は『オラクル道』の特質について話してくれた。

この『道』は、ダマヌールの儀式の主要部分です。長年にわたって私たちは神聖な儀式を執り行ってきました。儀式がダマヌールの人々の生活にどれほど関係しているでしょうか。ここダマヌールでは、生活の精神的な側面と社会的な側面を分離しません。この二つは絡み合っています。

毎月、『オラクル』のための準備をし、私たちに送られるお告げを受け取るために、『神聖な力』と接触を持つためのたくさんの儀式が行われます。儀式はすべて、月相に関連づけられます。満月後の欠けはじめの月、新月、三日月、満月に特別の儀式が行われます。これらの儀式は、イニシエートを授かった人、準備の出来ている人、このコンタクトへ向けて活性化している人のために用意されるものです。しかし、満月に行われる『オラクル』の儀式は、オープン神殿で開催され、あなたも参加したように、出席したいと思う人には公開されています。

シレーナは、二晩前に行われた催しに言及していた。私は、『オラクルの儀式』の最終部分で、特別扱いのオブザーバーとして参加していた。これは、シレーナが言ったように、四つの月相すべての期間、神聖なる力との接触を組み入れている厳密で詳細な儀式である。その儀式には、特別に準備され聖別された場所が必要であり、そのため、質問は前もって『オラクル』に送られ、回答は〝感じる〟ことによって受け取られる。『神聖な力』とコンタクトするように特別に準備されているのは、『オラクル道』の女性メンバーである。彼女たちはピィティアスとか、オラクル・コンタクターと呼ばれている。ダマヌールの誰でもが質問をすることができ、『オラクル道』に属している必要はない。ダマヌールに住んでいない人でも、『オラクル』に助言を求めることが可能である。

回答を届ける儀式は、毎月満月の時に、『オープン神殿』で行われる。ダマヌールのすべての住民、また参加したいと望む訪問者は、誰でも参加することができる。そのようにして、私たちは指示されたように、八時半頃、指定の場所に集った。私は、その儀式が始まる際、月が出ていなかったことを覚えている。しかし、『神殿』の周囲の全体的な照明や、祭壇の階段の前で燃えているかがり火が、奇妙なやり方で進行する一連の儀式を照らし出していた。素晴らしい太鼓の演奏があり、ダマヌールの人々は全員、ダマヌール独特のあの白や赤、黄色、青のメディテーション用のローブを着用していた。シレーナ・ニンフェアは、彼女とともに儀式を行う他の女性たち同様、月を表す銀色の刺繍をした青いローブに身を包み、儀式を先導していた。

その儀式にはたくさんの異なった段階があった。火の周りで聖なる道具を動かしたり、朗読やメディテーション、質問者の準備などがあった。私たちがそこにいた夜は、三人の人が『オラクル』に質問をした。しかし、その儀式の一カ月ほど前に質問を行っていたので、回答を受け取ったというのが正確な言い方である。彼らは一度に一人ずつ『神殿』の中央に呼び出され、ロウソクを持った『オラクル』のメンバーの一人に案内された。その時、質問に対する回答が彼らに儀式的に読み上げられた。これらすべては、儀式の太鼓演奏とフルートの美しい調べが伴奏されている中で行われた。それは奇妙な感動を覚える体験であった。

人々が空を見上げているのを目にしたのは素晴らしい瞬間だった。私も見上げた。そこには、一連の出来事すべてに光を放っている、美しくて、大きくて、輝いている満月があった。

三人の質問者すべてに回答が届けられ、その儀式は、太鼓の音が静かになるとともに終了した。ダマヌールの人々は、その後ローブを脱いで、自宅に向かう自動車に乗り込んだ。

私たちが車のトランクに荷物を積み込んでいたとき、私は、街路灯からの明かりしかないことに気がついた。空を見上げてみると雲に覆われており、月は全く見えなかった。

その後、『オラクル』の儀式で尋ねられた質問について、シレーナに質問してみた。彼女は次のように説明してくれた。


いにしえのデルフォイの神託のように、回答は儀式の最中に質問者に渡されます。その方法は常に異なり、私たちが受け取った回答の内容によります。時には、回答の意味をもっと深く知るために説明を求める人もいます。

儀式を準備するためには、オラクルの儀式だけでなくあらゆる儀式について言えることですが、そこが特別に準備され、日常の世界からは隔離された場所である必要があります。『人類の神殿』同様、ここダマヌールには他にもいくつかの『神殿』があり、バイタのような神聖な場所があります。私たちはこのような場所に数日間滞在します。

人々が『オラクル』に相談するときは、どうすべきであるか分からないとか、決定すべきことがあるにもかかわらず、どの方向に進んだら良いか決めかねているからです。彼らはたぶん、尋ねる質問のスピリチュアルな本質と同調していないのかもしれません。そのような時、彼らは『オラクル』に助けを求めます。グループが質問を提出したり、時にはヌークレオ・コミュニティーさえも、彼らが従うべき方向に関しての指示を求めます。そのため、『オラクル』は、ちょうどタイミングよく人が質問した時ほど大きな効果があり、未来の出来事を回答により変えることができます。

答えは『神聖な力』と接触することを通して私たちが行う仕事、この神聖な場所での仕事から得られます。回答は質問に関係しているため、質問自体が非常に重要です。もしそれがふさわしいレベルの質問でない場合には、回答さえ得られないかもしれません。時には、回答が瞬間的にひらめきますが、他の場合には、かなり作業を続けなければならないかもしれません。その人物は、神に対する導管が開かれたときのみ、回答を得ることができます。また『オラクル』の女性神官サチェルドテッセが、すぐに回答を得たとしても、質問者はその回答を得るために、満月の『オラクル』まで待たなければなりません。それが回答を受け取る正しい時期だからです。

質問はさまざまである。家族のことであったり、仕事であったり、全コミュニティーの導き方であるかもしれない。ある人は、何事かについて洞察を得るには、精神をどのように導いたらよいか質問するかもしれない。これとあれでは、どちらを行う方が良いかなどの質問かもしれない。死者たちをどのように助けたら良いかという質問さえあるかもしれない。尋ねることのできない唯一の質問は、物質的、自己中心的な側面を持ったものである。『オラクルの儀式』は、ダマヌールの人々にとって最も重要な式典であり、非常に敬意が払われている。

『オラクル道』は、特定分野の高度のマジックな研究も行っている。それには、絶え間なく『神聖な力』と対話を続け、その特別なエネルギーに焦点を当ててそれを呼び覚まし、『神』と人間の次元との間の調和的な関係を創造し、保つために、奇跡のようなマジックが実践されている。ダマヌール市民によれば、この仕事は『人類の敵』との戦いにおいて、私たちの惑星の運命に深く影響を及ぼすことができる。また『聖杯の力』に的を絞った特別な儀式が存在する。またその儀式は、ダマヌールでのマジックな研究に欠くことのできないものである。

ダマヌールには、『オラクル道』が作業をするいくつかの神殿がある。『人類の神殿』やバイタについてはすでに言及した。バイタは、やがてはそこで程度の高いマジックな作業を行うように準備されている。そこは、クリーンなエネルギーの場であり、気高い考えやポジティブなエネルギーがさらに自然にやってくる場である。そこはもともと、人生のあらゆる側面を統合した、気高く、建設的で、調和の取れた考えによって儀式的に準備された場所であった。そこは常に、非常に注意深くクリーンに保たれている。そのため、そこでは肉体と精神性が融合することができる。ここでは心のバリアはさらに容易に克服され、神との接触が得られる。

そのようなスピリチュアルな憩いの場では、儀式の非常に捉えがたい側面に対しても、誰もが注意を向けるようになる。一つ一つの動作の微妙な違いが、理解され、求められ、探求されなければならない。ダンスや身振り、『聖なる言語』の言葉、古代の感情表現など、すべては、特別なマジックな道具により取り入れられた、正しいエネルギーによってサポートされなければならない。最初のマジックな道具はオベルトによって作られたが、それ以来、ダマヌールは多くの異なったマジックや儀式の段階を経て発達するにつれ、必要とされるに従って少しずつ進化している。儀式は、儀式を行う女性司祭や男性司祭が純粋な状態であって初めて効果があり、呼び起こされたエネルギーが自由に流れる導体であることができる。

『オラクル道』のメンバーは、謙遜と貞節とともに働き、自分たちの理想に仕え、友情の中で働く喜びとともに仕事をしている。彼らはメディテーションと研究を行っている。それには、祈りの実践、人をパワフルにする公式を学ぶこと、沈黙やスパイラルの使い方の研究、および心の可能性の研究などが含まれている。彼らは考えや創造性を推進し、隠された深遠さを明らかにする道具として夢を使っている。夢は、他の方法では接触できない次元での経験へと導いてくれる。時間そのものが、『オラクル道』の一部として研究されている。実験は、以前この世に存在していた実在たちとかかわりながら行われている。時間の道や、異なったスピリチュアルな力のマトリックスへアクセスするためには、たくさんの儀式が必要である。『シンクロニックな諸力』は、特別な儀式を通してチャネリングされる。その結果、小さくても重要な動作が、助長され、守られる。

火は、『オラクル道』にとって特に重要な要素である。火は特別の注意を払って守られ、育まれる。それは、火が神聖なものと考えられ、光の象徴、より高い力の存在と接触するための特別な媒体と考えられるからだ。火はあらゆる主要な儀式の一部として使われ、火から得られた灰も、未来の儀式に使うためにしばしば取って置かれる。

『オラクル道』のもう一つの機能（『修道者の道』と共同で）は、ダマヌールの人々が〝境界〟(Threshold) と呼んでいる場所で、死者が出合っている異なった位相やレベルを、彼らが通過する手助けをすることである。『オラクル道』と『修道者の道』の人々は、その構成によって、この世とつながっている生命の糸を保ちながら〝境界〟で活動している。

基本的に、ダマヌールでの『オラクル』とは、生体を全体として機能させる血液の循環と比べられる。『オラクル』は、全コミュニティーの成立と成長に積極的に働きかけている。

ここにシレーナ・ニンフェアが、ダマヌールの『聖なる言語』で私に書いてくれた一文がある。表意文字と、数と、スクリプト書体の三つの異なった方法で書かれている。

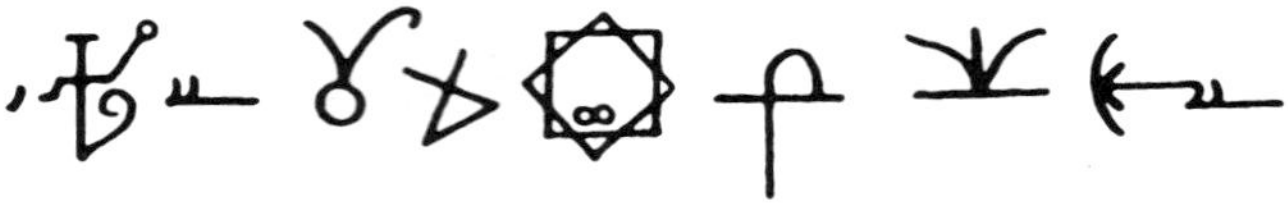

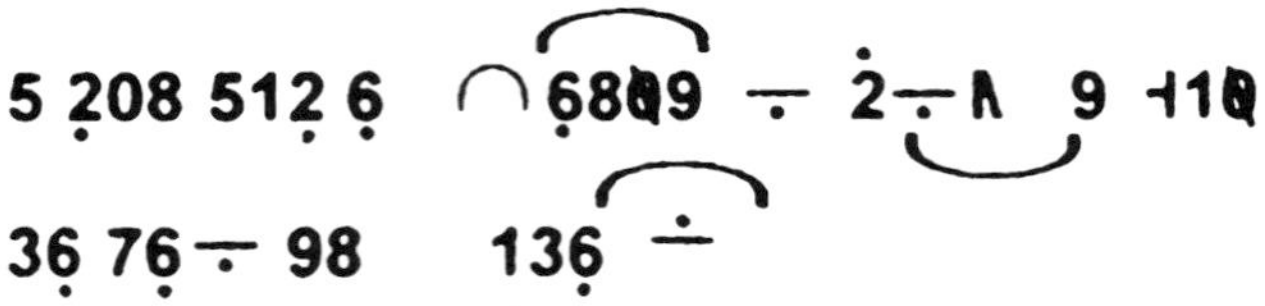

BE OLAMI CAO LAOR BA∀ DAMANHUR
EEJ ATALJI JAE CAO

I hope that your days in Damanhur
bring you very much help.

上記文の意味「私は、あなたのダマヌールでの日々が、あなたに非常に大きな助けをもたらすことを願っています」

ダンス――『オラクル道』の一部門

『聖なるダンス』は、『オラクル道』の一部であり、ダマヌールにおけるダンスの重要さを過小評価してはならない。ダマヌールで踊られるダンスは、常に『聖なる言語』からの引用文を直接解釈したものであるため、『オラクル道』の一部なのである。一つ一つの動作は、特定の言葉や概念に関係している。そのため、それぞれのダンスのつながりに意味があり、あたかも一冊の本を読んでいるかのように解釈できる。その結果、『聖なるダンス』は、『神殿』内や夏至・冬至、春分・秋分の式典など、ダマヌールの大部分の儀式で使われている。

ダマヌールの『聖なるダンス』は、それ自身で自然の美しさ、優雅さを備えている。多分このダンスは、ダマヌールの創造芸術の中で最も洗練されたものであり、最も容易にダマヌールのものだと確認できるものである。

教育――『オラクル道』の一部門

教育部門は、現在『オラクル道』の一部門だが、将来は一つの『道』となる前段階である。この精神性探求の道には、たくさんの方向があり、すべての教員がこの道に属しているわけではないが、学校はこの『道』のメンバーによって管理されている。

イリデ（イリス……虹の女神）は、『教育の道』の責任者である。彼女にこの道について尋ねた。

私たちは、まだ発展段階にあります。現在、作業が続けられている局面の一つは、専門部門の学校の先生のように、教育的見地を持って、ヌークレオ家族を一つにすることです。『教育』部門は、専門家や両親のために一つの道を創りました。この道に属する人たちは、子どもの教育を自分たちの精神性探求の道にすることを選んでいます。例えば、ダマヌール以外、時には海外の興味のある場所への旅行を計画したり、子どもたちが偏見のない全体的にバランスの取れた成長をするために、支援する必要があると思われることは何でも行っています。

イリデは、ダマヌールの慣習について話してくれた。ダマヌールでは、子どもが六歳か八歳になり、子どもたち自身が準備が出来たと感じ、両親や周りの人々も適切な時期だと考えたとき、プローバ・ディ・コラッジョ（勇気のテスト）という特別な通過儀礼を行う。子どもが独力で何かをできるほど十分に強いのだということを示すために、森の中のある場所から別の場所に歩くなど、子どもが自分の強さと不屈の精神を証明するためのものである。

教育のもう一つの視点は、子どもの教育に関係するすべてについて、全住民内に、文化的哲学的に共通の基盤を作り出すよう取り組むことである。イリデが話した。

私たちは、みんなの経験の最善のものをまとめて、教育についてのダマヌールの方法を定義し、確立する努力を行っています。それぞれ個別の人物の方法ではなく、教育についての民族としての方法を確立したいのです。

ガゼッラ・ミモザ（ガゼル・ミモザ）は、長年ダマヌールの自由大学で成人教育を担当していたが、現在はダマヌールの学校の校長である。彼女はさらに詳しく話してくれた。

私たち大人にとって、この変化の時代に教育者であるということは、自分たちの受けた教育モデルを再吟味し、変換させることを意味します。そして、新しい環境や教育することのできるコミュニティーを創造するために、私たち自身やその条件付けられた部分に働きかけます。この理由のために、ダマヌールにおける教育は、大人の独学・自習に基礎を置いています。もし大人が進化し、子どもから学ぶのでなければ、教師であることはできません。

ダマヌールでの大人たちは、自分たちの個人的な成長の道に多くの時間と注意を捧げています。その結果、彼らが伝える行動や価値は、人生のあらゆる場面において、子どもたちにとって建設的な実例となります。私にとって、教育とは人生とのオープンでダイナミックな関係であり、学ぶことは生涯続くプロセスです。私たちはホリスティックな（全体論的な）教育を信条にしています。これは、地上のすべてのものは相互につながっており、環境に優しい生き方や平和を築く価値、文化やそれぞれの違いを尊重すること、すべての生きている存在と調和を持って暮らすことなどを、子どもたちに教えるという考えです。

四、『修道者の道』

これは内省と黙想の道である。『オラクル道』同様、この道は『神』と接触を持つ儀式の道であり、神聖な道である。『修道者の道』のメンバーは、男性も女性も、『ダマヌールの民族』全体によって作り出されるスピリチュアルな生きているエネルギーの容器である。これは、共同体の下で、規律と特定の実践に基づいた信仰深い道である。外の世界の修道士と違って、この精神性探求の道の人々は、通常の日常的な仕事を続けて普通の生活とのつながりを保っている。この道の人々は、自分たちを容器と見なしている。彼らは、受容力のある容器となるために、沈黙と断食、貞節とメディテーションのような自分たち自身の規律を作っている。この道の各メンバーは、自身の内部に繊細で神秘的なサトルエネルギーと儀式のエネルギーの両方を封じ込めるように訓練している。その封じ込められたエネルギーは、全コミュニティーの成長のために変換され使われる。

この修道院のような体験は、精神性探求の道として始まったのではなく、ダマヌールの必要な部分として始まった。この道は、一九八〇年、ダマヌール自身が出来た数年後に作られ、精神性探求の道という考えが発展するずっと以前に出来たものである。

その当時、何人かの人たちが、『神々の力』とのより強い接触を持つための精神性探求の道を見つけようと、ポルタ・デル・ソーレに集まる決心をした。ほとんどが男性であった。それというのも、男性のみが神殿の初期の建設作業にかかわっていたからである。彼らは非常に厳格な規則を身につけていた。すなわち、車は使わずにどこにでも歩いていく、食事中に会話はしない、食事は木製の茶碗で食べて一人ひとり自分の茶碗を持つ、調理にガスは使えず薪のみで行う……などである。彼らは、一日数時間瞑想するために、日の出とともに起床した。言葉をかえれば、修道院の一員であるということは、フルタイムの非常に規律正しい職業であった。

その当時、ダマヌールの経済的な機構も、修道者が完全な隠遁状態で生活することを可能にしていた。あらゆるものが共同で共有にされ、コミュニティーが、神殿で働く彼らに資金を融通したからである。彼らは神殿で暮らしていた。彼らがダマヌールに降りてくるときは、丘を歩いて下った。それはまさに極限の経験だったが、このようにしてこの修道院は生まれた。

『修道者の道』が生まれた背景にある考えは、ダマヌールで生み出されたサトルエネルギーを保存する必要性であった。また、ある特定のグループの人々は、あらゆる人々の行動から生み出されるエネルギーに対して、精神的なエネルギーの容器として役立つことができると思われた。

はじめのうち、この『道』は、実際にはほんのわずかな人しか従うことのできないものであった。最初の男性グループは、もう自分たちが今生の生き方を選択してしまったと本心で考えていた。しかし、何年か経過して、彼らは自分たちに厳しすぎたと悟った。そのため新しくする方針が採られ、この時点で何人かの男性は、規則をゆるくするためにこの『道』を離れたが、残りの人たちはそのまま残った。

修道者の新しいグループが結成され、「放浪する修道者」と呼ばれた。彼らの考えは、修道院でなくダマヌールの別の家に住んで、修道院での経験を順次ほかの家族全員に伝えていくというものであった。そのように、数人の修道者たちは修道院に留まり、他の修道者はヌークレオで他のダマヌール市民と暮らすことになった。

女性に対してこの道が作られるにはさらに六年かかり、『オラクル道』が作られるにはもう一年かかった。そしてやっと、すべての人に対するスピリチュアルな道、精神性探求の道という考えが始まった。数年間は、男性と女性の道は完全に分かれていた。まず第一に、『修道者の道』に従いたいという女性が多くはなかったからである。そう、事実、モナカ・ガウ（修道女・ガウ）ただ一人しかいなかった。

修道者の最初のグループが結成されたとき、彼女もポルタ・デル・ソーレに住んでいた。しかし、修道者の地位を得ることは認められなかった。主な理由は、彼らの仕事が神殿の建築作業と結びついていたからである。それが、変化を達成するのに長時間かかった理由である。

六年後、この道に女性も参加できる決定をした後でも、人々が『修道者の道』に参加するのはまだ難しかった。参加希望者が見習い修道者になるためには、『メディテーションの学校』内の一定のイニシエーション・レベルに到達していなければならなかった。しかし、ダマヌールが徐々に大きく成長するにつれ、男女を問わず、さらに多くの人が修道者になりたいという希望を持つようになった。実際、自分自身の内面に集中できるのは、この道を通してであった。この道は人々を鍛えることができた。そのため、見習い期間が創設されることになった。チコーニャ・ジュンコ（コウノトリ・イグサ）は、『修道者の道』の責任者である。個人を容器として見る考えについて尋ねると、次のように説明してくれた。

私たちは、エネルギーの容器とそのエネルギーを純化するという両方の役割をします。儀式や瞑想を通してだけでなく、あらゆるもの……人々が笑い、冗談を言い、喜び、幸せであり、悲しむ……そういったあらゆる感情を通して、ダマヌールで作り出されるエネルギーのすべてを集め、保存します。私たちはこのエネルギーを変形させ、それを生命エネルギーとして別のルートで送ります。そしてそのエネルギーは、儀式やスピリチュアルなサーキットの活性化など、たくさんのことに使われます。

そのエネルギーは、修道院内の規律と、絶え間のない分かち合いによって作り出されます。〝分かち合い〟とは、週に一度、この道の人たちが座って話し合い、内なる自己の行動計画を立てる努力をし、ダマヌールに住む一つの肉体として、自分たちをどのようにみなすかを考えることです。

一方で、この道は完全に個人の道です。なぜなら、誰もが自分で自身の成長の道を見つけなければならないからです。それと同時に、人はグループから完全に離れることもできません。人が自分自身を作り上げ、自分の進歩を評価するのは、グループ内においてだからです。

ふつう修道者たちは、イニシエートと高位の諸力(聖なる力)との仲介者であり、高位の諸力と接続する手段として働きます。彼らはこの役割をつとめるために、自分たち独自の方法や手段を持っています。一つの方法は、容器、うつわになる方法であり、もう一つは夢による方法です。夢による方法といっても、通常の夜見る夢という意味ではなく、第六感として夢を使うのです。夢はもっと開発される必要のある人間の才能です。

夢を見ることは、くつろぐために通過する夜特有の段階というだけでなく、それ以上のものなのです。それは、人間が時を経るに従って失ってしまった才能であり、現在、再び手に入れようとしている才能です。宇宙全体の空間を旅する一つの手段であり、宇宙の『形状』を理解したり、あの世との『境界』を旅する手段でもあります。この夢を見るという手段を開発することによって、実際に神とつながる橋が作り出されます。

これは、夢の旅に出かけられるなどという以上に、思いっきり楽しめそうである。ある人物が、自分の夢の旅に方向付けを与えると、自分が今行っていることを正確に知り、どこへ行こうとしているのか、何を達成するべきなのかを正確に知ることができる。すべてが非常にはっきりする。これは、長年ダマヌールの人々が、特別なトレーニングをして取り組んでいる重要な手段である。

大部分の人たちにとって、修道院とは、人がそこに引きこもる所で、一般の世界からは隔絶された閉ざされた場所である。しかし、ダマヌールの修道院はそうではない。「もし私たちがダマヌールの人々との接触がなければ、人々のサトルエネルギーの容器であることはできません。私たち自身の内に喜びを作り出すこともできなかったでしょう」と、植物の名で呼ばれるのがお気に入りのジュンコは語った。

オニ・ドーベの修道院のすぐ隣にピザ屋があるのは、相互接触が最大になるようにという理由で意識的にそこに作られたのである。しかし、修道者たちは、彼ら自身の規則や規律の道を持っている。例えば、肉食をしない期間や貞節の期間、祈りとともに生活する期間がある。それは、彼らが『神々の力』やエネルギーとさらに深く接触するためである。ジュンコはこの背景にある理由を説明してくれた。

肉食をしない期間は、私たちのチャクラをきれいにするためにあります。貞節は、血管の修復作業を行わせます。沈黙の期間は、私たちが他人と接触する際、言葉を無駄にしないことを教えます。これらの規律は、私たちの成長のためにあります。しかし、これらは固定された規則ではありません、普通に歩く道のように、単に進もうとする方向なのです。

また、ダマヌールの歴史や慣習を保存しようとしています。これには二つの役目があります。一つは、若い人々に慣習を伝えるためであり、もう一つは、年配者のためや、ダマヌールの『民族』のためにそれを保存することです。

この『道』に惹きつけられる人とは、どのような人たちなのか知りたいと思った。ジュンコは次のように話してくれた。

基本的には二つのタイプがあります。より『高位の諸力』、聖なる力に到達できることから、自らの内に創造的な基盤を覚醒させることができる人たちと、『神々の力』と接触し、身をもってダマヌールの原則や哲学体系を理解し、それをどのように自分の人生に生かしていくかに魅力を感じた人たちです。

これはとても難しい道です。規律だけではなく、自ら進んで行う貞節とは、あなたが深く親密な関係を持つ人たち誰一人とも、あらゆる熱烈な個人的な心情や感情をもって近しくできないことを意味します。結婚もできません。大変難しいことです。

常日頃、私にとって、貞節とは困難な個人的な規律だとは思っていた。ジュンコは、『修道者の道』にとっての貞節の重要性について説明してくれた。

この道に属している人は、人生において、あの愛し合う関係、個人の肉体的な感覚、親密な個人的な感覚という意味での愛、セックスという関係を持つことはできません。それは、もしあなたが、一人の特定の人物に対して愛情を注がなければ、あなた自身の内部にその愛を持っていることになり、その愛をあなた自身の内に広げることができ、その結果として、あなたはその愛をすべての人に与えることができるからです。

私たちにとって能力としての愛は、私たちが生きる上で非常に重要な部分です。なぜなら、あなたが誰かを愛するとき、あなたはその人物を理解し、寛大になり、助けたいと思い、その人物にとってすべてがうまくいくようにしたいと願うからです。私たちは、自分の内部にこのような感情を増加させ、その結果として、その感情をすべての人に向けることができるのです。

長年、修道者の大部分は、オニ・ドーベの家で一緒に住んでいた。私は、オニ・ドーベに滞在している間、この修道者のコミュニティーが通常のダマヌールの家庭で経験する以上の特別な温かさを持っていることに気づいていた。それは、抱きしめられている温かさであり、外部からやってきた訪問客をも包み込む温かさである。外の世界からやってくる大部分の人は、修道院を、非常に冷たい、完全に孤立した、人生から切り離された人々の場所とみることだろう。しかし、これは全くの正反対である。奇妙なことだが、あなたは、この人物が沈黙の期間であるとか、あの人物が断食の期間であるとか、すぐに気づくようになる。しかし、その場所には、常に笑顔とあの特別な温かさがある。

私は、かつてそこに住んでいたメルジーン・アカントと話した。彼女はダマヌールの外で、長年化学分析家として責任ある高い地位にいた。現在ではダマヌールの『研究センター』で、遺伝子の変形や食品内の汚染物質を検査する分析者として働いている。彼女はまた、予防医学を目的とした大規模なＤＮＡ記録計画や、水耕式やアエレオポニック農法の研究のような進んだ科学研究にも従事している。彼女のダマヌール内での仕事の一つは、敬虔な仕事だと思うのだが、神殿の各部屋用に特定の良い香りを作ることであった。他の場合と同じように、この仕事も、長期のメディテーションと研究の後にその結果が得られた。彼女は、オニ・ドーベに住むとはどのようなことだったかを話してくれた。

私たちはこの特別な家に三年間住んでいましたが、私は修道院の一部にほぼ五年間住んでいました。私は見習いとしての準備期間を過ごしていました。そして、修道院の男女の修道者が共に住むよう決定されたとき、私はそこにいたのです。私はその状況を経験しました。

ここでの生活は、とても真剣なものでした。幸せで、友好的で、たくさんの楽しみもありますが、それと同時に厳しい規則の下に暮らしていました。他の人の中で暮らしているとき、私たちは、自分たちの個人的な規律に気づくようにならなければいけませんでした。生きることが少しばかり真剣だと言えるかもしれません。なぜなら、精神的な側面と社会政治的な側面の両面があるからです。またオニ・ドーベには大勢の人が訪問してきました。そのため、私たちはその場所に気を配ったり、ここにやってくる人たちの世話をしなければなりませんでした。私たちの『道』の一部は、他の人々の中で生きることであり、何かを求めてくる人たちに役立つことなのです。

私についていえば、私は『神々の力』と接触を持ちたいために、この内的な探求を行いたいと思っています。ここダマヌールには、力強い存在が確かに実在していると感じ取ることができます。この『道』は、たくさんの規律を要求し、最初は従うのが非常に難しいかもしれませんが、時が経つにつれて、この『道』が知覚力を広げることがはっきりと分かります。ついには、以前にはできなかった物事を感じたり、知覚したりします。それは他人に対して感じたり振る舞ったりする一つの方法なのです。隣人のことをより深く考えるせいで、自分自身のことはあまり考えなくなります。

私たちは、私たちを通して流れる『神々の力』の水路なのです。私たちがこれらの『力』を感じ、そのエネルギーが私たちを通して流れているとき、そこには本当の満足があります。

『修道者の道』は、多くの物事を平衡へと導く道であり、しぐさの身体的特徴やとらえ難い性質に対し、それを意識し気づきへと導く道である。その一つ一つの要素が重要なのである。メルジーンが話した。

私たちは自身の存在を通して、私たちがどのような存在であり、何を学ぼうとしているかを伝えます。感じるだけでなく、学習と研究を通して知り得た知識を伝えることも、『修道者の道』の重要な部分です。

秘教的カップル――『修道者の道』の一部門

『秘教的カップルの道』は、かつては単独の精神性探求の道であったが、現在では『修道者の道』の一部門として統合されている。精神性を探求する生活の中心に人間関係を置くことにした人は、精神性探求の道として、この道を選んでいる。この人たちは、子どもをたくさん預かり、教育、健康、幸福など、広い意味で子どもたちの世話をする責任がある。子どもの養育はダマヌール全市民の責任であるが、『秘教的カップルの道』に属している人々は、特に子どもの養育という方向で努力をしている。

ダマヌールでは、結婚に対して十分に考えぬかれた心構えが存在する。ダマヌールには、二つの異なった型の結婚がある。一つは標準的な結婚であり、もう一つは秘教的な結婚である。ダマヌールの人々の考えでは、愛の結びつきとは貴重な贈り物である。それは、幸せなカップルは、調和と安定性と成長をもたらすことができるからである。

結婚という行為は意味深いかかわり合いである。あらゆるダマヌールのカップルは、結婚を決意する際、その結合が長く続き、お互いに助け合いながら、人間的にも精神的にも成長することを期待する。この結合が変わらないこと、その関係が単なる気楽な習慣にならないことを確認するために、ダマヌールの人々は、決めた時期にお互いに対する誓約を更新することを選ぶ。通常は、最初に時期を一年後とかに設定する。そして関係がより強くなるにつれ、三年とか五年とかにしていく。二人は互いにラブレターを書く。それには、互いに成長を助けることができる領域と、彼らの愛を通して、他人にどんな貢献をもたらすことができるかなどについて明言する。決めた期間が終了したとき、カップルは、自分たちが目標をどのように達成したかを確かめ、そしてまた新しい目標を設定する。これが結婚というきずなを更新する理由である。そのため、共にいることは常に選択であり、強く望んだ約束であり、決して義務ではない。

このように、常に、新しく創造されようとしているものは何かという点に主眼が置かれる。もしカップルが、お互いの関係がもう終わったと感じたら、その結婚を更新しないことを選択する。

標準的な形式の結婚式は、オープン神殿や他の神聖な場所で、ダマヌールの『民族』の面前で行われる儀式が含まれる。ダマヌールにやってきて、このやり方で結婚式を挙げるカップルが年々増えている。実際の儀式は、簡単でしかも感動的なものであり、あらゆる宗教、あらゆる考えの人に開放されている。花嫁花婿はお互いに向き合って立ち、手のひらを合わせて二人の胸の前に上げる。彼らの脇には、このカップルを実際にサポートすることを約束する二人の証人が立つ。儀式執行者は、この儀式の式文を述べる。

それぞれ相手の前にお立ちなさい。
お互いに手のひらを合わせなさい。
この仕草は「私はあなたとともにいます」を意味します。

この仕草により、あなた方はご自分の自由意志をはっきりと示します。
あなた方の生き方を一つにすることを、
『人生の学校』でいかなることがあなた方に立ちはだかろうとも、
共にそれに立ち向かい、
そして……年間の間、お互いに助け合い、支え合うことを。
いかなる神の御名であろうとも、
その建設的な力があなた方の行為の目撃者であり、
そして、あなた方の愛から生まれたこの結びつきを祝福する。
この結びつきが、あなた方や仲間である全人類に、
スピリチュアルな向上をもたらしますように。
あなた方の意思をキスで封印させなさい。
ダマヌールとその『民族』の名と支持の下に、
私たちはこの結びつきを受け入れ、承認する。
あなた方がいかなる場所にいようとも、
この結びつきが、成長と調和、美しさをもたらしますように。

以上が結婚の標準的な形式である。しかし、さらに深遠な秘教的な結婚式がある。それは性質上マジックともいえるもので、その儀式の中で、二人の人物のサトルエネルギーの肉体は一

つに結びつけられる。儀式を通して与えられるエネルギーから、共通の実体が、結婚しようとしている二人の人物から造られる。秘教的な結婚形式では、絶対的に貞節を守らなければならない。さもなければ、その特別なエネルギー体が破壊されてしまう。これは全くモラルには関係がなく、すべては、この聖なる結婚形式の式典に対する敬意に関係している。

さらにこの結婚形式には一定の期間があり、時期が来れば更新される。それは、実際非常に深遠なプロセスである。最初の数年間、当事者たちは、彼らの結婚が正しいかどうかを確かめ、更新するよう定期的に要求される。それは、秘教的な結婚式が非常に強烈な体験だからである。さらに、その結婚式には多くの準備が必要である。性的な節制や長期の瞑想の期間がある。この道では、お互いに経験を共有することになる。そのため、この道を選ぶ人々は、男性性と女性性の合一を生き方の中心に置き、その完成を経験したいと願っている。

私が最初にダマヌールにいたときは、ラマッラ・ブカネーヴェ（ミドリトカゲ・マツユキソウ）がこの精神性探求の道の責任者だった。現在は、アルパカ・ラバンダ（アルパカ・ラベンダー）が引き継いでいる。ラマッラとアルパカは、共にこの方法でパートナーと長い間結婚生活を続けている。当時ラマッラは、コルモラーノ（鵜）と十三年間結婚しており、アルパカはカストーロ（ビーバー）と十二年間結婚していた。その道に属している人の多くは、長期間結婚生活を続けている。中には、子どもが欲しいと思ったときに、このような結婚式を挙げるカップルもいる。この結婚が、このカップルに、堅実で共通のスピリチュアルな基盤を与えるからである。すべての式典は、ダミールの『祈りの神殿』とか、『人類の神殿』とかの聖なる場所で行われる。秘教的な結婚式は、特別に神聖な意味のある場所を必要とし、カップルはそれぞれ自分の儀式用のローブを着用する。

五、『芸術と仕事の道』

『芸術と仕事の道』は、自分が行っている仕事を神聖なものにすることによって精神性の向上を達成したいと願う人々の道である。彼らはダマヌールにおける経済生活にも気を配り、コミュニティー連合体のための財政的な戦略を監督している。実際にそのビジネスは、雇用の機会を与えることと所得を生み出す両面において、ダマヌールで最も重要なものである。

オーストラリアのバイロンシャイア評議会で、環境保護計画局の局長であるデイビッド・カナリーは、二〇〇〇年六月にエッセイ『エコ・ヴィレッジ、一つの環境にやさしいライフスタイル』を書いている。

ダマヌールは強いスピリチュアルな原則と仕事の倫理観を持った連合体であり、エコ・ヴィレッジの集まりとしての最高の模範である。ダマヌールは、はっきり定義された哲学体系と文化的個人的な発展プログラムを持つ、強いスピリチュアルな基盤を持っている。その強いスピリチュアルな基盤と、仕事や活動に集中しているおかげで、エコ・ヴィレッジの一つの連合体として、特に実業的な事業の発展において非常に成功している。ダマヌールでは誰もが雇用されており、大部分はダマヌールで働いている。

実際、最初ダマヌールを訪れたときに神殿や芸術作品に強い印象を受けるのと同じくらい、工房の訪問には感銘を受ける。アトリエ・ダミールで高品質の布を織り出すはた織り機、Aythya（ハジロ類）ファッション・ハウス、サイバー・ダマヌールのインターネット工場、ボナ・テッラ（素晴らしい大地）の見事なチーズ、テンタティにある無農薬、有機農作物の専門店、イル・ティリオ・ディ・パンにおける特別な農業観光事業や有機農場レストラン、さらには大理石、モザイク、錬鉄、銅製品、テラコッタ、ティファニー・ガラスなどの工房巡りに感動すると思う。

あらゆる仕事場には、特定のエネルギーを放出する大きなセルフ（セルフィカについては第十三章を参照）が置かれている。そこで仕事を行っている人々と同じように、セルフも、製造されている品物に別の「付加価値」を与えて、その工程に貢献している。

スパルヴィエーロ・ギンコ・ビローバ（オオタカ・イチョウ）は、彼の妻ラーマ（ラマ）とともに、高品質のはた織り工房アトリエ・ダミールを運営している。工房では背景に手織り機の音が響き、織り手が少しずつ器用に繊細に糸を織り込み、手織りで見事なカシミヤの布を織り出している。

私は、スパルヴィエーロに、この工房がどのように始まったのかを尋ねた。

「この工房は、かなり前に始まったのです」と彼は話し始めた。

私たちは、自分たちで衣類を作る必要がありました。生地をどのように作ったらよいか、それを自然染料でどのように染めたらよいかを学ばなければなりませんでした。私たちは、今でもこの工房で使っているのと同じ形の、小さな木製の手織り機で仕事を始めました。確か一九八三年でした。それは実際には、『ゲーム・オブ・ライフ』のプロジェクトの一つでした。

スパルヴィエーロとラーマは、コミュニティー外部にビジネスチャンスを求めて会社を作ることにした。そのための基礎として、彼らが『ゲーム・オブ・ライフ』の体験中に学んだことを見直し、それを使う決心をした。彼らは、さまざまなデザイナーやファッション業界の人々と接触を取り始めた。二人は、手作り製品という考えを広めることが重要だと感じていた。同様のことが、自然の色、自然染色にも当てはまった。彼らは他の規模の大きい会社やデザイナーにこの考えを提案し、大量の布地を製造している人々に対しては、染色業務の請負を申し出た。その当時、手作りとか、自然染色の良さなどという考えを大衆に売り込めるのは、大きな企業であったからである。

この工房は、間もなくイタリアでも有名な工房の一つとなり、超一流のファッション店の何軒かは、ダマヌール製の素材で作られた衣料品であるとの表示をつけた。

近年、ダマヌールのファッション・ビジネスは、新しいファッション・デザイン・ラベル〝Uat Uatj〟（聖なる言語より）の導入とともにかなり発展しており、アイキヤ・ピンピネッラとタルタルーガ（カメ）が経営している。彼らはデザインに、特定の聖句を聖なる言語の象徴的な性質を使って表している。その聖句には、男女の同等性を表したものや、共時的な瞬間を十分に生きることを完全に意識した行動についてなどがある。したがって、これらの衣服を着ている人は、ダマヌールの生活に関係した原則から発展した思想で身を包んでいることになる。アイスヤは次のように話した。

私たちは、夢から発展させた考えを使います。とはいっても、未来を予見可能な実際的な方法で夢を見るのですが……。色彩は、特定の色を曜日に結びつけるファルコの考えを取り入れています。布のシンプルなラインであるカットのされ方は、ダマヌールの原典の一つ『Liber S』で詳しく調べた考えに基づき、複雑すぎることなしに、心地よく優雅であるように考えています。

Uat Uatjの最新コレクションが、ダマヌール市民がモデルになって、非常に評判の良いファッションショーで発表された。それ以来、ヨーロッパ全土をはじめ、遠くクウェートやサウジアラビアにまで広範囲に販売されている。

この工房は、ビジネスをどのように運営したらよいかという素晴らしい実例である。しかし、この『道』の人々は、仕事を通して、どのように精神性探求の目標を達成しているのであろうか。ラーマは、自身をより良く知り、また表面部分から最深奥の部分までの自分に気づくようになるために、仕事を通して、実際に内的な旅を続けていることになるのだと説明してくれた。どんな種類の仕事についている人でも、誰もがこの内的な旅を行うことができる。そして、あらゆる瞬間は、それ以前の瞬間とは異なり、たとえ同じ仕事を十年続けていても、同じことが言えるのである。ラーマは、次の例を話したくてうずうずしていた。

あなたは、ダマヌールで私たちがヴィアッジョ（旅）について話すのを聞く必要があります。旅とは、静止状態ではない、内的にダイナミックな状態を持ち続けることなのです。それは注意と気づきであり、仕事を通してあなた自身から出てくるものを観察し、それを認め、あるがままに受け止めることができることなのです。それはメンタルなことであり、一つの心構えでもあります。

もちろん仕事は、もしそれが創造的なものであり、心を刺激するようなものであればとても良いことですし、やりがいもあります。しかし、正しい心の持ち方と正しい知的な取り組みをすれば、どんなつまらない仕事でも興味を引き起こすことができます。たとえあなたが単に手紡ぎ用のスピンドルを前後に動かすだけであっても、それは単なる繰り返しではありません。

私には、仕事に集中し、それを全身の細胞と自ら行うあらゆる動作で理解することが、仕事そのものの褒美をもたらすのだということが理解できた。この話で、なぜ人々が仕事という精神性探求の道に従いたいと思ったのか、その意味が理解できた。古い映画のタイトルが、ふと私の頭に浮かんだ。『Work Is a Four-Letter Word』（仕事とは四文字言葉）。スパルヴィエーロは苦笑した。

仕事とは、スピリチュアルな探求です。そして、あなたが行っていることが、実際に重要で素晴らしい儀式であると確信すればするほど、仕事は素晴らしくなるのです。

『芸術と仕事の道』は、地に足のついた道である。しかし、仕事をする人は、『神』に対するかけ橋の役目を務めている。インスピレーションはスピリチュアルなものであるが、実際に物質世界に送り届けられる。これは、物質を眠りから覚ます最善の方法である。カシミヤの大きな梱包が届いたとき、それは単なるカシミヤのウールである。しかし、それが精神性の高い仕事の過程を通ると、非常に特別な種類のカシミヤになるのである。他のどの製品についても同じことがいえる。それを理解すれば、ダマヌールについて多くのことが理解できる。

六、『芸術と統合テクノロジーの道』

この道は、あらゆる方法ややり方で創造性に携わっている人たちにとって、非常に重要である。それが、『神殿』の芸術作品を創造することであろうと、外部世界とのウェブサイトのインターフェースを創設することであろうと、営利的な可能性のある工芸品を製作することであろうと、同じことである。この『道』は主に二つのグループから成り立っている。一つは芸術家のグループであり、このコミュニティーで作られる視覚芸術を創り出し、その芸術作品に責任を持って気を配っている。それとともに、学校で芸術を教え、新しい表現形式や彫像を試みている。

もう一つのグループは、ダマヌール内で技術を扱う人々である。彼らはインターネット上にリンクをセットアップしたり、新しい技術を提供したり、コンピューターを保守点検したり、ビデオやダマヌール内でのテレビ放送の仕事もしている。

ダマヌール市民は、コミュニティー内で実験を試みる機会がたくさんある。そして、この研究で得られた専門知識は、一般社会でも自由に使われている。ゴリラ・ユーカリプトは、その一例である。彼は地域の長官であるメルセデス・ブレッソによって、トリノの環境保護公園評議会（Environment Park Council）の一員に指名されている。この公園は、ピエモンテ州の科学技術ネットワークの一部であり、接続可能なアーキテクチャー、決まった型でなく更新可能なエネルギーシステム、土地の開墾などを奨励し、大規模な環境保護プロジェクトに責任を持っている。

芸術と審美的な探求は、あらゆる精神性探求の道の核心であるが、この『道』では特にそうである。芸術や審美的な探求は、『人類の神殿』内で、最も目に見える形で飾られる創造的な表現に実質的な内容を与える手段であるが、このコミュニティーのその他多くの生活面にも浸透している。ダマヌールにおける神聖なこととは、創造的な努力をお互いに提供して共有し、新たな創造をし、共通の理想が強力に実現した具体的な現実である。

この道の人々にとって、高められた創造的な才能の開発は、素晴らしいプロセスの一部であり、自分自身と調和する方法であると同時に、『神』とも調和する方法である。プラトンは次のように言っている。これは先駆的な芸術の教育者、活動的なアナーキストであるハーバート・リードのお気に入りの一節でもある。

美を愛する教育は、肉体に気品をもたらし、心に気高さをもたらす唯一の教育である。

ダマヌールは、人々が成長し、自分たちの創造性をみがき、審美的な教育の最高の状態を見出す場所である。『神殿』内での芸術の進化の結果は、メディテーションの質の直接的な反映であり、特定の精神性探求の道に従った結果である。芸術作品の質は、単に塗料を塗ることやテラコッタを彫刻する以上に高められている。初めて神殿を眺めたとき、大部分の人が経験する感動は、明らかに彼らが創作作品に込められた高いレベルの精神的なエネルギーにつながったためである。

ピオヴラは『神殿』の芸術作品について、いつも溢れんばかりに話したいことがあるし、喜んで話をしてくれる。彼女に、『神殿』の芸術作品について私が何を書くべきだと考えるかを尋ねたとき、含蓄のある話をしてくれた。

最も重要なことは、芸術作品の複雑さという感覚を伝えることです。芸術作品の数量それ自体も重要ですが、数とか実用的な意味ではなく、より経験の内的な複雑さという点が重要です。それは開発され、改善され、変化し、進化し続けます。

私は、誰かが『神殿』を眺めたとき、神殿のどの一ミリにも意味があり、内的な複雑さを表していることに気づくようになってほしいと願っています。その人たちに、どの一ミリにも何らかの意味があることを、はっきりと理解してほしいのです。それを創造した人たち、それに出会った人たち双方にとって、何らかの意味があるのです。

彼女には私に特別な注文があった。

もし可能でしたら、その本の中で、『神殿』内にはどれほどたくさんの意味があるかという考えを、どうか表現してください。複雑さそれ自身の観点からだけではなく、人々に、人間には限界がないということを気づかせるためにもぜひ重要なのです。複雑さの重要性とは、人間が無限の可能性を持っているということです。持っている可能性は無限大です。私は、『神殿』が人々を刺激して、彼ら自身や彼らの魂を進化させることを望んでいます。それが、私が考えている最も重要なことです。

ダマヌールで人々を駆り立てているのは、『メディテーションの学校』での学習から育つ、深い精神的なモチベーションである。しかも、そのモチベーションは、彼らが選んでいる特定の道や、一つ以上選んでいる他の道で、磨かれ、洗練される。このモチベーションは、例外なく創造的な表現という結果になる。『神殿』内の芸術作品がその最高の例である。そして、織物工房で作られる織物や、スーパーマーケットに置かれているオーガニックな食品、農場で行われている農業革新など、ダマヌールでのあらゆる実際的な仕事も、同じく明らかなそのモチベーションの結果である。

『精神性探求の道』はどの道でも、それによって一個人が確かに自分の独自性、違いを高め、自分たちを貴重でかけがえのない存在にすることのできる手段である。その道は、個人の才能を開発すると同様に、非常にはっきりした実際的で高い精神性を持った目標に従う可能性を与えてくれる。そのようにして、ダマヌールそのものもより豊かに、より強くなっていく。

演劇――『芸術と統合テクノロジーの道』の一部門

『音楽』と同じく、『演劇』の道も、かつては『言葉の道』の一部門であった。しかし、現在は『芸術と統合テクノロジーの道』に属している。ダマヌールには誇るべき演劇の伝統があり、既成の俳優グループにより規則的に上演されている。芝居には、ダマヌールの神話や勤勉で興味深い人々の生活を描いた歴史的な出来事が度々上演されている。圧倒的多数が喜劇のようだが、古典的なトピックスを真面目に解釈し直したものもある。

オベルト・アイラウディは、たくさんの脚本を書いており、その多くは出版されている。英語に訳された脚本はEdizione Horus社から出版され、『Tales from Damanhur』（ダマヌールからの物語）というタイトルの一冊にまとめられている。他の脚本は、スタンベッコ・ペスコ（アルプスアイベックス・桃の木）やコルモラーノ・シィコモロ（鵜・エジプトイチジク）、その他の脚本家により書かれ、演出されている。

スタンベッコが私に話した。

『演劇』は、私たちダマヌール市民が、自分たちの哲学体系を表現するために選んでいる方法の一つです。私たちの演劇とは、マジックな演劇です。すなわち、その原典は、精神性探求、および密教的な道の主要な概念に基づいているのです。それは私たちが、自分たちをより良く理解し、考えを念入りに練り、それをより広範な人々に提供することを可能にします。もちろんそれを演じているとき、私たちにも楽しみを与えてくれます。

オベルトも、彼が『Ballate』と呼んでいる演劇用のたくさんの作品を書いていますが、それ以外にも、コルモラーノ、ガット、エスペリデなど、私を含めてたくさんのダマヌールの脚本家がいます。

私たちはそれぞれ自分独自のスタイルを持っていますが、長年経って共有の基準を発展させました。

まず、一つ一つの演技が、できる限りたくさんの異なった芸術的な表現を含んでいることが重要です。朗読とか、歌、音楽、背景図法などや、登場人物が異なった年齢、異なった状態や性質の人間を表すことなどです。人生はさまざまな形で現れます。人生はその多様性を通してこそ、最高に表現されるのです。

何よりもまず、演劇とは、本来の自分に働きかける特別な方法です。内気を克服したり、グループの中で仕事をすることを学ぶ手段としてだけではなく、それ以外では決して発見されないような、自分自身の一部分を表現する手段なのです。朗読することは、個人の人格に働きかけ、人格を調和的に表現するよう励ます良い方法です。

そのため、演劇とは一つの形を与える要素であり、個人や全体としての『民族』のために存在するものです。観客もまた、マジックな舞台の不可欠な部分です。なぜなら、観客のエネルギーのおかげで、主人公たちの意思が芸術に変換されるからです。

七、『健康の道』

『健康』は最も最近に出来た精神性探求の道である。はじめは『言語道』の一部であったが、現在では一つの『道』として発展した。『健康の道』に属している人々は、健康管理と治療のあらゆる側面をカバーする広範囲にわたる研究に携わっている。実際的・日常的な性質のものから、スピリチュアルな観点からの研究も含まれる。ダマヌール市民は、病気を、何かを学び、治療の過程を考察し、なぜ病気になったかを注意深く考える機会と見なしている。彼らは、自然の医薬品や治療法を信奉する人たちであるが、もし必要なら現代医学を無視するほどではない。医者、スピリチュアル・ヒーラー、漢方医であり、『健康の道』の長であるフォルミキエーレ・カロータ（アリクイ・ニンジン）は、私にいくつかの点を明らかにしてくれた。

健康管理の取り組みにおいて、私たちは狂信的ではありません。ダマヌールでは、たくさんの自然医療、特にプラナテラピーをよく使いますが、ハーブや色のテラピー、最近では鍼《はり》治療も使います。しかし、最も重要なことは、私たちが伝統的な従来の医学も使うことです。従来の健康管理法に反対はしません。もし外科的な手術が必要であり、それが唯一の解決法である場合には誠意をもってそれを勧めます。しかし、体を傷つけない治療法が使える場合には、それを行います。ナチュラルな技術と従来の医学とを組み合わせる必要がある場合には、そのようにします。決して狂信的な態度ではありません。

私たちにとって、健康は人生の一つの道です。健康であるということは、あなたを取り巻く環境なのです。また健康であるということは、あなたが持っている考えであり、あなたを取り巻く態様なのです。私たちは、ホリスティックな取り組み方をしています。

フォルミキエーレは、二十年余り医者として働いている。長年コミュニティーの人々の健康にかかわってきた豊富な経験のおかげで、彼女は『健康問題計画立案のための地域委員会』（the Regional Commission for Health Planning）の一員に任命されている。この委員会は、医学分野の専門家として重要な地位にある十二人の医者からなっている。委員会では、大衆の健康という分野のさまざまな予防対策について議論している。

彼女は、一般社会に応用可能な解決策を試すには、ダマヌールはうってつけの生きている実験室だと感じている。例えば、ダマヌールには組織化されている方法があるため、ダマヌールの健康管理体制内で、正しいやり方で検査したり管理するのは簡単である。

『ダマヌールの健康状態の統計』

ダマヌール以外の地域における健康状態の統計とダマヌールでのそれとを比較した結果、フォルミキエーレは、ダマヌール市民には深刻な病気の発生率がかなり低いことを発見した。二〇〇五年の統計では、ダマヌール市民の病気の割合は、他の地域の割合よりも五二パーセントも少なかった。

その理由の一つは、ダマヌールが健康に対して払っている大きな努力の結果である。ダマヌールでは、遺伝的に受け継いでいる特別な病気の個人の疾病素因の確認検査法を実施したり、新しい方法を開発さえしている。すべてのダマヌール市民は、遺伝子に関する病歴や予想を含む詳細な医学記録を持っている。そのような情報を使いながら、多くの深刻な病気を何年も前に、前もって予測することができ、予防的な手段を取ることができる。結婚する際に、生まれる子どもに遺伝子的に潜在する危険性があるかどうか判断するために、カップルの遺伝子的な背景を調査することもできる。

フォルミキエーレが説明したように、ダマヌールの人々は健康管理の技法について寛容である。しかし、すべてのナチュラルな治療法がより重要だと位置づけ、それをプラナテラピーと結びつけている。さらに、ヒーリングについてたくさんの研究を行っており、ダマヌールの秘教的な物理学の研究から得た知識を使っている。

人々は通常、瞑想の一形式としてスパイラルな道を歩いている。しかし、このスパイラルな道も、特別なヒーリングの目的のために設置されているのである。ダマヌールで開発されたマジックな技術を使う別の健康管理技法もある。これは決して極端な態度ではない。治療に一つの方法があれば、それが使われる。より簡単な方法があれば、代わりにその方法が使われ、急性の場合には、常に現代医学が考慮される。ダマヌールでは、彼らがその時それが最善だと思われる治療法を選択する。しかし彼らは、多くのアロパシー（逆症療法）医学は症状のみを軽減するが、代替医学はより病気の原因に焦点を合わせる傾向があると感じている。誰もが常に選択をする。

フォルミキエーレの言及したプラナテラピーは、ダマヌールにおける主要なヒーリング法である。実際プラナテラピーとは、肉体的な病気に対して最も古く、最も広くいきわたった治療法の一つである。それは手をかざして行い、実際には体に触れることなく、ヒーラーから患者にエネルギーを流す。ヒーラーは、プラーナと呼ばれる一種のエネルギーの導管となる。これは、宇宙に存在している生命エネルギーと同じエネルギーである。このエネルギーは、ヒーラーにより、サンスクリット語で「車輪」という意味のチャクラを使い、患者に意識的に送ることができる。チャクラとは、肉体に生命を与え、コントロールするサトルエネルギーのセンターである。患者のオーラがそのエネルギーを受け取ると、それが患者の肉体に生命エネルギーを与える役目をし、特に肉体的な健康を取り戻すのに一番必要な臓器に与えられる。

プラナテラピーは、あらゆる治療法の基礎として知られる。それは、この治療法が、肉体、感情、心、霊性のあらゆるレベルのものを癒すからである。大部分のダマヌール市民は、プラナテラピーを予防医学として、通常二週間に一回、必要な場合は、さらに多くプラナテラピーを受けている。

ダマヌール市民は、ヒーリングを特別な才能とは見なさず、正しいエネルギーレベルにアクセスできて導管として働くことができれば、誰でもが行えるものだと考えている。そのため、誰もがヒーリング法を学ぶことのできる学校を設立している。その研究センターが、ダマヌール以外にも、ベルリン、ミラノ、ボローニア、モーデナ、パレルモ、フィレンツェ、ローマにある。

医学博士であり、スピリチュアル・ヒーラーで獣医であるダイナ・アルビコッカ（ダマジカ・あんず）も、ダマヌールのクリニックで長時間働いている。フォルミキエーレ・カロータと彼女は、そのヘルス・クリニックで、トリノ病院で働いている他の二人にも手伝ってもらって、特別なプロジェクトについて協働している。

そのヘルス・クリニックには何人ものスピリチュアル・ヒーラーがおり、マッサージ師、リハビリ専門の治療師、色彩や音による治療家、心理学者、助産婦などの専門家もいる。ダマヌールの女性の多くは出産を神聖な行為だと考えているため、多くは自宅での出産を選ぶ。しかし、健康状態などの理由で必要だと思われる場合には、地域の病院設備を使う。現在、ダマヌールの助産婦は、緊急時の産婦の安全性を維持継続するために、地域の病院でも働いている。これは、ダマヌール市民と地域の組織とのもう一つの協力例である。そして、もしダマヌール市民が外部の医者や他の分野の専門家に相談したいと思った場合には、もちろんそうすることができる。

ダマヌールには、さらに進化した未来のヒーリング法も存在する。それは神殿の研究室での長年の研究によって開発され、『セルフィック・キャビン』やセルフィックな器具を使用する。ダマヌールの中心地域に一つの部屋があり、そこには『セルフィック・キャビン』と新しく開発された走査装置がある。その装置は治療のための処置はもちろん、診断にも使われている。これは『スピリチュアルな物理学』に基づいた技術であり、錬金術、『セルフィカ』、従来の科学的な知識からなっている（第十三章参照）。

これらの装置は、より広範な一般人に公開する前に、長年ダマヌールの人々に試されてきた。その結果、非常に重い病気にさえ大きな効果が期待できることが分かった。それは、ダマヌールの人たちに、誰でもが受診できる十分な設備の整った〝セルフィック・クリニック〟を正式に設置させたほどである。その『キャビン』は、予防医学の一形式として、さらに若返りのために使われている。

『騎士道』とともに、より大きなコミュニティーに奉仕するという考えは、常に『健康の道』のメンバーの努力の基盤である。彼らの多くは、公共の組織でも働いている。二〇〇五年七月、フォルミキエーレは、ピエモンテ州全般の開業医登録者に指名された。彼女は現在、渓谷全体の人々のファミリー・ドクターでもある。

ダマヌールは、これまでこの地域にこのようなサービスが存在していなかったために、事務所や組織を提供している。多くのダマヌール市民は献血登録者である。ピエモンテの地域監査官（Regional Inspector）に選出されたカイマノ・サーリチェは、二〇〇五年に全国献血者委員会の一員になるよう招かれた。ダマヌールは、百二十人ものボランティアとともに赤十字救急サービスを行っている。それはダマヌール内だけではなく、その地域全般にわたるものである。

このように、ダマヌールの専門的知識の恩恵を広く渓谷の住民全体にもたらしている。二〇〇六年二月には、フォルミキエーレ・カロータとダイナ・アルビコッカは、さまざまな冬季オリンピック開催会場で、百十八人の救急医療チームとともに十日間働いた。

オリオ・カルド（Olio Caldo　温オイル）――『健康の道』の一部門

『健康の道』のこの部門は、食料の自給自足の積極的な実現に忙しい。それは農業や畜産業の分野に繰り広げられており、食料の生産に、健康管理プログラムに動機を与えているのと同じ原則や理想目標を掲げている。ダマヌールで作られたり持ち込まれるあらゆる食料品は、ダマヌール独自の分析研究所において遺伝子の変形や汚染物質について科学的に試験されている。ダマヌール内の店で売られている全商品は、ＧＭＯ（遺伝子組み換え作物）フリーおよびオーガニックに作られたものである。

同様に、各ヌークレオが、自給自足および自律的になることに関係するオリオ・カルドという一つの視点がある。この視点は、ヌークレオ・コミュニティーの新しいプログラムが実現されるようになるにつれ、その重要性が明らかになるだろう。

第五章　安定した生活基盤
協同組織と美術工房

私は製造業に就職し、化学染料による染物師として八年間働いていましたが、もはやその仕事に我慢できなくなっていました。工場で要求される仕事は、狂気の沙汰でした。そこで私はダマヌールにやってきたのです。ここでは、私の技術を試したり開発したり、自由にやっています。他の人と考えをやり取りする機会もあります。

ロントラ・バンブー

ダマヌールの発展の重要な部分として、協同組織や美術工房の発展が挙げられる。協同組織や美術工房は、多くのダマヌール市民に満足な雇用の場を提供するだけでなく、ダマヌールの経済を安定させる助けになっている。ダマヌールは、創造的で才能のある職人と事業家がしっかりと結びついたコミュニティーであり、食品、ファッション、織物、鉄製品の仕事から、セラミック製品、モザイク製品、ステンドグラス、楽器など、さまざまな種類の高品質な品物を製造している。

私は、二度目にダマヌールを訪れた際、中心部から、ありふれた外観をした製造業用らしい建物へと道を上っていた。外側の看板には、美しくデザインされたグラフィック・アートでコンパニーア・デラ・ボナ・テッラ（健全な地球の会社）という言葉が書かれていた。この事業について聞いていたし、その製品のいくつかを目にしていた。そのため、この会社の責任者であるティーグレ・チリエージョ（トラ・桜の木）にどうしてもすぐに会いたくなった。私は、この会社とダマヌール連合体との関係について尋ねた。

コンパニーア・デラ・ボナ・テッラは、ダマヌールの哲学体系の一部です。私たちは、〝食物の福音〟と呼んでいる食物についてのある考え方を持っています。〝食物の福音〟は私たちの基本的な原則なのです。会社は、ダマヌールと一緒に一九七五年に誕生しました。この会社は、サービス業務を提供することと、食物についての私たちの考え方を普及させることを目指しています。会社は、水瓶座の時代のビジネスとして設立されました。運営方法と、資産という経済問題との間にバランスが必要であり、会社内のすべての人が、それぞれ自分たちの役割を持ちながらも平等であるべきだという考えで作られたのです。私たちもまた、精神性の探求、個人的、経済的、それぞれの要求の間にバランスを見つけたいと願っていました。ダマヌールの外の世界では、多くの人が自分の仕事に惨めな気持ちを持っています。そのようなバランスがないからです。私たちは、ここダマヌールでは一種のバランスを見つけたと感じています。しかし、私たちはいまだ努力を続けていますし、理想を実現しようと試みています。

コンパニーア・デラ・ボナ・テッラの主な目的は、ダマヌールに資金をもたらすために、外の世界に製品を売ることであった。全製品の九五パーセントがダマヌールの外へ行き、そのうち二〇パーセントが外国に行く。製品は世界のトップ企業や多くの国の選り抜きの小売業者に販売されている。その中には、ロンドンのフォートナム・アンド・メイソン、アブダビ空港の免税店、イタリア、日本、スコットランド、ドイツなどの大規模店が含まれている。彼らは、アメリカにある八十もの小さな店に加え、イタリアとドイツ全土、フランスの一部にダイレクト販売のネットワークを持っていた。

ダマヌールにとってこの会社は大きな協同組織であり、イタリアで最大規模の贅沢な食品会社であった。当時七百人のコミュニティーにとって、これは信じられないほど価値のある業績であった。単なるビジネスレベルで考えても、これは素晴らしいニュースだ。しかし、この会社が、やりがいがあり、実りのある方法で人を雇っていることを考慮に入れると、さらにそれは素晴らしいニュースであった。

ダマヌールの人々が贅沢な食品マーケットを選んだのは、単にたくさんのお金を得るためではなかった。彼らが働いている方法を発展させるためでもあった。工業的に大規模に作られた製品と比較すると、ダマヌールでの基準は極端に値段が高い。そのため、彼らの製品を売るマーケットには、このことが反映されなくてはならなかった。アトリエ・ダミールで作られる美しいカシミヤやシルク製品にも同じことが言える。

ダマヌールで働く人々は、何時間働かなければならないかではなく、行う必要のある仕事を成し遂げるために働く。仕事は常に、精神的な指導と、幸福な労働環境の中で手作業によって行われ、そこでは製品の生命エネルギーを活性化するためにセルフィックな器具が利用されている。

もちろん、すべてが手作業で行われるシステムと、製品が工場のベルトコンベアや機械で作られるシステムとの製品コストには大きな違いがある。あなたは、ダマヌールで〝工場〟という言葉を聞くことはないだろう。そこではあらゆる仕事が、アトリエや実験室、工房で行われている。

私が導入部で話したＢＢＣ「ニューズナイト」という番組で、ロントラ・バンブー（カワウソ・竹）とのインタビューがあった。彼は以前、ダマヌールの外でマスターの染物師だったが、ダマヌールでは無報酬で同じ仕事をやっているし、彼の名前を載せることさえできないとほのめかしていた。ロントラのイタリア語が、なぜか全く違った意味に通訳されていた。彼はうろたえ、当惑し、そして二度と取材訪問を受けたくないと言っていた。しかし、私は何とか彼を説得することができた。

あのインタビューには本当に失望しました。あのテレビ取材の人たちは、本当に素晴らしい人たちだと思っていました。事実、通訳をした女性は、私の言葉の裏を読み、私の真意を伝えようとしたと話していました。ただ逆のことが起こってしまったのです。

私は製造業に就職し、化学染料による染物師として八年間働いていましたが、もはやその仕事に我慢できなくなっていました。工場で要求される仕事は、狂気の沙汰でした。製造業では、一定の規格に到達したら、ただ毎日同じことの繰り返しで、変えることはありません。そこで私はダマヌールにやってきました。ここでは、私の技術を試したり、開発したり、自由にやっています。他の人と考えをやり取りする機会もあります。

ダマヌールでは、多くの人がダマヌール以外の場所では不可能な規模と深さで仕事ができることを見出している。彼らはいろいろと試すことができるため、時には失敗することもある。しかし、この試みや失敗から彼らの仕事を最高の規格品へと発展させるチャンスがやってくる。これらすべては、偶然には起こらなかった。『芸術と仕事の道』や『メディテーションの学校』を通して、注意深い考えが、すべての製造方法をスピリチュアルな発展に向かわせ、そのような製品の背景にある動機へと向かわせた。ティーグレが私に説明してくれた。

私たちの本当の目的は、私たちの考え方と一致した食べ方を教えることです。これは、あなたがいつも食べている食物の種類を変え、想像力と色艶、十分な多様性をもって食べることを意味し、またあらゆる種類の汚染物質を避け、最高品質の食物を使うよう努力することを意味します。

ダマヌールの人々はよく食べる。新鮮で有機的に栽培された食物を使い、調理の仕方や出し方に大きな注意を払っている。家庭では、食事の準備は大切にされる仕事であり、同じように、後片付けも皆が満足いくように分担して楽しくやっている。ティーグレが詳しく話してくれた。

目で見て良いものは味も良いでしょう。料理の出し方の良いものは、食べている食物に対する敬意を示しています。食物が生きていることを思い起こすのは重要なことです。私たち人間は、他の命の中にある滋養物をいただくことによって種として生き残っています。
私たちは愛情を持って食物を生産しており、もし私たちが食物を敬うならば、食物も私たちを敬うだろうと信じています。これが、私たちがすべてを手作業で行っている理由です。それは、私たちが生産している食物を食べたとき、その食物が私たちに命を伝えることができるように、その食物と関係を持たなければならないと感じているからです。

工業的に生産された製品と比較して、ダマヌールの標準価格は非常に高い。この点は、商品の小売特約店の選択に反映された。食料品は最高級の商品であるという基準に従って、高品質で独創的なパッケージで提供された。オリーブ・オイルや塩のような単純な製品でさえ、特別に美しくパッケージされた。

残念なことに、〝高級な商品〟を扱う小売業者たちは、ダマヌールの人々の利他的な気持ちを共有しなかった。彼らは、コンパニーア・デラ・ボナ・テッラの象徴である、非常に独創的なパッケージ方法を勝手に流用した。ティーグレは、実際、その独創的な商品提供法を開発するために、多くの時間と努力を注いできたため、そのパッケージングに誇りを持っていた。さらに、食品の生産にも多くの努力と集中力を注いでいた。しかし、小売業者たちは、ダマヌールの製品を何年も購入した後、ダマヌールの製品と同じパッケージで自分たちの食料品を提供し始めた。

しかし彼らは、ダマヌール製品は全く特別な品質を提供しているのだという点を見落としていた。彼らは、パッケージはまねたが、その中身をまねることはできなかったのである。

売上高は年々落ち始め、会社は厳格に高い基準を維持できなくなった。ティーグレと彼の会社の同僚たちは、結局彼らとの仕事を終わらせることにした。しかしその時までに、コンパニーア・デラ・ボナ・テッラは、ダマヌールの商売の基準を定めていた。ダマヌールでの食料製品の販路は、現在では、コミュニティーのオーガニック食品店であるテンタティが製品を提供する施設として再構成されている。そして、コミュニティー内で、ヌークレオ家族が利用する手助けをしている。

テンタティでは、〝セルファイゼーション〟と呼ばれる工程がある。食料品は、入り口と出口の天井の高さにあるセルフィック・パネルによって、セルフィック工程を通る。セルフィック・パネルは、食品に新しい活力を与えるサトルエネルギーを放射している（セルフィカについては第十三章参照)。

ダマヌールでは以上のように作業しているようだ。食物は収穫されると、その生命エネルギーはただちに減少し始める。食物が包装され、卸売業者や小売店を経て家庭にたどり着くころには、その生命エネルギーはほとんど残っていない。しかし、食物がそのセルフィック工程を通ると生命エネルギーが再びチャージされ、収穫された直後と同じ新鮮さと品質を持つのである。

ティーグレが、キルリアン写真を使って行ったいくつかの実験について話してくれた。それによると、セルフィック工程を通った後、食物の生命エネルギーが再び新しくされることが分かったという。彼はその写真を見せてくれた。さらに、私が個人的にできる唯一の確かなテスト、その食物の味の素晴らしさからそれが本当のことだと断言できる。

チーズの製造も、ダマヌールで協同作業によって行われた別のビジネスであり、ダマヌールで成功したビジネスの一つであった。ラ・ブオナ・テッラは、広範囲にわたる品揃えの素晴らしいチーズ製品を製造しているという名声を確立した。チーズ製品は、すべて最高品質のものであった。これらの製品は、オーガニックな牛乳を使って大きな桶で作られ、さまざまな長さの時間熟成され、すべてがセルフィック工程を通過する。この工程は、サトル・フォース(神秘的な諸力)につながった結果である〝付加価値〟を利用するためであった。チーズは、完全に自然に作られたオーガニックなものであり、強制的な熟成は行われなかった。その賞賛に値する味は、自然に得られたものであり、添加物で得られたものではない。チーズは、ダマヌールのスーパーマーケット『テンタティ』を通して販売され、地域や国内、外国にも売られていた。熟成させている貯蔵所でのチーズの匂いは、信じられないほど喜びを感じるもので、チーズの品質も特別に優れていた。

人々が、時々労働力と農業技術を提供する代わりに、イタリアの農場にゲストとして滞在するという農業観光事業（Agritourism）も、ファウノ・ムスキオ（牧神・コケ）によって、ダマヌールで開発されているもう一つのアイデアである。この場合は、ティリオ・ディ・パンと呼ばれる非常にすてきな農場で行われる。古い農場の建物が自然素材を使って修復され、それと同時に、あらゆる種類の作物や野菜が、豊かで広々とした畑やきちんと列を成した温室で有機栽培によって育てられている。すでに農業に急進的な考えを持っている多くの人がそこに滞在しに来て、交替でそのプロジェクトの発展を手助けしている。ティリオ・ディ・パンは、自分たちの素晴らしいレストランを経営しており、現在では、訪問者や地域の人々にも非常に人気がある。そこのおいしい食事は、自分たちの畑で出来た最高の作物によって準備され、提供されている。ファウノは、当然、このティリオ・ディ・パンの発展に誇りを持っている。

最近ダマヌールでは、私たちはより企業家的になっています。独立していますが、同時にコミュニティーのためにも働いています。これはコインの両面です。私たちはこのプロジェクトに確信を持っています。改装作業をするにはたくさんの費用がかかるでしょう。しかし私の夢は、このプロジェクトがエコロジカルなオアシスになることです。太陽エネルギーや薪からのエコロジカルなエネルギー、有機的に栽培され、純粋な考えで作られたエコロジカルな食物などがあります。人々がここに滞在しにやってきたり、私たちのレストランで食事をするとき、私たちはすべてここで生産され、殺虫剤などの使われていない良い食物を提供することができます。電気を使わなくてもお湯も使えます。私たちは自然と調和しているのです。

ダマヌールの工房もすばらしい評判であり、新しい技術の開発に長足の進歩を遂げている。テラコッタの工房は、その特別に作られた粘土細工品で知られており、新築の家やリフォームの際に使うための注文が来ている。棚やバルコニー用の飾り立てた支柱、欄干、女人像柱、装飾的な梁柱、さらにあらゆる種類の庭用の装飾品がここで作られている。またこの工房は、表面が象嵌《ぞうがん》モザイクのテーブルに使う装飾的な基部を作る際には、モザイクの工房と共同研究している。モザイクの工房そのものは、床や壁面パネル用の高品質なモザイクを製造しており、その需要も増えている。

ダマヌールのすべてのビジネスは、自分たちで経営しているが、大部分は協同組織で運営されている。ティーグレは、法律上の問題について幾つか説明してくれた。

私たちは、あらゆるイタリアの法律に従っています。他の公式に登録されているビジネスと同じように、私たちの協同組織も、イタリア政府に年次報告書を提出しています。そして、あらゆることがイタリア国家の規律に確実に従っているように、できる限りの努力をしています。私たちは、自分たちが発展成長できるために、次年度会社に投資する必要のある金額と、全員がここにいて、ダマヌールやその〝民族〟が成長するためのプロジェクトに投資できるだけの資金を残します。

第六章　抵抗勢力　否定的な勢力を肯定的な勢力に

私はダマヌールの創立者の一人であり、私が要求している金額は、当然私に支払われるべきものである。

フィリッポ・チェルッティ

二百五十人以上の警官や軍人がダマヌールを急襲しました。ピストルを抜き、マシンガンを構え、頭上ではヘリコプターが旋回していました。

コボルド・メーロ

ダマヌールのアーカイブにある新聞記事を読むのは本当に興味深い。一九九一年の初めまでは、地域、イタリア国内、国際的な新聞記事も、そのほとんどは、このコミュニティーが実際レベルで活動している内容についてであった。連続講義やエコロジカルなプロジェクト、社会生活の新しい試みなどである。時には少しふざけた調子で、動物名をばかにしたようなものもある。また、一九八七年九月十八日付のイタリアの新聞『イタリア・オッジ』(Italia　Oggi)

のように、ダマヌールがなぜ宗教的なセクトではないのかという別の意味で深刻な記事には、抗弁しようがなかった。

ダマヌールという政府の長は、おかしなことに女性である。もちろん彼女もダマヌール住民の例外ではなく、新しい名前を持つという習慣に従わなければならない。彼女の現在の名前は〝小さなピンクの象〟であり、政治学の修士の学位を持つ三十三歳の研究者としての真面目さを失わないようにしている。

また一九九〇年七月十三日付の地方新聞『コリエレ・ディ・キエーリ』(Corriere di Chieri)では、ダマヌールに引っ越してきた二人の新しい市民について報告している。

エルフや妖精が実際に存在し、あなたにも見ることができると考えている人たちと付き合う際に、現実感を失わないようにするのは非常に難しい。すべての人が見えるわけではないが、エルフや小人、コボルトなどという存在が、はっきりとした現実になりえるらしい。子どもなど、ある人にとっては、そのような存在が容易に見えるようだ。夢の中で接触できる人もいる。しかし、私たちには決して見えない。

次いで一九八九年の『ラ・スタンパ』(La Stampa)には、新しく設立されたテンティリスというコミュニティーについて、「セックスはもはやタブーではないようだ」という見出しが付けられている。
一体どんなセックスの視点なのだろうか。なるほど、テンティリスは〝女性の町〟を意味している。ジャーナリストたちに対するプレスリリースでは、最初にそこにやってきた人たちのグループが、水と女性原理とがつながりがあるためテンティリスと名づけたこと、彼らが自らの女性性を探求し、より良い男性と女性になる新しい方法を探究するためにそこにやってきたことを説明していた。明らかに見出しを付けた編集者は、そのような微妙なニュアンスを把握できなかったようである。
自給自足を目ざした〝オリオ・カルド（温オイル）プロジェクト〟についての、もっと真面目な報告もあった（第八章参照）。当時、ダマヌールには百十八名の人々が住んでおり、一九八六年六月十二日付の『ラ・スタンパ』には、人々が六人の先駆者の示した模範に従っていると説明していた。

彼らは、ヴァルキュゼッラの中心のどこかの農場で、ちょうどサバイバル実験を終了したところであった。私たちはこの小さな町が、一年以内に自分たちの食糧や衣服、家具を生産し、完全に自給自足するだろうと考えている。

『イル・ジョルナーレ』（Il Giornale）も、一九八六年七月二十四日、この同じプロジェクトについて報告している。

夢かもしれない。しかし、彼らはバルディセッロで、それは夢ではないのだと保証している。数カ月前に、彼らはサバイバル・プロジェクトをスタートさせた。目標の一つは、極限状態に置かれた個人の必需品を確かめることであった。衣類については、周囲の状況に対し、体を保護する性質と適切さという点で、実際にどの衣類が必要であるかを研究した。

ダマヌールというコミュニティーの畑では、小さなアプリコット、桃、ハーブ、その他おいしい作物が作られている。化学薬品は一切使わない作物が、美しい器に詰められている。上部には、これらの作物を販売しているミラノで最も有名な店のラベルが貼られている。

その地方紙は、特に、そのプロジェクトの〝織物を織る〟というテーマを取り上げた。それというのも、フィアットやオリベッティが有名になる前、ピエモンテ地方では、織物が最も重要な産業だったからである。そのため、古い織機を使うという考えは、その地方の人々にとってロマンティックな魅力があった。それは失われた伝統の復活を意味し、文化的な遺産を思い出させてくれた。

チェルノブイリ原発事故の際、この事故について生態学的な考え方をするダマヌールの意見と、死の灰の危険を軽減させるにはどんな手段をとったらよいかに、大きな関心が集まった。同じように、ダマヌールで行われている連続講座やそのプロジェクト、森林で行われている仕事についてたくさんの記事があった。新聞が与えたコミュニティーについての一般的な印象は、少し風変わりだが、それでも環境と調和して働き、技術的、政治的、経済的に自給自足することを目標に活動しているというものだった。ダマヌールの住民自身は、自分たちを一般的には友好的な隣人であり、平静で安全な人たちだと表現していた。

しかしながら、一九九一年、宗教的に強硬な路線のサルダリーニ枢機卿が、トリノ地域の立て直しをするためにヴァチカンから派遣されてきた。当時、トリノ地域は、邪悪な傾向のある多くのグループにとって憩いの場所になっていると感じられていた。トリノには、実際に公然と悪魔的であるグループがいくつか存在していた。しかし、大部分は神智学者、グルジェフの信奉者、現在ニューエージと呼ばれている人たちであった。その新しい枢機卿は、一九九一年二月十六日の有力紙『イル・ジョルナーレ』にとんでもない記事を掲載し、やる気満々で、次のような主張とともに仕事に取り掛かった。

姦通、密通、不純、乱交、偶像崇拝、憎しみ、不和、ねたみ、嫉妬、大酒飲み、乱交パーティー、魔術、セクト、セックス、そしてグル——新しい魔術的、秘教的な動きがあり、幾つかのコミュニティーが冷酷な大聖者サントーニによって創り出されている。そこではすべてが酒神祭のような儀式、自由恋愛に捧げられている。イタリア全体では、そういったグループが約六百もあり、トリノや近隣には約三十ある。そして、イタリアで最もたくさんの人が住んでいるコミュニティーは、バルディセッロ・カナヴェーゼに隣接したヴァルキュゼッラの丘の上にあり、ダマヌールという名である。そこには五百人もの人が住んでおり、古代エジプト様式の神殿の周りで日夜共に暮らし、自らを預言者だと名乗るオベルト・アイラウディの言葉に耳を傾け、従っている。

この記事は、『人類の神殿』が明らかにされる前であった。そのため、〝古代エジプト様式の神殿〟とはオープン神殿を指すものと思われる。このような広範囲にわたる証拠のない非難が、まさに始まったのであった。この時以来、枢機卿は完全な正面攻撃を開始した。地元、地域、国内……イタリアすべての新聞社がそれに追従し、ダマヌールを疑い濃厚なカルト集団として、協調して公然と非難を始めた。その年の新聞の切り抜きには、一件だけ、スウェーデンからの賞賛の記事があるだけである。

コボルド・メーロ（小妖精コボルド・りんごの木）が当時のダマヌールにおける広報担当者であった。彼は、ダマヌールを非難するあの新聞のキャンペーンは、非常に用意周到に用意されていたようであると私に話してくれた。サルダリーニによるあの攻撃の後には、セクトやカルト、黒魔術に関する記事の時にはいつでも、またセンセーショナルに扇情的に扱えるどんな内容の記事でも、たとえ全くダマヌールに関係がないことでも、それらを引っ張り出して、ダマヌールやオベルト・アイラウディに必ず言及していた。しかし、それらを読むと、いつも連想によって疑惑が本当であるように思わされた。

また、別の非常に奇妙なことが起こった。金銭を要求されたのである。

事の次第はこうだ。一九八三年、ダマヌールの最初のメンバーであった二人、フィリッポ・チェルッティとその妻がこのコミュニティーを去った。というのも、彼らは、実施されようとしていた幾つかの変更に不満だったからである。チェルッティは、グループの他の連中と明らかに違った考えを持つことが時々あり、コミュニティーの生活に対する彼の全体的な取り組みは、やや保守的で非常に厳格であった。

実際、彼はダマヌールにフルタイムで住んでいたのではなく、単に週末とか休日だけダマヌールで過ごしていた。彼は、初期の頃に建てられたアパートの一つに少しだけ投資をしていた。しかし、ダマヌールを去るときは、不動産や資産には興味がないと言った。彼はかなりの金持ちだったし、彼と妻は友好的にダマヌールを去っていった。

彼らはその後もコミュニティーと接触を保ち、時々コンサートやイベントのときは戻って来て、いつも温かい歓迎を受けていた。

しかし、一九九一年の十月、チェルッティから一通の手紙が届き、彼が不動産に投資していた資金を返すよう請求してきたのである。彼が去って以来長い間、また彼が度々ダマヌールを訪問したときも、一度たりと金銭に言及したことはなかった。それなのに、突然古い友人たちからお金を取ろうという、非常に形式的で冷淡な手紙が届いたのである。といっても、それは極端な額ではなく、約三千万リラ（当時としては約二百十六万円）だった。しかし、その請求の仕方が非常に奇妙だった。コボルドの説明によれば——

私たちは、そのような突然で、形式的で、超然とした態度の要請に非常に驚きました。彼がなぜ私たちに直接話さないのか、理解できませんでした。私たちにとって、問題の核心は金銭ではなく、その人間関係でした。

返事を書くにあたってダマヌールの人々は、チェルッティに、その資産を評価するための鑑定士を依頼する旨を形式的に伝えた。彼らはその後のいかなる争いをも避けるために、すべてを形式的、専門的に処理する決意をした。コボルドは私に語った。

イタリアでは、このような種類の処理には時間がかかります。しかし、その資産の蓄積された価値について査定されれば、チェルッティはできる限りの公正な額を得るはずでした。しかし、この話し合いを続けている間に、彼は自分の弁護士に、この件を別のやり方で処理するように指示しました。その弁護士は、非常に明快な口調で、もし私たちが彼に七億リラ（当時約五千二百二十万円）を支払えば請求を取り下げるが、もしこの申し出を拒絶すれば、新聞でダマヌールに敵対するキャンペーンを始め、私たちの〝建設事業〟の詳細を暴露するかもしれないと伝えました。もちろん当時は、コミュニティー以外の人は誰一人神殿の建築について知りませんでした。しかし、ダマヌールの創立者の一人であるチェルッティはすべてを知っていました。

ダマヌールの弁護士コルモラーノ・シコモーロは、正当で適切な額は快く清算するが、二つの理由でこのような法外な条件には同意する気はないと答えた。第一に、コミュニティーにはこのように高額な金銭を支払う余裕がないこと、第二に、自分たちの命だったものについて、ゆすり恐喝をするという考えを受け入れることはできないと回答した。

私たちの返事は、「お断りします。私たちはあなたにそのような高額な金額をお支払いする気はありません」でした。すると彼らの態度が豹変し、「忘れるな。私たちは神殿のすべてを知っているんだ」と言ってきました。それでも私たちはNOと言いました。倫理的な観点から、ゆすりに応じたくなかったからです。

このやり取りの後、非常に奇妙な話が新聞に現れ始めた。毎回それらの記事は、フィリッポ・チェルッティが情報源と思われた。例えば、一九九一年四月四日付の『ラ・スタンパ』で、彼は次のように要求していた。
「私はダマヌールの創立者の一人であり、私が要求している金額は、当然私に支払われるべきものである」
その額は現在の一億三千万リラに相当し、彼の資産価値より多く、弁護士を通して私たちに要求した金額よりはるかに少ないものであった。その記事でチェルッティは、彼が投資したものに対してただ要求しているだけなのに、ダマヌール市民は金銭の支払いを拒否したこと、彼はだまされ、裏切られたのだと明言していた。更なる記事が同じような調子で新聞に載った。

そして一九九一年十月のあの運命の日がやってきた。朝六時三十分、ダマヌール市民は、二百五十人以上の武装した軍人や警察官に寝ているところを急襲された。ピストルは抜かれ、マシンガンはいつでも発射できる状態にあり、上空ではヘリコプターが旋回していた。

「彼らは行政官の令状を振って見せていました」コボルドは切り出した。

「それには、私たちの二つの協同組織で五千万リラ（約三百七十二万円）もの脱税の疑いがあると書かれていました。通常、税務署の人は制服を着ていないし、武器を携帯することもありません。普通なら職場にやってきて、会計簿を見せるよう要求するでしょう。しかし、彼らは武器を持って私たちの家に侵入したのです。それは大々的な作戦行動であり、単に人数の問題ではなく、彼らの多くは警官や軍人だったのです。女性の役人や、麻薬を嗅ぎ分けるよう訓練された犬、ビデオカメラを装備した三機のヘリコプターが上空からすべてを録画し、さらにはそれをイヴレア（十六キロ離れた大きな都市）の判事の事務所に実況中継していました。それはまさに権力の巨大なショウでした。マフィアに対する大きな作戦行動でさえ、通常せいぜい百から百五十人くらいの軍人・警官などの役人が投入される程度でしょう。おそらく、作戦行動そのものに五千万リラ以上かかっているはずだ。

「その巨大ヘリコプターを一機動かすだけでも、五分毎に百万リラかかります」とコボルドは話した。「彼らはヘリコプター三機を、三時間も飛ばしていたのです」

ダマヌールのすべての人々にとって、それは極度の恐怖を感じさせる不愉快な体験だった。役人たちは徹底的に捜査した。彼らは子どもの学校カバンまで調べた。冷蔵庫の中さえのぞいた。食品や洗剤の標本を取った。これらすべてが脱税の名目で行われたのである。

コボルドはとりわけ怒りを感じていた。彼はダマヌールにやってくる前、長年ジャーナリストだったので、このようなことがどのように行われるべきかを知っていた。たとえ令状が脱税容疑だとしても、役人たちがこのように調べることはできないし、力を見せつけることも出来ないことを知っていた。取調官の中には、長年知り合いである財政部門の人たちがいた。コボルドは、彼らに急襲の背景にある理由を尋ねた。

彼らはコボルドに、税金の納入には全く何の問題もないことを分かっていると内緒で答えた。単に命令に従って行動しているだけであった。彼らは急襲の前夜、地域全体から作戦のために兵舎に呼び出され、集中的に簡単な戦術指令と心構えを聞かされた。そして、夜明けとともに、非常に危険な状況に遭遇することを覚悟して、武装してダマヌールへと出発した。

時間は少しかかったが、行動を起こした人々は最終的に無駄足だったことが分かり、完全に意気消沈していた。今では笑いの種だが、とコボルドは思い出しながら話を続けた。

ピストルやマシンガンを下に向けながら、警官がいたるところに座っており、全員当てが外れ、自分たちはなぜここに送られたのだろうかといぶかっていました。彼らは幻滅し、疲れ、自分自身に怒りさえ感じていたようです。このようなことは経験したことがなかったし、どうしてこんなことが起こったのか理解できないようでした。私たちにとっては、コーヒーを出すために多額の費用がかかってしまいました。

私自身は、そんな荒っぽい行動がコミュニティーに対して正当化され得る状況を想像できなかった。しかし、その裏にある筋道が、次の日にはっきりした。すべての作戦行動は、一つの目的を持って画策されていた。そう、公衆の目に対し、ダマヌールの信用を傷つけることであった。土地の人々が頭上を飛んでいるヘリコプターや多数の警察車両を目にし、新聞で急襲について読み、テレビで見たとき、これらすべてが、ダマヌールに対する人々の強い恐怖心を決定付けたのである。それは醜聞であり、コミュニティーと公衆との関係をゼロ以下のマイナスに戻してしまった。地元の新聞は、ダマヌールが十億リラ（約八千四百万円）以上の脱税をしていたと誇張し、味方になってはくれなかった。

コボルドには、あるパターンが明らかになるのが分かった。

そのシーンを設定するための枢機卿による攻撃、チェルッティが自分のお金を要求しているのにダマヌールが彼に支払おうとしないというニュース記事、税務署員による電撃的な急襲、お金を稼いでいるのに税金を支払おうとしない脱税者であるコミュニティー……これらすべては、ダマヌールに対する人々の最悪の偏見を掻きたてます。

唯一セックスという要素が欠けていた。しかし、それも長くは続かなかった。それから間もなくして、「セックス、自由恋愛、そしてダマヌールでは子どもたちが巻き込まれている。光の町におけるセックス」という見出しが現れた。

この話の情報源もチェルッティであるのは明白である。それは、もしヌークレオのグループ内で子どもの出生が調整されれば、財政上と社会的な理由から良い考えかもしれないという提案について、一九八〇年代にチェルッティが手にした一つの文書に由来していた。さまざまなやり方の中で、どの家族も、もう一人子どもを生む余裕があるかないかを決定するときに議論するような、そんな種類の話である。ダマヌールでは、ヌークレオ家族が大人数のため、議論が少しばかり公になる。もちろんこれは、ダマヌールの指導者はすべてをコントロールし、子どもの出生までもコントロールしているとして新聞で説明されていた。

コボルドは言った。

「一方では奔放なセックスの自由が認められていると言いながら、他方では子どもを持つこともできないほどコントロールされているとほのめかしている」

しかし、その新聞記者が明らかに見落としたのは、彼らが記事に使った文書には、フィリッポ・チェルッティが当時まだダマヌールにいた際の、彼自身の署名があったことである。チェルッティは、その文書を弁護士や新聞社に渡す前に、自分の名前と日付を文書から消してしまっていた。そのため、彼らは当然その文書が急襲の際に押収されたものだと信じたのである。

コボルドは幾分辛らつに思い出している。

それは大衆向けの記事の、非常に幼稚なやり方でした。しかし、そのようなばかげた話に、当局、すなわち行政官、政治家、教会の地位の高い人たちが興味を示しました。起こった事件の背景にいたのがこういった人々であり、私たちの攻撃に重要な役割を演じた人々でした。

脱税を理由にした襲撃の後でさえ、ダマヌールに対する攻撃は一向に変わらなかった。すべては見せ掛けのためであった。コボルドが気づいたように、目的は古典的な恐怖、すなわち現金、セックス、子どもに対する危害、脱税、カトリック信仰の欠如、その他考えつく恐怖が何であろうと、巧妙な芝居を演じることによってダマヌールの評判を陰険なやり方で傷つけることであった。唯一の例外は、反逆罪とドラッグであった。コボルドは笑いながら続けた。

幸いなことに、私たちはどのようなドラッグも絶対に使用を禁じられていましたし、葉巻タバコさえも使用を認められませんでした。彼らが検出したのは、唯一ミューズリー（シリアルの一種）や洗剤の中に含まれていた少量のドラッグだけでした。もしドラッグがわずかでも見つかっていれば、私たち全員が刑務所行きだったでしょう。しかし彼らは、葉巻タバコの一本さえも見つけられなかったのです。

一九九二年の初め、コミュニティーは、チェルッティを法廷に連れ出すことによってダマヌールの名誉を回復しようと試みた。オベルトは、名誉毀損にあたる話を流布させたことに対して、彼の名前でチェルッティを訴える行動を起こした。しかし、トリノの法廷は、彼の告訴が根拠のないものであると宣言した。コボルドもその法廷にいた。

私たちは、この話が不条理であると主張しました。私たちのコミュニティーは、流布されているものとは全く違うことを明らかにしたいと思いました。法廷では何人かの証人が呼ばれましたが、しだいに分かってきたことは、法廷そのものがダマヌールに敵対していることでした。被告人はチェルッティであるのに、当局は、実際にはダマヌールに敵対していました。裁判官は、フィリッポ・チェルッティが何を要求しようと、彼には私たちを訴える権利があるとほのめかしました。裁判官は、私たちの申し立てには耳を貸そうとしませんでした。私たちは、チェルッティが言っていることすべては誇張されており、前後関係がなかったり時代遅れの古い文書に基づいていること、彼の非難は事実無根であり、私たちの名誉を傷つけるものであることを主張しました。裁判官は、チェルッティが〝信仰〟の理由でグループを離れた離脱者であり、それなりに誇張する権利があると宣言したのです。全く常軌を逸していました。

同じ年の四月、『ラ・スタンパ』に、離婚したカップルの子どもの養育権に関する裁判についてのレポートが載った。このような問題は通常私的な問題である。しかしその記者のおかげで、この裁判は公のものになった。離婚した女性がダマヌールに住んでいたからである。見出しには次のように書いてあった。

「その子どもをダマヌールから連れ出せ」

そして、そのコミュニティーは子どもにとって安全な場所ではないとほのめかす記事が続いた。これは、後にはっきりと平和的に解決した典型的なケースであった。というのも、しばらくして調査官の一行が、ダマヌールは子どもを育てるのに理想的な場所であると宣言したからだ。しかし、マスコミは当時、ダマヌールについてのあらゆる種類の分別のない恐れを焚きつけていたものである。

ダマヌールによって、『ラ・スタンパ』と問題の記者に対して起こされた裁判は、少しはうまくいった。しかし、最終的に解決するまでには数年もかかり、それまでは損害をこうむっていた。

休みなく続くニュース攻撃の流れは、一九九二年いっぱい続いた。一つは、イヴレアのあの司教がダマヌール市民を破門したに等しいことを言ったことである。

「親愛なるダマヌール市民よ。あなた方はもはやクリスチャンではない」

カトリック教会から破門されるということは、イタリアでは重大な出来事である。破門は通常ローマ法王によってのみ行われるが、正式な手順を踏めば、地域の司教が法王に代わって行うことも可能である。

私はコボルドに、ダマヌールの人たちにとってこの破門がどれほど深刻なものであったかを尋ねた。彼は笑顔で答えた。

私たちは、キリストが言ったり意味した多くの英知について知っていますが、自分たちをクリスチャンだとは考えていませんでしたから、破門なんて無意味な見せ掛けでした。これにはちょっとしたトリックがあったのです。司教が非常に巧妙なのは、これはダマヌールの住民にではなく、他の人への効果を狙ったものだからです。司教や政治家の友人たちは、破門が私たちには効果がないことを知っていましたが、彼が本当に言いたかったのは、ダマヌールと何らかの関連がある人は、誰でも同じように破門の危険性があるということです。このことは、私たちに関係のある人たちや、取引をしている人や商売に打撃を与えるはずでした。私たちの講習会に来ている人やオープンマーケットにやってくる人、すべてに影響するでしょう。それは、私たちを孤立させるためのもう一つの試みだったのです。

地元新聞の一紙には、次のような見出しが出ていた。

「ダマヌールへ行く人には、カトリック教会は縁を切る」

そして、この記事が原因で、何人かの納入業者がダマヌールとの取引を停止した。彼らはカトリック教徒であり、自分たちの立場を心配していた。

それから間もなくして、ダマヌールが金銭の要求や社会的な攻撃に屈服しないのに失望したチェルッティは、最大の切り札を使った。地元のイタリア警察署に匿名の手紙を送ったのである。それには、ダマヌールには隠された秘密の『神殿』があると書かれていた。

イタリア警察の一団がポルタ・デル・ソーレを訪れ、その『神殿』を見せるように要求した。彼らは地図を手にしており、『神殿』や入り口がどこにあるかを知っていた。通路に沿ってエジプトの部屋に入ると、あたりを見回し、いぶかり、立ち去った。うまくいった。トリックを見抜けなかったのだ。

しかし、またやって来た。その七月、イタリア警察は再び急襲した。朝七時に再び武装してオベルトのヌークレオに行き、彼を『神殿』の入り口まで連れていった。そして、先日の警官が見た以上の部屋があることを知っているのだと言った。ポルタ・デル・ソーレに入りながら、彼らはあらゆる部屋を探し、『神殿』への別の入り口を探した。しかし、別の入り口を見つけることはできなかった。チェルッティが彼らに与えた情報は、時代遅れで限られたものであった。しかし、彼らは『神殿』の部屋が存在することを知っていた。

国の検察官ブルーノ・ティンティが到着した。彼は厳格で影響力のある裁判官であった。そして、ダマヌールに対して、脱税容疑による急襲を命じた張本人でもあった。彼は地図と『神殿』のその他の計画を手にしており、そして、もしダマヌールの人たちが『神殿』への入り方を教えないのならば、山のいたる所にドリルで穴を開けると脅した。コボルドとオベルトはお互いに顔を見合わせた。

「私たちは、どうしたら良いかしばらく考えました」と、コボルドは思い出しながら続けた。

そのときオベルトが、彼らに『神殿』を見せる決心をしました。もちろん私たちは、思い切って彼らが見つけるに任せることもできました。そう簡単には見つけられないからです。しかし、私たちは、彼らに『神殿』を見せるリスクに立ち向かい、疑いなく明らかになる現実の大きな問題に立ち向かう決意をしました。このままでは、彼らは山中に穴を掘り、ドリルで穴を開け、爆破さえしかねません。その結果どのような被害が出るか、誰も予想がつかなかったのです。

彼らに神殿内を見せたとき、状況は変わりました。

検察官、三人の警察官、オベルトが『神殿』に入っていった。もう一人の警察官は、あらゆるものを撮影しながら彼らに従った。

一時間後、彼らは『神殿』から出てきた。検察官が最初だった。彼はオベルトの肩に手を置きながら、ひと言「この神殿を救う何らかの手段を講じなければ」とつぶやいた。

一年余り、新聞記事やテレビでダマヌールを攻撃し続けていた、正直で誇り高い男の変わりようを見て誰もが驚いた。

ティンティはただちに『神殿』を仮差し押さえした。そして、『神殿』はダマヌール住民の管理下に置かれ、『神殿』を使用できるのは住民だけであると言明した。これは賢明な決断だった。なぜなら、これは、彼の同意なしには、『神殿』に対して誰一人行動を起こせないことを意味していたからである。イタリアでは、開発認可なしに建てられた建物を保護する法律はなく、普通は破壊されることになっている。

ブルーノ・ティンティは、もう一つ非常に重要なことを行ってくれた。彼は『神殿』の発見というニュースを報道陣にただちに知らせず、ダマヌール市民に、『神殿』について世界に公表するかどうか、またその時期を選択する権利を与えてくれた。

エスペリデ・アナナスが最初にダマヌールにやってきたのは、この時である。彼女は当時、ミラノにある広報活動をする大きな会社で働いていたが、ダマヌールの広報キャンペーンをするために招かれた。彼女とコボルドは、大規模で用意周到に計画されたメディア・キャンペーンの口火を切った。

十月九日、『神殿』の存在を公表する初めての記者会見がダマヌールで開かれた。その日以来三年間、事実上毎週のように報道関係者やテレビチームがダマヌールにやってきた。コボルドは言った。

私たちは、連鎖反応を起こすことになった一つの行動を始めました。私たちにとって、すべてが新しいことでした。私たちは沈黙と秘密主義で『神殿』を建造することには慣れていました。今や、来る日も来る日も、『神殿』が公開討論の主題になり、それは私たちにとって本当に不慣れで難しい仕事でした。

しかし、たとえ仮差し押さえの下であっても、その検察官は私たちに『神殿』を訪れる権限を与え、私たちにライフラインを残してくれました。報道関係者、政治家、技術者、建築家、エンジニアたちも『神殿』に入ることを許可されました。そのようにして私たちはあらゆる種類の人々に『神殿』を見せることができ、その人たちに、『神殿』を救う道を見つける手助けをしてほしいと頼みました。

逆境に直面して、ブルーノ・ティンティはダマヌール市民にチャンスを与え、彼らは喜んでそのチャンスを生かした。

その地方の支配母体はヴィドラッコの議会であった。議会は、村の建築計画にダマヌールを組み入れることによって『神殿』を容易に合法化することができた。しかし、議会はあからさまにダマヌールに反感を持っており、それを拒絶した。議員たちは、十二ある地元の村の議会からなる地域全体の組織、山岳コミュニティー・ヴァルキュゼッラにこの問題を委ねた。その議長は即座に『神殿』を破壊することを求めたが、山の内部にある『神殿』を破壊するのは困難かもしれないと、その考えをあきらめた。結局、『神殿』はその地域に与えられるべきであり、観光客を惹きつけるだろうということになった。

ディズニーワールドみたいな『神殿』! ダマヌールの人々はぞっとした。その『神殿』は、観光客がぽかんと見とれるようなものではなく、『神殿』は彼らのコミュニティーの神聖なる心であったし、その心なしに彼らは生きることができなかった。この要素こそが、政治家や教会関係者の多くの議論の中心であったことに疑いはない。それがダマヌールに対する敵対運動のすべてであり、陰ではチェルッティやその弁護士がしっかりと絡んでいたのである。

今や明らかになった真の理由……それは、彼らがこのコミュニティーがばらばらに破壊され、消えてなくなることを願っているということであった。しかしながら、彼らは二つの重要な要素を考慮に入れることを怠った。それは、検察官ティンティの取った行動とダマヌールの人々の決意である。

山岳コミュニティー・ヴァルキュゼッラの議長は、『神殿』に対して単独行動が取れないことが分かり、両者が大衆に『神殿』について話すことをやめるべきであり、彼らの間でこの問題を解決するよう示唆した。しかし、この申し出の内に隠れている目的は、あまりにも見え見えだった。ひそかに『神殿』を手に入れることと、ダマヌールの心を破壊することであった。

しかし、ダマヌール市民は、黙っているどころか、広報活動を強化していったのである。世界中の報道関係者に、彼らのことを記事にするように依頼し、『神殿』の写真を撮るように写真家やテレビチームを招き、インターネット上に助けを求める訴えを載せた。さらに、イタリア中を回って、『神殿』を救うための嘆願書の署名を求め、十万名以上を集めた。

キャンペーンはうまくいった。人々がダマヌールにやって来れば来るほど、そのキャンペーンは強力になっていった。今や訪問者は世界中からやってくる。それも、ただ眺めるための観光客としてではなく、ダマヌールの考えやスピリチュアルな旅に興味を抱く真面目な人々である。ダマヌールは、もはや以前と同じではなかった。ダマヌールは今では『神殿』の建造に没頭するのではなく、世界で仲間を求めている人にはホストの役を演じ、自身のスピリチュアルな道を探求する個人やグループとともに、共通の目標を見つけることに没頭していた。

『神殿』を訪れた中にはイタリアの下院議員たちもおり、解決策を見つけるためには、直接ローマにこの問題を持っていく必要があると感じていた。

一九九五年、『神殿』は地域の美術局によって芸術作品であると宣言され、翌一九九六年には、ダマヌールやオベルト・アイラウディに敵対する一切の行動に終止符が打たれた。イタリア政府は、『神殿』を救うための合法的な根拠をダマヌールに与える国家法案の修正案を通過させた。コミュニティーは、合法的な計画申請をする際に求められるすべての寸法を測ることを要求された。また、第一章で概説したように、すべての領域にわたる構造試験、地震記録、土地の測量を実施すること、およびその調査費用を負担することを求められた。

しかしながら、『神殿』は残すことができた。

ルイージ・ベルザーノは、ダマヌールについての広範囲な社会学的報告書を書いた。『Religiosità del nuovo areopago–credenze e forme relgiose nell' epoca postsecolare』（新しいアレオパゴスの宗教心—これからの信仰心と形式）に、『Damanhur : Un monastero per famiglie nell' età dell' acquario（ダマヌール……水瓶座時代における家族の宗教施設）』（ミラノ一九九四年）という表題で発表した。高位聖職者であるベルザーノは、トリノ大学で政治学部の宗教社会学教授をしている。彼はダマヌールを、その哲学体系の中心に芸術を置いているユニークなコミュニティーと見ている。私は大学に彼を訪ね、カトリック教会の敵対心について質問した。特にサルダリーニ枢機卿による大騒ぎの攻撃や、ダマヌールにかかわる人を「もはやクリスチャンではない」といって破門の脅しをかけたイヴレア司教について尋ねた。

ベルザーノ教授は、あの司教は態度が進歩的で寛大であるとしてよく知られていたと説明した。それがために、彼のダマヌールに対する攻撃はなおさら非難されているようである。しかしながら、彼は社会的な面に関しては寛大で、労働者と町を行進する下層階級の闘志であるが、おそらくスピリチュアル的にはかなりの反動主義者だろうということである。

ベルザーノ教授に、司教の攻撃が、ダマヌールに対する地域の人々の反感を十分考慮に入れた、政治的な威信を得るための企てであったかどうかをたずねた。彼の考えは全く反対で、司教の非難は、地元の人々の恐怖感を煽っただけだと感じていた。彼もまた、この攻撃は〝間違いだった〟と感じており、司教の考え方も今では軟化していると感じていた。

一九九七年のうちに、フィリッポ・チェルッティの裁判も解決された。彼は一九九一年、ダマヌールの人々が最初申し出た金額よりも少ない示談金で承諾した。現在では、もはやこの出来事について話す興味を失くしているようである。

その出来事は、結果としてダマヌール全体を変えてしまった奇妙で不可解な訴訟であった。しかし、チェルッティが引き金になったこの事件は、最終的にダマヌールや住民たちをさらに強くした。この出来事は、ダマヌールの人々に挑戦する機会を与え、そして彼らは信念を持ってそれに応じた。これは、マイナスエネルギーをポジティブな力に変えるという典型的な事例であった。

第七章　オベルト・アイラウディ
未来のヴィジョンを持つ男

ダマヌールでは、「オベルトが言っている」という言葉をよく耳にする。
フィリップ・ショート、BBC2の「ニューズナイト」

そして自分に課した規則は、少なくとも一日一件新しいことを考案し、一冊の本を読まなければならないということでした。長年経った今でも、それは私の変わらない習慣です。
オベルト・アイラウディ

　これまでで明らかになったように、オベルト・アイラウディ（ファルコ）はダマヌール全体に大きな影響を及ぼしている。本人がそこにいるいないにかかわらず、あらゆるところに彼の存在がある。視覚というレベルで考えても、彼の絵は、事務所にも仕事場にも家々にも、いたる所に飾られている。実際の彼は、穏やかで、控えめで、少し恥ずかしがり屋に見えるかもしれないが、皮肉っぽく、聡明で、ややいたずらっぽいユーモアのセンスを持った人物である。彼は、コミュニティー内ではもはや職権のある地位を持っていない。それなのになぜ、そのように控えめな個人がそれほど浸透性のある影響力を持っているのだろうか。

答えは明確ではないが、ダマヌールに何度か滞在してみて、そこの人々がオベルトに如何に大きな敬意の念を抱いているか気づくようになった。彼らにとってオベルトはスピリチュアル・ガイドであり、マスターである。マスターといっても、崇拝することを要求したり宗教的な意味において従わせることさえもない。単に模範を示すことによってのみ人々を導いている男である。彼は、私たちすべての中にマスターがおり、私たちは誰でも夢を実現できる可能性を持っており、今生の住処である地球および宇宙に全員が責任を持っていることを思い起こさせる人物である。

オベルトの影響によって、ダマヌールは芸術を好むコミュニティーとして発展した。彼自身、教えの多くを芸術作品によって表現している。その大部分は絵であり、活気に満ち、色彩に富み、表現豊かである。毎朝食事前に四つか五つの絵を描くという伝説があるほどだ。その真偽のほども、情報源も分からない。しかし、オベルトがほぼ毎日のペースで作品を創造していることは確かである。エスペリデは次のように説明している。

彼の絵は、違った種類のエネルギーを持ったセルフィカのようなものです。その絵は、他の方法では私たちと触れ合うことのできない実在エネルギーを、私たちの次元にもたらすことができます。そのタイトルは非常に詩的であり、メディテーションの指針としても使えます。あるものは直観力のために使われ、あるものは夢を見るために使われ、心の集中に役立つものもあります。人々はタイトルや絵そのものに引き寄せられます。あなたがもしある絵を気に入ったならば、そのタイトルと自分がまさしく同調していると気づくことが多いでしょう。あなたは、絵とタイトルの両方に惹かれることでしょう。

もちろん、セルフィックな絵はダマヌールにおけるオベルトの影響の単なる一つの表れにすぎない。

控えめで、会う人々と愛想よく談笑しながらも、静かに自分のなすべきことを行っている人物、何人かの人に穴を掘り始めるよう説得した人物、それがオベルトである。

オベルトは、ダマヌール全体に大きな責任を持っている。私は彼に、最初の発想について尋ねた。

その考えは、私が十四歳のときに生まれました。私は、グループの人が自分たちのすべての時間を学ぶことに使いながら、研究し、新しい社会を創造するために、完全に独立して暮らすことのできる場所を創りたいと思いました。

オベルトがそんな若い時期に、すでにそのような構想を持っていたと聞いて驚いた。彼は私に言った。

そうです。その時、私はこの話題について最初の本を書きました。まだ学校に行っていましたが、会議や話し合いを開いたりして自分を鍛えていました。当時私はイエズス会の学校で学んでいましたが、二人の先生を説得して退職させることができました。その時私は、「オーケー。夢は実現する」と確信しました。

私が十四歳のとき、自分で使うために、初めての学術論文、といったら少し大げさですが、学術論文のようなものを書きました。私がそのうち発展させたいと思う、あらゆる基本的な哲学的原則についての論文です。続く二年間に、戻ってきた記憶と別の経験のおかげで、私はあらゆることをより明らかにすることができました。

まず、私たちが研究できる場所についての考えが心に浮かびました。その後、長年かかって、私は他の人々と一緒に、地球上のすべてのシンクロニック・ラインの流れを明らかにするために旅をしました。

一九九六年六月、オベルトとエスペリデ、それに多数のダマヌール市民がイギリスを訪問した。それは、雑誌『Kindred Spirit（同種の霊魂）』の編集者たちによって企画された催しに参加するためであった。週末のセミナーやワークショップ、ダマヌールについての紹介の講演に約二百名の人が集まった。オベルトは、聴衆と質疑応答するセッションに参加したが、これまで、このようなことをダマヌール以外の場所で行ったことはなかった。このセッションの中で、彼は箱いっぱいの本を彼に与えた一人の老人の話をした。それは不思議な本で、彼が一度その本を読み終わると書かれた文字は消えてしまったという。これについて尋ねてみた。

十四歳のときには、すでにあらゆる資料を手にしていました。その資料は、私がその後に行う仕事の基礎を形作るためのものでした。最初私は、この種の研究に使える技法である幽体離脱を使って旅をし、シンクロニック・ラインを明確にする研究を行いました。この時期には、あらゆる種類のたくさんの実験を行いました。

十四歳のときには、催眠術や、私たちが開発したその他の技法を使って、私と実験を行う人が八十人ほどいました。たくさんの超自然的な事柄を実験していました。空中浮揚や物質化現象を身に付けることは、私にとって容易なことでした。

このようにして、私はあらゆる種類のことを実験していました。しかし、あらゆることは、実際の役に立つ応用ができなければなりません。私はサッカーをしたことはありませんでしたが、催眠術を使いながら友人たちを訓練しました。また、ゴールキーパーがおびえてボールを止められなくなるように、突然彼の前に顔を現わしたりしました。紙で出来た初めての気球を作りました。空を飛びたかったので、ロケット・エンジン付きの自転車を手に入れました。

そして、私が自分自身に与えた規則は、少なくとも毎日一つは新しいことを考案し、一冊の本を読まなければならないというものでした。長年、現在に至るまで、これは私の変わらない習慣です。

それであなたには、いつも一緒に仕事をするグループがあったのですか。

たくさんのグループがありましたが、全員と仕事を一緒にしていたわけではありません。たくさんの細胞のように、みんな違った実験を行っており、統一する名称はありませんでした。三十五から三十六のグループがありました。私たちは特定の話題やテーマを選び、結果を比較するために、それぞれ独自の方法で研究を発展させていました。

これらすべての結果を、トリノのホルス・センターへ持ち寄りました。ホルス・センターをスタートさせたとき、ダマヌールの建設を始めるために、シンクロニック・ラインが重なっている場所に適当な土地も探し始めました。

私は十八歳のときに結婚しました。あらゆることが非常に早く起こりました。当時、イタリアには一年間の兵役義務がありましたが、すでに二人の子どもがいたため、軍隊には召集されませんでした。おかげで、仕事を中断せずに続けられました。

最初のグループの人たちは、どのように集まったのですか。学校時代の友人ですか。年上の人たちだったのですか。

すでにお互いに顔見知りの人たちは、ランツォ谷やさまざまなグループでの知り合いでした。そのうちの百人ほどがトリノへ移り住みました。しかし彼らは、研究に対して未熟なアプローチをしており、実際的な応用よりも現象の方により興味を持っていました。

そのため私は、初期の研究に基づいて、最初に理論的部分があり、続いて実践的な部分があるということを毎晩話し始めました。実践的部分こそが目的なのです。

最初の重要なグループが選ばれました。その人たちは、将来私たちが住む場所を探す手助けをするために選ばれたのです。最初のグループは十二人いました。その後しばらくして、私たちは将来ダマヌールになる土地を購入しました。

その時点で、一体あなたは何歳だったのですか。

二十三歳でした。住宅が完成する前は、ダマヌールでキャンピング・カーに住んでいました。最初、数家族が、ランツォ谷でお互いごく近くにアパートを借りて住みました。彼らはプロジェクトを開始し、その間ダマヌールでも建設が始まりました。

十四歳から二十三歳まで、これがあなたの行っていたすべてですか。働きに出るなど、普通のこともなさったのですか。

私は常に働いていました。私の両親は金持ちではありません。私が生まれたとき、父はすでに引退して数年経っていました。父は一九〇九年生まれで、あの戦争ではパルチザン遊撃兵でした。民間人としての生活では警察官をしていました。彼は今でも健在です。母は教師をしていました。彼らはランツォ谷に小さな喫茶店を持っていました。

まず私は、百科事典の販売を始めました。また、あらゆる種類の魚のいる水槽をいくつも設置しました。私はいつも実験に魚たちを巻き込んでいたのです。次いで保険の販売を始めました。当時、私はイタリアで最年少の保険業者でした。

保険で実績を挙げられたのは、販売に催眠術でも使っていたのですか。

とんでもありません。しかし、私の保険に入った人は、絶対自動車事故に会わないなんて噂がありました（笑）。私は、身体に障害のある人たち、車椅子に乗っていたり、その他身体に障害があり、仕事を見つけることのできない人たちを雇いました。仕事はどんどん増えていきましたが、お金はたまりませんでした（笑）。しかし、私はさらに先に進んでいきました。その人たちに保険事務所の監督を依頼し、お金を循環させ続けました。妻が、この代理店の秘書をしていました。そのため私はこの仕事をしながら、同時に自分の実験も行うことができたのです。

この期間、私はすでにスピリチュアル・ヒーラーとして働いていましたが、金銭の支払いは求めませんでした。七年間、私はこの仕事を無料で行っていました。次いで、プラナテラピーが私の主な仕事になったときに、その保険代理店を知人にプレゼントしました。前の生活のものを一切持っていたくなかったからです。これは私の不文律の一つです。

しかし、私たちは常々、あなたが『神殿』の建築を始めるために保険会社を売ったのだと憶測していました。

いいえ、それは違います。今お話ししたことが真実です。

それでは、『神殿』は新しい出発だったのですね。

私たちが『神殿』を建て始めたとき、私はトリノで働いていました。私には二人の小さな子どもがいましたから、大したお金は持っていませんでした。これは二つの同時進行の話です。まず私はトリノで保険業者として働いていましたが、生活費がかかったため、金銭的余裕はありませんでした。そのため、何度も経済的な困難に遭遇しました。それは文字どおり、パンとモツァレラチーズであるとか、パンとミルクであるとかでした。だから私はいつも痩せていたのです。当時、私は保険代理店をトリノのほかでも展開しており、イタリアで最年少の保険代理店主になっていました。これを、身体に障害のある人たちと一緒に行ったのです。

私はプラナテラピストとして働き、料金を取るようになったときに、その代理店を人にあげて連続講座も始めるようになりました。その時から、ここに土地を購入し始めました。私の仕事は増えていきました。イタリア中にプラナテラピーのセンターをたくさん作りました。次いで、書籍やその他の活動についての仕事も始めました。常時、同時に十五種類もの仕事を抱えていました。それらの仕事で得たすべて、長い年月私の稼いだすべてを『神殿』に投入してきました。四年前までは、『神殿』の経費はすべて私がまかない、ダマヌールからは一銭も受け取りませんでした。それというのも、この仕事は私自身が行わねばならなかったからです。一つの目的のために私自身を捧げました。たとえそのために多額のお金が必要であっても、私はそれを成し遂げたのです。

ダマヌールは、『神殿』の建築作業を始める前にスタートさせたのですか。

同時です。人々が準備を始め、共同生活をするという最初の規則を決めている間に、非常に小規模な選ばれた人のグループが、『神殿』が現在ある場所に家を建て、『神殿』の建築を始めました。

何人ぐらいの人たちでですか。

最初はわずか十二人でした。当時、ダマヌールにはおよそ四十人の人がいました。その後、百人ぐらいの人がいるようになった時でも、そこで作業をしているのはせいぜい三十人ほどでした。作業をしている人以外は、『神殿』の存在さえ知りませんでした。彼らは、土にまみれて泥だらけで家に帰ってくる私たちを見ていました。私たちは彼らに、段々畑で働いていたとか、農作業を行っていたと話していました。ダマヌールでは、今でも敬虔な作業をテラッツァトゥーラ（terrazzatura）と呼びますが、これは〝段にする〟とか〝段々畑を作る〟という意味です。この言葉は私たちが作った造語で、イタリア語には存在しません。

このように、私たちは『神殿』に関連するあらゆる作業場や芸術的な活動を創造し始め、ダマヌール全体でより高い芸術レベルの創作を始めました。私たちは常に豊かな才能のある人たちに、芸術的な技術を学び、作業場を創設する機会を与えるよう努めました。目標は、誰もが『神殿』の発展のために何らかの寄与をすることでした。

それと同時に山も買ったのですか。それとも、まず最初に山の上の家だけを買ったのですか。

その家は、ある男の名前で購入されました。その男の妻は、ダマヌールで死んだ最初の人物となりました。『神殿』の仕事がすでに始まっているとき、その男がダマヌールを去ることになり、私たちは仕方なく、実際の価値よりずっと高いお金を払って、彼からその家を買い取らなければなりませんでした。その結果、『神殿』の建築作業を続けることができました。

その後も、さらに土地を購入しなければなりませんでした。さもなければ、誰か他人の土地の下に『神殿』を建てることになったでしょう。このようにして、私たちは少しずつ山全体を購入していきました。

山の中での建築作業は、非常に困難だったと思います。その技術的な知識はどこから得たのですか。

私は非常にうぬぼれの強い人間ですから、自分にはできると考えました。また、中世においては、技術者や建築家でなくとも大聖堂を建築していた事実を考えました。そう、彼らにできたことが、どうして私たちにできないことがあるでしょうか。

次に私たちは技術の情報を得るため、本や研究論文を使いました。私たちが実験によって開発した技術もあります。大部分は、土とか岩という素材の性質を知るために直接行った実験から学びました。

計画はあったのですか。あなたが掘ろうとしているものや、掘ろうとしている場所、それをどのような大きさに掘るかなどを正確に知っていたのですか。

もちろん最後の一センチに至るまで知っていました。一九七八年に準備された最初のものは、ちょっとしたスケッチでした。建造している人たちが、どんなものが出来ていくのか尋ね始めた時に、そのスケッチをポケットから取り出して、みんなに見せたのです。

建物内で、その正確な寸法をどのように得ていたのですか。

とても難しいことでした。最初私たちは、私たちが掘り進んでいく方向を知るために、方位磁石を使わなければなりませんでした。次にタキメーターを手に入れました。しかし使用方法が難しく、特に曲がっている部分の平面の測定は非常に困難でした。私たちには、こういった仕事が得意なオルソ（クマ）という素晴らしい友人がいましたが、残念なことに、一九九五年、自動車事故で亡くなってしまいました。彼は二十年間も『神殿』の作業すべての監督でしたから、『神殿』の平面のすべてを知っていたのは彼ただ一人でした。

人々は、自分たちが山の中で何を建造しているのか知らなかったのですか。

厳密に言えば知りませんでした。ある人物は、他の人が『神殿』の別の場所で何をやっているか知らないことが度々ありました。長年の間、新しい人が、『神殿』や『神殿』の新しい場所に初めて連れてこられたときほど素晴らしい感動的な瞬間はありませんでした。その人たちは、大きなホールで彼らの驚きの顔を見るために待ち構えているダマヌールの他の人たちを目にしたものです。誰もが本当に感動しました。

ということは、『神殿』が大きくなるにつれて、建築に参加しなかった人たちには徐々に秘密にされるようになったのですね。

そのとおりです。多くの人々が長年『神殿』の存在を知りませんでした。一部の人は知っていましたが、大多数の人は知らなかったのです。適切な人が選別されました。十六年間、『神殿』の建築を秘密にするためには、非常に慎重でなければなりませんでした。

しかし、当時、あなたは『神殿』の建設にかかわる人数を増やさなければならなかった……。

そうです。しかし、もちろん全員が、通常の仕事時間外に『神殿』での作業をしていました。多くの時間、作業を続けている人もいましたが、『神殿』内で働くことによって得られるエネルギーや喜びは信じられないほど素晴らしいものでした。『神殿』について知っていて、さらに『神殿』で働いた人は、最大七十五名くらいでした。

あなたが人々を新しい部屋に連れていったのは、部屋が仕上がった状態のときですか、それとも岩がまだ露出した状態のときですか。

まだ露出した岩がある状態のときです。それというのも、岩が大きな感動を呼び起こすからです。しかし、それ以外の部分はすでに仕上がっており、その美しい芸術作品が、常にあらゆる人に真の感動を与え、その人たちにもっと素晴らしい仕事をしたいという気持ちにさせます。

建築作業も非常に複雑なプロセスでした。私たちは、まず掘らなければなりません。次に、掘ったものを細かく粉末状に砕き、外部に持ち出し、片付けなければなりません。そのため私たちは見張りを立て、無線電話を持っていました。それはすべて非常に込み入った作業でした。

作業の騒音を隠す必要もありました。作業は常に静かに行われていましたが、地表近くで作業するときなど、常に騒音の危険を伴いました。そのようなときには、あらかじめ電動ノコギリの音をテープに録音しておいて、大きな音で何度も何度も鳴らしました。さもなければ、実際に電動ノコギリで木材の同じ断片を何度も切りました。それはまるで、電動ノコギリで〝つまようじ〟を作っているようなものでした。しかし、圧搾装置やドリル、がらくた等のあらゆる騒音を隠すのは非常に重要なことでした。最初、私たちはハンドハンマーやノミを使っていましたが、それが電動ハンマーとなり、最終的にはエアハンマーになりました。

そうは言っても、このように大規模な作業を行うにはあまりに基本的すぎる道具ですね。あなたと一緒にこの作業にかかわった最初の人たちとは、一体どんな種類の人たちですか。彼らはあなたのヴィジョンを共有していたのですか。

もちろんです。彼らの多くは今もここにいます。ですから、彼らに直接聞くことができますよ。建築中の『神殿』や、コンクリートが注入されている様子を写したフィルムもあります。何しろその部屋には、三十六時間もの間コンクリートが注ぎ込まれたのです。そのフィルムには、『神殿』内で何が行われているのか知らないで、『神殿』の外で働いている人々も同じように映し出されています。その人たちは、彼らが地下貯蔵庫か井戸か、その他何かを作っているのだと考えていました。すべては、何が行われているか容易には分からないように実行されました。また、最初の家が購入され、その改装が必要だったため、人々は、トラックが丘を上り下りするのはそのためだと考えました。

秘密にしておくことが、非常に重要だったのですか。

確かに、秘密を共有しているという考えは強い絆になりました。しかし、楽しみや遊びを持つことも、常に『神殿』を建築するための大事な一部分でした。例えば、シンクロニック・ラインに接触するというような目的を知る真面目さとともに、他方ではこのふざけた陽気さがありました。

多くのダマヌール住民にとって、この『神殿』の建築作業に参加することは、まるで金メダルを勝ち取ったようなものなのです。『神殿』を建築することは、神話をしのぐ数少ない事例だからです。ある出来事について話すとき、しばしばその話は出来事そのものよりも大げさになります。しかし、この場合は全く反対です。実際に人々は、神話が物語るよりもはるかに偉大なことを行ったのです。

ここ数日で非常にはっきりしたことは、あなたがここで達成した偉大な業績です。外部の大部分の人はそれを見落としているようですが、人々が競争よりも協力し合って物事を処理し共同生活をする方法を、あなたが実際に見出したことです。

ここには競争も存在しますし、それもまた役に立っていますが、違った面においてです。興味があるのは、私たちが現在得ている結果はおそらく私たちが社会科学的に応用した政策の結果であるということです。人々が参加することのできる多くの異なった目標を持つことは、非常に重要であり、基本的なことなのです。他のコミュニティーを観察して気づいたのは、このことが、続いているコミュニティーと消滅するコミュニティーの相違だということです。

コミュニティーの大部分は、数年後には消滅してしまいます。普通、コミュニティーというものは長くは続かないのです。どのコミュニティーも最初は素晴らしい考えで始まりますが、間もなくその勢いを失ってしまいます。私たちはそうならないように、反対のことを行おうと努力しました。ゆっくりとスタートし、必要な時にはいつでも目標や方向を変える方法を学びながら、徐々にコミュニティーが成長していくように努めました。

社会構造の発展だけでなく、考えも新しくしていくということですね。

そのとおりです。ちょうど今、森の中に大きな石のサーキットを作っているように、新しい考えとともに新しい発展があります。

ダマヌールにはいつも新しい考えがある。おそらくその大部分はオベルトが考案しているのだろう。彼はいまだに一日に一冊の本を読み、毎日一つは新しいことを考え出している。他の人たちはそれを取り上げ、その考えを発展させている。現在まで、彼らはオベルトの豊かな情報量に慣れて成長してきた。しかし、私たち部外者にとって、それは未だに理解するのが難しい事柄である。オベルトは三百をはるかに超える本と無数の短編小説、論文、演劇作品を書き、少なくとも週に二回はセミナーを開いている。彼の考えが広くいきわたっていることは確かである。

しかし、ダマヌールの人々の物事のやり方になじむにつれ、私はあることに非常に感銘を受けた。それは、人々が、如何に自分たちの考えや創造的な表現を発展させるように仕向けているかということであった。ある程度の実験を行い、その考えをダマヌールの原則に一致した最高のものにする努力をしながら、同時に多くの考えを共有している。誰一人として自分自身の考えにいつまでもしがみついていないように見える。これについてオベルトに聞いてみた。

私たちは、ほんの初期の頃から、多くの分野で過剰な専門化を避けるために、仕事を交替で行うように懸命に努力しました。一方では、高レベルの結果を得るために専門化する必要がありますが、他方では、他の活動や、さらに異なった活動をする必要があります。その結果、人は幅広い見解を持つようになり、また、自分たちをどのような一つの領域にも過剰に同一化しなくなります。

数年前まで、イタリアでは仕事を変えることには大きな怖れがありました。ここダマヌールでは、変化という考えや仕事を変えるのは普通のことであるという考えに慣れさせました。過度になる必要はありませんが、現在では仕事を変わることを普通のこと、普通の周期的な変動として受け入れており、誰も変わることを恐れていません。

私はまた、ダマヌールを陰で支えているその他の原則についても尋ねてみた。私は、『人類の敵』という言葉が使われるたびに当惑していた。この言葉は、どのように物事の一般的な哲学体系にあてはまるのだろうか。

私たちは、人類が直接的な原因ではない、人類に存在するあらゆるネガティブな可能性を

『人類の敵』と認定しています。伝統的な秘教的教えでは、人類に原因はなく、外部に原因がある絶対的な邪悪という概念があります。これは、私たち自身の悪い行いに対していかなる責任も取るべきではないと言っているのではありません。私たちには常に、どちらの方向に行くべきかを選ぶ自由があるからです。しかし私たちは、この邪悪さのわずかな部分が、あらゆる人類に存在しているという前提から出発しています。この部分は、私たち人類の真実である神性に属するものではなく、外部の要素であり、人類を支配することができるのです。

その『敵』は大きなパワーを持っているが、ほとんど知性のない、絶対的にネガティブな力と定義できるため、それに対抗するには、想像力や発明や創造力を使わなければなりません。その『敵』を、順応性とファンタジーによってのみ対抗できる、固定した、避けられない対立と考えることができます。これは『敵』を非常に簡略化した考え方ですが……。

私が不思議に思っていたものに、『聖杯』という象徴があった。オベルトの絵には、『聖杯』がたくさん描かれている。

『聖杯』は、通常あらゆるエネルギーの入れ物であり、錬金術的なるつぼと見なされています。私たちの秘教的な観点から言えば、聖杯は一つの特別な力なのです。それは、主観的な力であるとともに客観的な力でもあることができ、映画の中のように、単に一つの物体として同一化されることはできません。ちょうど魂が異なった肉体を通り抜けるように、聖杯は異なった物体を通り抜けます。

私たちは神殿内に、『聖杯』という考えを有し、維持し、受け入れ、守るための特別な場所を設けました。このような観点から、『神殿』は地球や人類のすべてと接触して、『聖杯』という この非常に広い概念を保つように運命づけられている場所であると考えられます。

ダマヌールでは、『聖杯』と同様、ホルス神についても度々言及される。例えば、食事のときの簡単な浄化の儀式でも、ホルス神という名が聞かれる。このことについても尋ねてみた。オベルトが答えてくれた。

ホルス神とは、宗教や、今日普通の意味でのキリスト教の範囲を越えた、新しいサイクルを表しています。それは光を表し、太陽を表し、人類の覚醒に関連づけられるあらゆるものの象徴なのです。

ダマヌールについてはたくさんの発見がある。複雑な社会である。私はオベルトにもっと個人的な質問を行った。彼にとって、コミュニティーの歴史において何が最高のことだったのだろうか。

たくさんの素晴らしいことが起こりました。第一に、人々の短所を建設的な力に変えることができたことが、おそらく私たちが行うことができた最も重要なことです。二番目に重要なことは、私から離れて、ますます独立しつつある社会の建設が実現しつつあることです。とは言っても、私たちの前にはまだ長い道のりがあります。

もう一つ大きな質問をしなければならなかった。「あなたにとって、ダマヌールで起こった最悪のことは何ですか」。オベルトは簡単に答えた。

ダマヌールの人々が、自分たちは知識の道の探求を許された人たち、イニシエートだということを忘れることです。スピリチュアルな成長とは、ちょうど自由のようなもので、もしそれが何のためにあるかを記憶し続けなければ、失ってしまうものなのです。イニシエーションとは、人類がそのために創造された目標に向かって進化し、成長し、追い求める目標以上のものになるために使われるプロセスなのです。それは石鹸や溶けた金属のように、熱い間は変形させ続けることができますが、冷えると前の状態に戻ることはできません。

もし、単に『神殿』の一〇パーセントしか出来ていないというのならば、「ダマヌールのマスタープラン」と呼ばれるものは一体どのようなものであろうか。出来上がっているのは、そのマスタープランの一〇パーセントと同じなのだろうか。

数年後、次にダマヌールを訪れた際、私はオベルトにこの質問をぶつけてみた。彼は「一〇パーセント以下だ」と答えた。そして急に立ち上がった。私はインタビューは終了したのだと考えた。おそらく、彼の気に障ることを聞いてしまったに違いないと考えたが、彼は「今すぐに新しい『神殿』を見せましょう。車の中でインタビューをすればいいでしょう」と続けた。

その途中で、オベルトは『神殿』の最新の計画について話してくれた。

そこには周囲約一・五キロメートルの丸天井、『迷宮』からそこへ向かう特別な電車を走らせます。それは地下三階にあり、高さは約二十六メートルです。中央部分で、壁の中へスパイラル状に入っていきます。それぞれの階の床は、サッカー競技場ほどの大きさがあります。私たちはその地下スペースの一つに、世界中の秘教的な本の最大のコレクションを備えた図書館を持ちたいと思っています。最上階には、『神殿』用の仕事を創造する、芸術のための実験研究室があり、会議用や何百という人々のための大きな空間も作るつもりです。コンサート用の空間も作ります。ケーブルカーが、訪問者を会議やコンサートなど、さまざまな階に運んでいきます。

穴掘りはすでにほとんど終わっています。その場所には、昔から私たちが『穴』と呼んでいる採石場があったからです。

長年、私たちはこの土地を買おうと努力しましたが、所有者が私たちに売りたがらなかったのです。二〇〇三年にやっとそれを手に入れることができ、『神殿』完成の見通しが立ちました。

私がオベルトに、この本の表紙にするのに、ダマヌールを表現する何か良いものはないかと尋ねると、「つるはしとバケツのある写真がいい」と答えたのもうなずける。

さて読者の皆さん！　あなた方は、この本の口絵につるはしとバケツの写真を目にするだろう。この写真は、アルプス山脈のイタリア側にある秘密の渓谷に作られたコミュニティーという記念碑的な偉業のシンボルである。オベルト・アイラウディ（ファルコ、ハヤブサ）は、まさに未来のヴィジョンを持っている男であり、そのヴィジョンはダマヌールで徐々に実現されつつある。

第三部　ゲーム・オブ・ライフ

第八章　ゲーム・オブ・ライフ……ゲームとしての活動

魂の旅人たちは、すべての人の心にある道を歩んでいる

ゲーム・オブ・ライフ・グループ

一九八三年までにはダマヌールに家族が移り住み、連続講座が始められ、セミナーも開かれた。神殿に関する作業も、丘の上で密かに順調にはかどっていた。人々はそれぞれの任務を行い、太陽は燦々と輝いていた。物事はうまく進行し快適だった。しかし、そのことが、オベルト・アイラウディにとってはまさに問題だったのである。ダマヌールを動かしていた原動力のような何かが、失われてしまっていた。そのため彼はダマヌールを去ることにした。

ダマヌールとは、オベルトのヴィジョンによって出現したものであった。神殿の建造は彼がきっかけで始められ、彼の指導のもとで進められていた。その彼が、ダマヌールを出ていくことに対する人々の驚きを想像してほしい。それにもかかわらず、オベルトは出発した。彼はイ

タリア中を旅し、サルディニア（サルデーニャ）島にまで出かけた。そして、ダマヌールに置き去りにしてきた人たちより、ほとんどが若い新しい人たちと接触を持った。彼らが旅を続けるにつれ、さらに多くの人が、主には口コミでオベルトのグループに参加した。

約三カ月後、オベルトは新しい人たちの大きなグループとともにダマヌールに戻ってきた。彼らはルニャッコ上方の丘の上にテントを張り、荒れ果てていた小さな山の避難所に新しい基地を設置した。その建物が、現在ではバイタという建物になっている。そのようにして、ダマヌール市民の第二世代が始まったのである。

しかし、事態はそのままの状態ではすまなかった。ダマヌールにすでに定着していた市民たちは、オベルトが、新しいグループの人たちと過ごす時間が長いことに全員不満を感じていた。オベルト自身が、新しいグループの人たちのもとを訪れてこのことを話した。次に古くからいる人たちを訪れ、新しくやってきた人たちが活気に満ち、さまざまなアイデアにあふれ、精力的でやる気満々であることを話した。この不満はかなりの間くすぶり続けたので、ついにオベルトは行動を起こした。彼は、人々がお互いに仲良くやっていくために役立つ方法の一つは、ゲームであるという考えを発展させていた。そして、戦争ゲームの状況を設定した。それは戦術や戦略、簡潔な指令などを伴いながらもゲームの要素を持つ全面的な戦闘で、そのやり方は、旗を奪ったり、対戦相手の腕章やハンカチを取ることによって相手を『殺す』などであった。

戦闘が始まって、両軍とも激しい決意で戦った。古い方のグループは、注意を惹かないようにエンジンを切ったまま、基地を見渡せる丘のてっぺんまでジープを押していった。次いでヘッドライトを最高の明るさにし、大音量で音楽をかけ、新参者のキャンプ地へと真っすぐに下っていった。

戦いは激しく熱を帯びていき、まるで現実の戦争のようだとこぼすものもいた。その時、オベルトが大きな音でホイッスルを吹き、「停戦」と叫んだ。彼は全員を座らせ、戦いが終了したことを告げた。

ゲームは素晴らしい学びの経験であった。結果としてコミュニティーはさらに強化され、その数週間で起こったことは、ダマヌールの社会構造の一部を作り出し、『ゲーム・オブ・ライフ』が存在することになった理由でもある。

この経験から大きな理解が生まれた。すなわち、遊びによる競技は、生き方を学ぶ最善の方法ということである。このような仮想現実の体験を通して、子どもたちは大人になる方法を学ぶのではないだろうか。遊びによる競争は、個人に、個性の異なった側面を経験することを可能にし、表現の一つの手段を提供する。それは完全に参加することであったり、適切な行動ができる確信を持つことであったり、変わることであったりする。もしあなたがこの若い精神を持ち続け、空想や想像力で臆せずさまざまな状況に立ち向かい、困難にも狼狽しなければ、あなたはたとえ年をとっても、あなたが存在していること、人生を生きていることを、心行くまで十二分に楽しむことができる。

ダマヌールの人々にとってこの戦争ゲームは、遊びによる競技を通して、あらゆることは議論できるという理解をもたらした。あらゆる障害が、思考、行動、善意を通して克服できる。

喜びや想像力は、固定したパターンを打ち破り、個人的な限界を克服することのできる基本的な道具であると見なされた。そして、社会生活を最善の状態にするためにゲームを利用する可能性を探り、『ゲーム・オブ・ライフ』を演ずる目的で一つのグループが立ち上げられた。『ゲーム・オブ・ライフ』の主な道具の一つは旅行である。一九八三年、再びオベルトが大きな旅を計画した。今度は、水のサトル（繊細で神秘的）な力と女性原理に接するため、沿岸地域に旅行した。

別の旅行では、ダマヌールの人々をヨーロッパ中に連れていった。人々は、時にはほとんど前もっての予告なしに行くように声をかけられる。したがって、他人を助けたり深い関係を助長する必要が生じ、誰かが旅行者の仕事を代わったり、その家族を支援したりしなければならない。私は、初期の旅行に参加した二人の人物、フレットとファウノに会って話を聞いた。

旅行中は、あらゆることがダマヌールにいるとき以上に深いレベルで共有されます。火のまわりにテントを張り、私たちは星空の下で歌い、遊び、眠ります。心構えは、太陽や野外の空気とともに変化します。私たちは、自分たちが完全に存在していること、自然のあらゆる表れを読み取る準備が出来ていることを学びます……浜辺で見つける石、突然現れる犬、あらゆるものを砂で覆いつくそうとする風、奇妙なしるしのある岩、時々火山が噴火するように見える焚き火がパチパチ音を立てること……常にルートを変更し、テントをたたんでそこを立ち退く準備は出来ています。考えの道筋を変え、渦巻きや迷路を作り、海に彩《いろどり》を添えるために何艘《そう》もの小さな船を浮かべ、そして海に私たちの夢や考えを委ね、花や言葉などの小さな捧げものをします。

急いで物事を決定する方法や、テントや石の祭壇の設定の仕方を知らなければなりません。片方の目を開いて眠り、常に意識をはっきりさせて次の行動に間に合わせなければなりません。大切な目的やマジックな道具に対して責任を持つことになるかもしれません。または公案を解き、人類の歴史についての古い神話を研究しなければならないかもしれません。これらすべては、共に幸せであり、たくさんの楽しみを持ち、お互いに助け合うことを意味しています。

歴史を通じて私たちは、『人生の旅』というたくさんの異なった道を歩いてきました。しかし、いまだそのマジックやミステリーには慣れていません。魂の旅人たちは、すべての人の心にある道を歩み、私たちが運転したすべての行程、手で触れたあらゆる砂浜、横切ったあらゆる町は、私たちという存在が現実に征服した部分なのです。

オリオ・カルド

次の大きな『ゲーム・オブ・ライフ』は、『オリオ・カルド』（温オイル）プロジェクトとして知られている。このプロジェクトに関するニュースは、世界中に配信されて注目されただけでなく、生き方やコミュニティー生活について全く新しい考え方の引き金になった。これは非常に重要なことであり、私が初めてダマヌールを訪れた際、エスペリデが最初に私に話してくれたことの一つであった。

このプロジェクトは、非常に実践的であると同時にマジックな側面も持っています。私たちは見捨てられていた山小屋を購入し、その周辺地域を完全にクリーンにしたいと思いました。クリーンといっても物理的な観点からだけではなく、サトルなエネルギー環境についての配慮も含みました。そのやり方を見つける必要がありました。そのようにして、オリオ・カルド・プロジェクトが始まったのです。

オリオ・カルドという命名は、『The Myth of the Sapphire Masks』（サファイア・マスクの神話）という古代の神話からきています。この物語では、英雄たちが、ある段階で自分たちが洞窟にいることに気づきます。彼らは、着衣のすべてを脱いで、外で乾かさなくてはなりません。冬でもあり、衣服がずぶぬれだったからです。そのため、乾かすために衣服を洞窟の入り口近くにかけ、洞窟の中に入りました。朝、目が覚めると衣服は盗まれており、外に出られません。その時小さなノウム（地の神）が現れ、英雄たちにオリオ・カルド（温オイル）を与えます。その不思議な化合物は、皮膚に塗ると寒さを締め出してしまうのです。すると、ひとりでに身体が温かくなり、身体を包む衣服がいらなくなります。

このような考えに基づいて、オリオ・カルド・プロジェクトは始まりました。これは完全に自給自足で暮らすという実験でした。この実験は一年間続きました。六人の人たちが山小屋で暮らしました。そこには電気も水道もなく、ダマヌールで作られた衣類だけ持っていくことを許されました。またこの実験中、このプロジェクトのためにさまざまな品物を作る必要があったので、それが職人たちの技能に対する大きな動機付けとなりました。あらゆる職人たちが技術を身に付け始めました。例えば、山小屋に織り機を持ち込んだ人ははた織りを始め、衣類を手に入れました。しかしボタンがありません。自分たちが作れるものしか手に入れられないのです。もちろん、最優先事項は、常にどのようにして食べ物を見つけるかでした。

一つのグループの人たちは、一年を通してそこに留まっていましたが、ダマヌールの人たちほぼ全員が、一回につき一、二週間、交代で山小屋の周辺で暮らしました。そのため周辺にはコロニーが生まれ、全員で物事を共有していました。この発想は、一年以上かけて、人類の文化や発展の異なった段階を追体験することでした。

はじめの頃、そこに暮らすグループは完全に孤立していました。しかし約一カ月も経つと、衣類については使う以上のものを作れるようになり、ダマヌールの日曜市場に行って物々交換できるまでになりました。そのようにして、徐々に彼らが作れないものを手に入れられるようになりました。しかし、自分たちで作ったものしか交換はできません。さもなければ、「私たちは生き延び方を知っているさ」とつぶやくだけでした。あらゆる状況を克服しなければならなかったのです。

このように、彼らはその一帯をきれいにしていきました。また、そこには非常に大きなオークの森があり、その森もきれいにしました。次いで住む家を準備しました。実質的には、山小屋の廃材から建てました。この年の終わりには、その場所は非常に重要で意味のある場所になりました。現在バイタと呼ばれるこの場所は、最も神聖な場所の一つとなっています。

コボルドは、一九八六年、ダマヌールに対して多くの注目を集めた別のプロジェクトについて説明してくれた。

私たちは、宇宙船を求めているとメディアに発表しました。実際には、私たちが好結果の社会的な共存法を導き出したこと、宇宙計画に役立てるために、この学術研究報告を喜んで提供する意志のあることを、ＮＡＳＡに手紙を書いただけなのです。私たちは肯定的な公表を期待していたのですが、その結果はセンセーショナルな世界的な新聞報道となってしまいました。

『シカゴ・トリビューン』は、〝イタリアの都市が宇宙の新世界への旅行を計画〟と書いた。しかしこのプロジェクトは、実際には地球を脱出する方法を探るというより、世界に、コミュニティーの存続のさせ方を知ってもらう一方法であった。

それは、ダマヌールが、自らを社会的な試みと見なし、定義し、生きている実験室と考え始めた時期であった。世界が科学実験でできないことを、ダマヌールでは実際的な生活の実験室で行うことができる。現にここで生活しているからである。この実験は一九八九―一九九〇年と続けられた。当時ダマヌールの人々は、実験段階は終了し、彼らのコミュニティーは現実のものとなったと感じていた。その時代、「私たちは社会的な実験室であり、社会的な実験をしている」という気持ちさえ持っていた。これがメディアに対する大きなキャンペーンの始まりだった。しかし目的は、ダマヌール市民が新しい社会形態を創造しつつあるということを明らかにすることだった。

この宇宙船プロジェクトは、ダマヌールが、遊び心で新しい考えを使いながら実験に対して常に心を開いていることを証明した。それはダマヌールを、他のカルトやセクトと区別する一つの方法として重要であった。それというのも、当時イタリア政府は、あらゆるセクトに反対する強力なキャンペーンを行っていたからである。結局、このプロジェクトの成功によって、〝ダマヌール民族〟が形成された。全員にとって、単に同じ考えを共有しているから一緒に住んでいるという以上に、自分たちを一つのグループであると感じる必要があることが明らかになった。もしこの関係のレベルにグループが到達していなかったならば、グループはもっと親密で強くならなければならなかった。そのようにしてこのプロジェクトは、最終的に人々の感じ方、ダマヌールの組織双方に大きな変化をもたらした。

ダマヌールの人々が、ポルターガイスト現象を静めたりする〝ゴーストバスター〟として働いたときも同じような経験をした。これは、ちょうど映画『ゴーストバスターズ』が上映されていた時期でもあり、再びこのプロジェクトが広範な新聞報道をされることとなり、狂気じみた考えという面が強調されてしまった。

また〝芸術の戦い〟というプロジェクトもあった。そこでは各グループが、特別に素晴らしい芸術作品を創作しなければならなかった。驚くほど素晴らしい何かを創作したときだけ、そのゲームを終了することが認められた。ゲームの目的は素晴らしい芸術作品を創作することであり、最も素晴らしい作品を創作したグループが勝利者となった。

ダマヌールで、人々に動物名や植物名を与えるという考えも、『ゲーム・オブ・ライフ』から生まれたものである。すでに述べたように、動物名を獲得することは、一人ひとりが感ずる新しくなりたいという願望を保証するだけでなく、ある動物の種とつながり、その特徴を認識することを学び、象徴的にそれを表現することを意味する。一度その名前が与えられると、コミュニティーの全員に受け入れられ、社会的な共感を手に入れなければならない。

ここにジャガーという名前を取得したいと願った男の物語がある。彼は非常に力強い、格闘技マニアであった。彼は明らかに自分自身をジャガーだと思い込んでいた。しかし、同じ動物名を欲しいと願っている物静かな女性がいた。ダマヌールの人々は、彼女の方がジャガーと呼ばれるべきであり、格闘技マニアは新しい名前を探すべきであるとの決定を下した。ジャガーという名前は、その女性の自信に驚くべき効果を与えた。彼女は現在ではさらに自分に自信を持ち、社交的になっている。

もう一つの重要な『ゲーム・オブ・ライフ』プロジェクトは、〝森への旅〟であった。一九九四年の五カ月あまり、ダマヌール全体を動員して行われた。市民のグループは、一定期間『聖なる森』で過ごすように突然呼び出された。エスペリデは次のように説明した。

自分がどのグループに属するのか、どのくらいの期間出かけるのか、大きな森の中で、正確にはどこにテントを張るのかさえ知りませんでした。しかし、目的はよく知っていました。それは言葉の深い意味での〝グループ〟を作ること、他人に心を開いてあらゆる仮面を取り去ること、真の団結を試みるために好き嫌いや反感を克服することなどです。これらのことは、自分や他人を本当に受け入れて初めて得られるものです。

市民の数はその二年のうちに増加し、考え方が大きく変化し、ダマヌール社会の複雑さも飛躍的に増加しました。私たちは、人々の間に新しいつながりを作り出す必要性や、新しい市民をもっとよく知る必要性、みんなの心に〝うまく同調する〟必要性を感じていました。

『人類の神殿』の戸外の拡張部分である『聖なる森』の静かでマジックな雰囲気は、最適な環境を提供していた。そこは、自然と関連させて自分自身の内部に起こることを観察しやすい場所である。自然界と調和し、他人や自分の異なった面を深く感じるためには、象徴的かつ具体的で理想的な場所である。

時計を持たずに自然のリズムに従い、ラジオやテレビもなく、共同作業でいつも聞こえる歌声を伴奏に、グループは屋外のたき火で料理した。たき火はまるで一人ひとりの内にある炎の象徴のように、勝手に行動することは認められず、他の炎と力を合わせて初めて役割を果たしている。彼らは森の木材を使い、自然素材で荒削りだが、しっかり固定した、信じられないほど素晴らしい木造の家を建てた。ひとたび錬金術的な変性のマジックが成し遂げられ、グループの火が確実に灯ると、彼らはしぶしぶと再び通常の〝世界〟に戻り、家に帰り、日常の活動に戻っていった。そして別のグループが森へ入った。この共同支援により、ほぼ全員が交代でこの旅を試みることができた。

このプロジェクトの終わりに残されたものは、森林のさまざまな場所に作られた九軒の本当に素晴らしい木造の家であった。それらはそれぞれ別々に建てられ、ユニークな特徴を持ち、建てたり住んだりする過程でグループが行った信じられないほどの努力のあとがにじみ出ていた。

あらゆる『ゲーム・オブ・ライフ』プロジェクトと同様に、〝森への旅〟は、実際のプロジェクト以上の意味をもたらした。その考えや感情は、人生のほかの面にも影響を及ぼしていった。『ゲーム・オブ・ライフ』グループは、それを次のように表現している。

十分な数の市民が、森の中に自分たちの癖や恐れを捨て、豊かな経験を手にした時、この交流と内的な再生の大きなプロセスはダマヌール社会全体に波及し始めました。遊びの活動力は家庭の中にまで達し、精神的な浄化作用やより深いつながりを生み出したり、人生の旅のための理想的な友人の見つけ方を提供したりしました。その結果、旅で見つけた心の火は、毎日の暮らしの中でも消えずに残ることができました。それ以来、新しく、より深く結ばれた家族を定義するために、〝ヌークレオ・ビアッジョ〟という言葉を使っています。そのように、あらゆる旅の基本的な特徴である重要な目標に向かうための相互配慮、分かち合い、有用性、速さ、約束が私たちの日常生活での構成要素にもなり、その質を常に改善し続け、さらに意味深く真の人間的な交わりを作り出しています。

ヌークレオ・ビアッジョは、『ダマヌールの民族』にとって、個人をそのグループにつなげる〝融合装置〟なのです。そのため、個人の目標が、自ら選んでコミュニティー全体の目標になります。その後ヌークレオ・ビアッジョは、人間や社会という言葉により深い変化さえ起こす基盤となり、ヌークレオ・コミュニティーズという言葉は、かつては、数百人からなる全コミュニティーを必要としていた夢や責任を、自分たちが引き受けることが出来るほど団結し強力な家族のグループという言葉になりました。

そして新生への願望は家庭からダマヌールの会社へと広がり、その結果仕事場に、信頼でき、調和し、団結したチームが作り上げられ、そこでは、責任や共通の成長という目標を共有することができます。

現在『ゲーム・オブ・ライフ』は、ダマヌールを構成する基本的な母体の一つである。その主な役割は、『旅』が象徴する精神や知識を毎日の生活に持ち込むことだ。それは、連続的で調和の取れた変化を通して、成長し、生き生きし続けるように『ダマヌール民族』を支援する。これこそ、この『民族』が、そして『ゲーム・オブ・ライフ』を構成している個人の発展する道が、ダマヌールのこういった側面と関係がある理由である。

私はラガネッラ・リリウムに、『ゲーム・オブ・ライフ』について尋ねた。彼女は『ゲーム・オブ・ライフ』グループに方向性を与えるための全責任を負っており、プロジェクトを作る際の提案を吟味する責任も負っている。彼女は、『ゲーム』の主な機能は、絶え間ない研究と繰り返される再生であると説明した。それぞれのプロジェクトには一つの目的があり、最終的には、それがすべての人に有益でなければならない。例えば、『オリオ・カルド』プロジェクトは、資源のより有効な利用を可能にすることであった。ゲームの過程で得た洞察は、常に日常生活に還元されて応用される。

ラガネッラによれば、個人の中にも『ゲーム』の基本原理は存在しているという。ダマヌールの基本母体であるという概念は、すべての市民の中に息づいている。そのため『ゲーム』の原動力とは、あなたが行っていることや他人との接触において、あなた自身の存在の一部を使うことと理解できる。例えば〝森への旅〟は、特定のグループに属しているすべての人が、グループに『炎』を点火したり、森から帰還するために、自分たちの重要なエレメントを使うよう仕向けたのである。そのようにして、一つのグループ統一体が生まれた。

個人の外面と内面双方を刺激するゲームのもう一つの良い例として、『戦闘』がある。私はすでに一九九七年、ダマヌールの新しい世代の人々が、ダミールの領地を得るために戦った戦闘について述べた。最も新しい勇ましい戦闘は、二〇〇二年に行われた。英語のウェブサイトの編集者であるオラータが、若いダマヌール市民として経験したそのイベントについて書いている。少し長くて細かいが、ここに彼女のオリジナルな報告を掲載する。これは、『ゲーム・オブ・ライフ』の貴重な直接的な体験談である。

皆さんこんにちは

たくさんの方々が、〝なぜあのような戦闘をするのですか〟と尋ねます。その答えとして、これから始まるそのイベントに対し、オベルトが木曜夜の『夕べの集い』で話した言葉を掲載します。

私たちは、皆さんが全体や個人として、どのようにプレーするかを良く見ています。雨降りの中で団結しなさい。皆さんは和解するために戦うのです。恐れ、怒り、盛んな意気込み……それは一つの厳しい試練です。魂が温まってきます。このことが仕組みの一部なのです。

ここダマヌールでは、『聖なる森』の世代間の戦闘地区への出発準備をする時、参加者たちは感情が高揚してきます。『ラッタンティィ』（乳飲み子）と『バクッキ』（老いぼれ）の二つのチームは、前の週、漫画とジョークを使った前哨戦を展開していました。そのため、今や誰もが実際の戦いに向かって充電されています。『バクッキ』は、自分たちは簡単に勝利し、『ラッタンティ』を数時間以内に徹底的にやっつけられると強い確信を持っています。彼らはいくつかのびっくりさせることも用意しているようです!!

私は『ラッタンティ』チームに属しています。その日は雨降りで霧が深く、森の中の静まり返ったでこぼこ道には、うってつけのひどい天気でした!!

各チームは公式の野営基地と旗を持っています。参加者たちは、決められたリストの自分たちの品目だけ『戦闘』に持っていくことを認められます。秘密の武器は、あらかじめ審判員に申告しなければなりません。さらに対決している間、身体的な接触は認められないことになっています。それぞれの参加者は白い布地の記章をつけ、その記章が相手チームのペンキ銃から赤ペンキをかけられると、その人物はゲームを終了したことになります。

私は、明日の朝には戦いを終了していることでしょう……。もし私がすぐに赤ペンキをかけられたならば、皆さんはごく最新のニュースを読むことになるでしょう。さもなければ、大部分のインターネットの関係者が『聖なる森』にいるはずですから、結果を知るのは月曜日かもしれません。私たちはできるだけ早く、ホームページのニュース欄に、ＱＤｑの『戦闘』記者によって撮影された写真を加えるつもりです。ぜひ画面をのぞいてみてください!!

皆さんに愛をこめて　　　　オラータ

『戦闘のルール』

◆野営基地に入る人も出る人も全員審判員によって監督され、自分たちの野営基地に到着する前には、誰も攻撃されることはなかった(『戦闘』の進行中に要求されて、再び設けられたルール)。

◆ゲームを終了した人は、他人にペンキ銃を発射することはできず、発射されることもあり得なかった。

◆死んだと宣告された人は、ただちに武器を引き渡し、『戦闘』を離れるまで誰にも話しかけてはならなかった。

◆チームの旗は、最初の位置から移動できたが、見て分かる状態にしておかなければならなかった。

◆自分たちの野営基地や領域の外に移動する人は、審判員に届出なければならなかった。

◆チームが出かけて野営基地を設置することを認められた瞬間から、妨害行為は禁じられた。

◆あらゆるスパイ行為は認められた。

◆備品や道具を損傷してはならなかった。

◆お互いに傷つけ合うことは厳しく禁じられた。

◆相手チームの旗は、勝利が宣言されるまで少なくとも六時間は持っていなければならなかった。
◆森の中には、どのようなごみも残すことは固く禁じられた。
◆森の中では、動物を混乱させる恐れのある角笛は禁止されたが、太鼓は認められた。ホイッスルは、審判員のみ使用できた。
◆行動は、必要な場合にのみ止められた。
◆機械で動くいかなる輸送手段も使用できなかった。
◆ペンキは、水で希釈されても、濃縮状態で使ってもよかった。
◆すべての防御物は、あらかじめ審判員に提出することになっており、人を傷つける恐れのある尖った端や物質で出来ているものを含まないことになっていた。
◆すべてのリュックサックやその中身、および武器は、布地の記章が配布される前に、審判員によって照合されることになっていた。その照合が終わった後には、いかなる品物も加えることができなかった。
◆トイレは安全地帯であり、ペンキ銃の発射は禁じられた。
◆布地の記章は、はっきり見えなければならず、いかなる理由でも動かしてはいけなかった（睡眠中も）。さもなければ、罰を受けることになっていた。

すべてのルールは、絶対的に尊重されることになっていた。

二〇〇二年十一月十六日、天気予報によると、次のようであった。二十四時間以上、休みなしに激しい雨である。あらゆる所がぬかるみの海になり、地面を歩くのは危険である。

そう、もちろん私は長くは続きませんでした!!

今朝、息子のクーパーと私は、署名して『戦闘』に参加するために、『聖なる森』にあるヌークレオ・ハウスの一つ、ティンに到着しました。ハウスの側には、けが人を支援するキャンピング・カーとともに、ダマヌールの赤十字ボランティアの乗った救急車が配置されていました。私たちのリュックサックは、グループリーダーが配ったリストどおりの品目が入っているかどうかチェックされました。押収されたすべての品物は、『戦闘』終了後に戻されることになっていました。不慣れだった結果として、私たち『ラッタンティ』は、下着は身につけていて当然と思い、下着もリストに含むとは考えませんでした。

『ラッタンティ』にとっての最初の教訓は、……ダマヌールの『戦闘』では、どんなことでも当然のことと思ってはいけない!! ……ということでした。『ラッタンティ』の全員が、『戦闘』に参加する前に下着を脱がなければなりませんでした。特例として、女性がブラジャーをつけることは認められましたが、パンツは全員脱がなくてはなりませんでした!! 幸運にも、全員がズボンを数枚重ねて着ていたので、パンツを脱いでラベルを貼った入れ物に入れなければならないという悔しい事実を別にすれば、実際には大した違いはありませんでした。ある参加者にとっては、それはゲームの一部であり、他の人にとっては、個人的限界との最初の遭遇体験でした。

チェックを受けた後、息子のクーパーと私は番号の書かれた布地の胸用記章を受け取り、出発の準備は整いました。息子は審判員の一人に付き添われ、『ラッタンティ』のベースキャンプに出発しました。私はチームからの付き添い人を待つために、数人の人たちと後に残りました。しばらくすると、武装した『バクッキ』の一団が、家の周りの中立地帯の端に戦闘準備を整えて到着しました。『ラッタンティ』の付き添い人が到着してから、私たちがやられることなしに、この場所をどのように離れたらよいかについて長ったらしい議論をしました。

私たちの多くは、必需品や着替えでいっぱいのリュックサックを持っていました。私たちのチームは、何丁かのペンキを充填した銃を持っていましたが、敵のチームや登らなければならない険しい丘に直面していました。私は後で戻ってくる人を見込んで、余分な食料品を置いていきました。そして必死の努力とかなりの大きな音を立て、対戦相手にペンキを吹きかけながら丘に向かって懸命に走りました。すぐに二人の『バクッキ』がやられました。すると審判員が、状況の判断ができるように今いる場所に停止するように叫びました。もし、白い記章が赤いペンキで覆われていて、〝君は死んだ〟と宣告されれば、武器を捨て、静かに『戦闘』から離れて審判員に降伏し、帰宅するように命じられます。ホイッスルが再び『戦闘』を始めるよう宣言したとき、私たちは消えた二人の『バクッキ』の銃と盾を集めました。

さて、普段から足が速い方ではない私が、背中にリュックサックを背負って土砂降りの中を、険しい樹木に覆われた斜面を駆け上がるなんてことは得意ではありません。私は走りながらバラクーダとの『戦闘』に取り掛かり、私を追っかけるのを諦めさせようと、彼女にたっぷりとペンキを吹き付けました。その時再びホイッスルが鳴りました。私たちは全員止まりました。また戦死者が出ました。今度は私たちの番でした。再び追撃が始まったとき、私は一人で置き去りにされていることに気づきました。八人の『バクッキ』が私の前まで丘を駆け上がり、私を立ち止まらせてやっつけました。そう、一体何ができるって言うのでしょう。たとえ盾があったって、八丁ものペンキ銃を向けられているんですよ!! 私のブロンドの髪の毛はすぐに真っ赤になり、顔もジャケットも同じでした。審判員が到着し私の記章をはずしました。このように、つかの間ですが、私の最前線での激しい戦いは終わりました。クーパーはまだ戦場にいます。今晩、他の子どもたちと一緒に家に帰ってくるでしょう。私はサイトに貼り付けるために、『戦闘』の最初の写真が到着するのを待ちながらこの事務所にいます。

さらにニュースは続きます。

生まれ変わった『ラッタンティ』のさらなる冒険

私は午後五時、この事務所で、私の『戦闘』での短時間できまりの悪い終わり方について皆さんに書いていました。その時、息子のクーパーが、息を切らし、泥まみれで戦場から戻ってきて、〝ママ、早く準備して。もし行きたいのなら、また『戦闘』に戻れるんだよ。五時半にはティンに戻らなければならないんだけど〟と知らせてくれました。そう、私は大した説得など必要なく、家に突進し、必需品をかき集め、そして生まれ変わった『ラッタンティ』のグループに加わるために、時間どおりに森に戻りました。午後『戦闘』で死んでしまった『ラッタンティ』のグループに、再び勝つチャンスが与えられたのです。

私たちは新しいリーダーを選びました。ありがたいことに、絶え間なく降っていた雨はやみ、戦場で早くに〝殺された〟多くの『ラッタンティ』は、家に戻り、身体を洗い、着替える時間がありました。再び戦闘を開始する準備が整っていました。全員が新しい布地の記章と新しい番号を受け取りました。ですが再び下着は提出しました（下着は、私たちの装備のリストには含まれていませんでした）。それが終わってから私たちは、野営基地を、泥の海と廃墟のような場所から、『バクッキ』の野営基地から下ったところにあるシャレーと呼ばれる木造の小屋に移すことに決めました。

シャレーは視界が良く、夜を生き抜くためのシェルターや暖かいストーブもありました。私たちは二つのグループに分かれ、一つ目のグループは、最初の野営基地から必需品や攻撃用の材料を取り戻すために出発しました。他の人々は、森を横切って新しい場所に向かい始めました。

無数の星が輝き、月は満月に近い状態でした。森の中で、足首まである落ち葉の中をサラサラと音を立てながら、できる限り静かに移動を試みるのは、不安と緊張した気持ちでいっぱいでした。

あらゆる物音や動きに耳をそばだてました。月明かりの中を私たちの新しい陣地に向かって、『バクッキ』に気づかれないように静かに歩きました。不運にも、私たちが通った道筋に一人の『バクッキ』のパトロールがいました。彼はただちに私たちが向かいつつある場所を推測し、リーダーに注意しました。私たちは、食事用の場所と中二階の睡眠に使える場所のある、小さな荒れ果てた木造の小屋シャレーに着きました。火をおこし、必需品の整理に取り掛かりました。私たちは、戦略上重要な丘の上下のさまざまな場所に見張りを配置し、暖炉の火明かりの中、木製のテーブルの周りで夕食をとりました。『ラッタンティ』は、『バクッキ』のように共同キッチンは使わずに、各自が食べ物をもってくることにしていました。そのため食べ物の多くはぬれてしまい、泥をかぶっていました。残っていたものが、どんなパン、チョコレート、ツナ、サラミ、果物であろうと喜んで食べ、残っていた大型びんの赤ワインを楽しみました。私たちはこのように防備を強化し、噴射銃にペンキを充填し、作戦計画を立て始めました。気温がどんどん下がってきたので、立っている見張り番を交代しました。前夜から戦っていた男性たちはシャレーの裏にある床で、女性たちは中二階の床で寝るために立ち去りました。前夜の土砂降り雨のため、小屋の内部の多くがぬれてしまいましたが、上の方の床はプラスチックの覆いで保護されていて無事でした。その場所は、背を伸ばし眠るための乾いたスペースを提供していました。

新しいペンキを全部の武器にいっぱいにつめ、『バクッキ』攻撃の準備をしました。

一時三十分に攻撃を仕掛けました。それは大きな対戦で、八人の『バクッキ』をやっつけましたが、残念なことに、私たちの陣営は十七人を失いました。戻った人たちは、早朝やってくるに違いない避けようのない逆襲に備えて再編成し、防御作戦計画を立てました。誰もゆっくりとは眠れませんでした。一晩中近くにいる『バクッキ』に警戒態勢でしたし、シャレーにもほとんどゆとりがありませんでした。しかし私たちは、彼らが反撃している間に、『バクッキ』の旗にゲリラ攻撃しようと計画していたため、士気は高揚していました。もし旗を奪えれば、『戦闘』に勝利できました。ゲリラチームは、『バクッキ』隊が野営基地を出たという合図を待って、四時ごろ出発しました。残りの人々は、私たちの旗を守るための準備をしました。

ブルトゥーラと私は、シャレーの外にある木に対し背中合わせに立っていました。木の上には私たちの旗が準備完了状態で翻り、戦いを待っていました。他の人々は、シャレーの上下の道に沿って戦略上重要な位置に就きました。攻撃は五時二十分に始まりました。『バクッキ』は機械式のポンプを持って、シャレーの上方に到着しました。そのポンプは闇の中で恐ろしい騒音を出し、大量の赤ペンキを、まるで大砲のように広範囲に吹きかけました。幸運にも、ブルトゥーラと私は射程外にいました。私たちのメンバーは、道路沿いの『バクッキ』に挑みましたが、審判員のホイッスルが鳴り、多くの犠牲者が示されました。『バクッキ』は、戦いながら道を降りてきて、私が立っている木の下に到着し、ペンキの発射が始まりました。今度は自分の身を守るために、たくさんの盾と三丁のペンキ銃を持っていました。そのため、前よりはかなり長く耐えられましたが、ついには十人もの『バクッキ』がいっせいに私に向かってペンキを発射し、やられるのは単に時間の問題でした。審判員が、私がまだ生きているかどうか確かめるために停戦を命じ、負傷したと宣言しました。ブルトゥーラと私は、シャレーに向かって移動し、壁を背にして銃を発射することによって『旗』を守ることにしました。しばらくして審判員が、犠牲者を数えるために停戦を命じ、私も今度は完全に死んだと宣告されました!!

私は戦場を離れ、朝日の中を静かにティンに行き、そこで私の、今度は輝かしい赤い記章を提出しました。没収された下着を取り戻し、二度目となる髪の毛の赤いペンキを洗い流すために家に帰りました。

二〇〇二年十一月十七日――夜遅くに空は晴れ、気温は氷点下に下がりました。早朝には太陽が輝いていました。

八時十五分、生き残っていた十五人の『ラッタンティ』が、白旗を持って司令官と話し合うため、『バクッキ』の野営基地に入る許可を求めました。彼らは次の宣言書とともに、降伏し、武器を放棄しました。

『ラッタンティィ』による降伏宣言

◆『ラッタンティィ』は次のような見解に達しました。
◆この『戦闘』によって、私たちは、あなたたちとの間の成熟度と相違点を特徴づけることができました。
◆あなた方は意思によって、あらゆる領域に、応用したり、情報伝達の方法を知る成熟した知識を持っています。私たちは今でもそれに対し、直感的に、また無邪気に感動しています。
◆私たちは、あなた方から推測することを学びましたが、私たちの推測には、その背景に根拠も歴史もありません。
◆これは、私たちが喜んであなた方とともに学び、団結することを意味する降伏です。
◆いまではパンツを着けないことが意味することを理解しています。
◆今あなたに、私たちの『旗』をお渡しします。これは、利己主義や厚かましさなしに、あなた方に私たちの信頼を差し出すことを意味します。
◆それは年長世代としてのあなた方が、ダマヌールの真の重要性や方向性を私たちに伝えることができるからです。その結果私たち世代は、共通の夢を維持することができます。

――二十八年目の『ラッタンティィ』チーム

『バクッキ』の司令官ビゾンテは彼らの降伏を受け入れ、二つのチームの炎を一つにした。彼は、『ラッタンティ』が『バクッキ』と力を合わせてバイタ神殿にメンヒル（立石）を立てるよう提案した。『バクッキ』の気の強い司令官さえも感動で涙した『ラッタンティ』の行為が、感動をもって受け入れられた結果の提案であった。このようなゲーム・オブ・ライフが行われた際の激しさは、オラータの記事からも明らかである。ダマヌールの組織が基礎を置いている三つの重要な教義の一つに、このゲーム・オブ・ライフを置いているのは、まさにこの感動のためである。

『ゲーム・オブ・ライフ』に参加すると、個人は、通常の出来事より早く出来事のシンクロニックな流れに巻き込まれる。それに加わることを選択するには、変化に対する偏見を捨て、個人的な限界や環境のマイナス部分を克服する必要がある。ダマヌールが提案する他の体験と全く同じように、各個人は、自分たちの道をより広範なグループの競技者と共有するが、その機会や速さ、出来事などは、各個人特有のものである。

ゲームの取り組み、陽気な取り組みの主な目的は、集団的な行動を通して進歩した革新的な形式を創造し、各個人の創造力の表現の可能性を最高にすることである。そのような努力を通してもたらされる結果や変化は、日々の生活を確固たるものにし、また日々の生活に役立つ要素になることができる。さらにその結果や変化は、ダマヌールが一つの社会として暮らしてきた特別な歴史的時間という観点から考えたとき、特に意味深いものである。

これがはっきり分かる事例が、『ラッタンティ』と『バクッキ』の戦闘の続きである。二〇〇五年十一月、全体的な夕べの集まりで、思いがけなく、『ラッタンティ』が『バクッキ』に挑戦した。森の中での〝伝統的な〟争いによって、自分たちの強さと能力を証明する新しい機会を求めたのである。この挑戦は、『バクッキ』の司令官にただちに受け入れられ、二百人以上の人がその場で両チームに参加した。しかし、その後の数日間で、時代遅れの戦闘は適切ではないという一般感情が、多くのダマヌールの人々の間に広がり始めた。ちょうどその時コミュニティーは、『八番目のクエジト』の深い意味を探求していた。『八番目のクエジト』とは、他人に対する寛大さの探求と愛を通しての再生の探求である。ペンキ銃での争いは、これらの価値を明らかにする助けにはなりそうになかった。このような試みによる刺激は、ダマヌールの人々を、個人的な使命についての深い沈思黙考からそらす可能性があり、それが当時、コミュニティーのスピリチュアルな会話の重要なテーマであった。

グループの女性たちに促された『バクッキ』のメンバーが、まず両チームは、愛と思いやりを持ちながらもダマヌールの成長のために、お互いに仕事で挑戦するべきだという提案を行った。若い人々は了解して受け入れた。両チームは名前も『聖なる言語』に変え、年齢に関係なく、自由に参加したいチームに加わった。両チームとも新しい旗を作り、聖なる火を灯し続けた。競争は一般的に役立つ仕事で争うという条件だった。例えば、『神殿』近くの大きな地域の丸太や枯れた木を取り除くとか、最近手に入れた建物をきれいにして色を塗りなおすとか、温室を新しい場所に移すなどがあった。両チームのメンバーはお互いに非常に親切で、助け合っていた。一方のグループが、相手チームのメンバーをハグしたり、熱いお茶やクッキーを持っていくために突然手を休めるなどということは、しょっちゅうであった。『八番目のクエジト』の『戦い』は、ダマヌールのすべての戦い同様、個人的な限界に対する挑戦であった。そこでは誰もが、全コミュニティーが楽しむことのできる、有用で美しい何かを創造したいという願望で動かされていた。

第九章　クエジティ　疑問と探求

人類が本来の神的な存在になるのは難しいことではなく、ほんの一瞬である。時間がかかり難しいのは、それを実現するための準備である。

～ダマヌールの祈りの本より

ダマヌールの人々は、『クエジティ』と呼ばれる一連の原則を生活の指針にしている。この興味をそそられる『クエジティ』という言葉は、〝疑問〟と〝探求〟の中間のような言葉である。現在八つの『クエジティ』が完全に公式化され、適用されている。それは活動的でダイナミックな概念であり、悟りへの道を与えてくれる。

こうした理由のため、『クエジティ』はダマヌールを理解する際に最も重要な言葉となる。『クエジティ』は、個人の能力に従って、それを使って瞑想をしたり行動に移したりする〝生きている公式〟である。ダマヌールの人々は誰でも毎日『クエジティ』を読み、それについて瞑想し、それを使いながら日常生活に実際に応用する方法を探している。

『クエジティ』は、個人の内的発展と、全体としての『ダマヌール民族』の発展の両方に基盤が置かれている。第一の『クエジト』は一九八三年に開発された。ダマヌールが、新しく方向づけられたスピリチュアルな道として自身を自覚し始めたときである。第一の『クエジト』は活動に焦点を置き、決して留まることなく、十分に心行くまで人生を生きることに主眼を置いている。間違えることを恐れて行動しないよりは、行動して間違った方がよいのである。

二番目の『クエジト』では、着手した行動の連続性が必要であり、仕事を半ばで投げ出さないで、一度下した決定はどのようなものであろうと努力してやりぬくことが必要である。毎日行動することを選び、実践し続け、そのリズムに従うという規則正しさとその達成に焦点を合わせている。

このような原則は、かなりの経験の後に存在するようになった。すべての言葉のニュアンスは、人々の生活に応用されるように考えられ、それぞれの内容は聖なるものへの回帰に関係し、例えその人の周りでコミュニティー自身が変化しても、各人が自分たち自身の内的な変容を遂げられるように考えられている。

実はそれは、ちょうど一つの『民族』という概念が発展したときであった。最初の三つの『クエジティ』は、どれも『民族』を一つの考えとして定義することを目指して努力していた。

最初の三つの『クエジティ』がダマヌールの人々を建設的な方向に向け始めている間に、四番目の『クエジト』がダマヌールの人々の考え方を大きく変えさせた。この『クエジト』は、男女ともすべての人が自分たち内部の女性的な側面を発見し、生活のあらゆる領域でそれを啓発するよう励ましている。この『クエジト』は長い間発展し、その結果大量の芸術活動を生み出した。神殿のための多くの芸術作品は、この『クエジト』についての作業から得たエネルギーを使って創作された。

五番目の『クエジト』は、変化、変容、動きに関するものである。六番目の『クエジト』は、特に創造、創造性に関係している。そして七番目は、絶対に確かだという常識的な思い込みを終わらせ、自分自身の内にある本物や確かなものを見つけ出し、疑うことを探求の手段として前面に出すという考えに関係する。

次いで二〇〇四年の終わりに完全に公式化された八番目の『クエジト』は、ダマヌールの現在の段階に厳密に関係づけられる。それは内的な純化という、さらに詳細な作業によって特徴づけられ、世界に重要な寄与をするため、あらゆる人の特定の長所と人生の使命を捜索するのである。

パンダが説明した。


これが、私たちが今作業をしている段階です。その内容をはっきりさせるために、内なる神の声を聴く方法を探しながら、自分自身や、自分の内部についてのたくさんの作業が必要です。『クエジティ』を発展させるというこの作業は、それ自身の必然性を持っています。それは、民族と呼ばれるより大きな統一体の中で、個人であることに関係しています。そこでは個人が重要ですが、『民族』の発展も重要です。一方は他方に意味のある関係性を持っています。お互いに矛盾していません。

私はオベルトについての話を思い出した。ダマヌールのごく初期の頃、ある日大勢のダマヌール市民が集まっていた。オベルトは、みんなに腕時計をはずして彼がまわすバスケットの中に入れるように頼んだ。誰もが、オベルトがまたタイムトラベルか何か不思議な実験をしてくれるのだろうと考えて、喜んで言われたようにした。彼は全部の時計を集めてから再びバスケットをまわし、全員に、見ないで時計の一つを取り出すように頼んだ。もちろん、安物のプラスチックの時計を入れた人が、最高級の金時計を手にしたかもしれない。もちろんその逆もあるだろう。最後の人は、残ったものを手にした。次いで、同じことがもう一度繰り返された。

これは、オベルトが、人々が所有物に執着しすぎてはいけないことを示し、みんなの個人的な時間感覚を一つにし、共有のひと時を生み出すために行ったことだった。人々は、最終的に彼らが選んだ時計を持ち続けなければならず、そのため何年かして、誰かが〝自分の〟時計をしているのを見つけることがあり、〝民族〟の重要さを再認識させられた。

ダマヌールの『クエジティ』は、ダマヌールの人々や、彼らの社会的スピリチュアル哲学を理解する際に重要である。その内容は、あらゆる他の側面とも完全に関連しあっている。他の側面とは、『スピリチュアル物理学』の起源的法則、『スピリチュアルな道』、肉体のチャクラ、ポジティブおよびネガティブな特性などである。これが、皆さんがダマヌールについて質問したとき、簡単な答えが得られない大きな理由である。彼らはごまかしているのではなく、彼らの生きる観点の複雑さは、月並みな白黒はっきりした言葉では簡単に表わせられないからだ。微妙な陰影や深みが、彼らの大きな展望には重要なのである。

私たちはこの『クエジティ』を、建物の異なった階とたとえることができる。一階は、二階、三階、その他すべての階を支えており、下の階を通らないで最上階まで直接にたどり着くことは不可能である。現時点で、ダマヌールのスピリチュアルな建物は、八つの『クエジティ』で成り立っている。しかし、このスピリチュアルな建物は、発展し続ける実在であるため、すべての階には大きな可能性があり、それが新しいレベルのスピリチュアルな成長へと広がる可能性がある。そのため、私は『クエジティ』について学べば学ぶほど、この公式がダマヌールの人々だけでなく、あらゆる人にとって如何に重要で有り得るかが分かる。この理由のため、個人と共同体の成長の基本的な公式を表すこれらの概念の説明を本に書くため、エスペリデに協力を依頼した。次に挙げるのは、『The Millennium Quest』という、私たちが『クエジティ』について書いた本からの抜粋である。

第一のクエジト

＊　完璧で、自覚ある行動

＊　意図の純粋さ

＊　シンクロシティに満ちた瞬間を生きる

『第一のクエジト』は、『自由意志』の最高の表現である。なぜなら、行動することは選ぶことを意味し、瞬間瞬間連続して選択することを意味するからである。行動は、自分自身であるための肉体的道徳的な必要条件である。行動は、私たち自身をはっきりと識別し、物事の連続的変化に対して自分の相対的な位置を推測する方法である。共時的な瞬間を十分に生きるためには、結果を期待しながら行動するのではなく、〝瞬間に生きる〟ことが必要である。それには私たちが行う物事に既得の利権を求めるのではなく、純粋な気持ちで選択し、現実にかかわることが求められる。

このクエジトは変容の始まりであり、出来事を結ぶことのできる一本の糸を求めてポジティブで楽観的な思考を働かせながら、シンクロニシティー（共時性）を起こすことを可能にする入り口である。一本の糸は、ある瞬間の消極性を、好ましい出来事が連続して起こるのに必要な前提条件に変えることができる。

このプロセスの基盤をなすのは、選択することと決定することの重要性である。私たちが決定を下すとき、それは悪いことかもしれないし、良いことかもしれない。しかし、もし私たちが決定をしなければ、疑いなく間違いを犯している。小さくとも具体的な行動は、実現する可能性が全くない壮大なプロジェクトより重要である。

物事は、私たちができると信じるから起こるのであり、そうしたいと願うから起こる。シンクロニシティーは、出来事の展開につながる確率の中に私たちの思考力を加えることを可能にする。このようにして、私たちは起こってほしいことが実際に起こる可能性を増やすことができる。

シンクロニシティーとは、時間とともに起こる確率以上のことを可能にする法則である。可能性を無限に広げ、その結果、起こりそうにない出来事さえ私たちの時代に起こすことが可能である。

第二のクエジト

＊　行動における一貫性と継続性
＊　一瞬一瞬の継続的な選択
＊　どんな犠牲を払ってでも約束を守ること

もし私たちが絶えずその瞬間に生きているなら、この第二の内容は私たちにとって実現可能なものである。瞬間に生きることとは、単に特別な瞬間だけに私たちを制限することを意味するのではなく、行動が時間を通して続くことを前提としている。第二の『クエジト』は一種のプログラミングである。瞬間に生きることとは偶然に起こる出来事ではない。行動はつかの間ではなく、一貫し休みなく続かなければならない。一度なされたスピリチュアルな選択は、目的を達成するまで続けるべきである。灯されたランプの火は消されるべきではない。そうするために、私たちは自分自身に深い尊敬の念を持つことが必要である。そうして初めて、私たちは約束を守るという強さを持つことになる。

学びながら、常に私たちが目指している目標を心に留め、経験を積むことが重要である。そのようにして、私たちは毎日考えを強化する。さもないと、目標を容易に忘れてしまうからである。新しい考えや出会いが起こったとき、私たちは気をそらされてしまう。そして、自ら選んで自分たちの人生を違った方向に変えてしまったことを忘れる。

怠《なま》けごころや弱さのため、または何か具体的なことをしたという満足を感じるために、次のように言うかもしれない。

「ちょっと休んでもいいだろう。もうやることをやったのだから。今度は他のことをしてもいいだろう」

このようにして、私たちは容易に目標を見失うようになる。明るく点火された海上の船は、星のように輝いて見え、船の明かりは星の光を暗くさえする。しかし、船が走り去っても星はまだそのままそこで輝いている。たとえ星は小さく見えても、実際はもっと大きくすばらしい存在である。

私たちは、自分を行動に追いやる熱意を規則正しいものに変えなければならない。その結果、私たちは生き生きとした生命サイクルの中で熱意によって育まれるようになる。それは絶えず繰り返し、自らを支えている。

第三のクエジト

＊内的な変容
＊新しい論理、文明、文化を通した神聖さの再誕生

変化するために私たちの意志を使うこと、すなわち異なった論理を直接に使うことは、第一、第二の『クエジト』を適用することにより、純粋に仮説的な考えを客観的な現実に変えることを可能にする。連続的で一貫した行動の結果は自己変容へと導き、現実を説明する新しい考えや方法に順応する能力へと導いていく。

思考とは、私たち一人ひとりがつくり出す〝何か〟ではない。それは、私たちが絶えず浸かっている大きな流れのようなものである。誰もが、自分自身の文化、宗教、経済的な特性に従って、思考を念入りにつくり上げている。よく似た社会的背景、同一の経験や環境は、よく似た考え方、同じ態度、同じ〝擬似現実〟に対応している。

〝擬似現実〟とは、ある出来事の主観的な認知である。現実は、出生、年齢、性別、学識、言語、親族、歴史によって決定される一連のデータによってコード化されている。私たちが経験するどのような出来事も、性格や気質によってフィルターをかけられ、その結果、出来事は主観的なやり方でのみ受け入れられる。

同じ現象について、異なった理論を考える物理学者たちがその重要な例である。物理学者たちは、同じ道具を使い、同じ手順に従って研究をしているが、時に正反対の結論に到達したりしている。これは彼らが、自分たちの教育や期待というフィルターを通して結果を読み取っているから起こることである。

自己認識や進化の道において、異なった論理を使って、より順応性があり、洗練された方法で結果を統合し分析するために、私たちの心の受容力の使用法を学ぶことは重要である。そうすれば、努力の結果はより豊かなものになり、真実そのものが多面体の結晶として現れ、もはや一つの絶対的なものではなくなる。これを行うために、私たちはあらゆる道具を自由に使えなければならない。その道具とは、合理性と直観力、推論することと夢見ること、知覚と感覚、そして何よりもまず想像力である。想像力は、創造的な方法で現実を理解し、現実に働きかけるための能力を私たちに与える。ゆえに、成長には不可欠なものである。

私たちは通常、物事を知性ではなく習慣によって判断している。私たちの心は、教育や文化によって確立された思考体系を再生する傾向にある。この思考体系は、固着した轍《わだち》のようであり、いつも私たちを同じ種類の結論へと導く。私たちの尋ねる質問には、すでに回答が含まれているのである。同じ質問をしている限り、私たちは常に同じ結論に到達する。いつもとは異なった思考体系を使う質問方法を学ばなければならない。それは、例えばユーモアのセンスを使うとか、私たちが常に正しいわけではないという事実を受け入れることかもしれない。

第三の『クエジト』は、私たちが行っていることに意味を与えることを学び、あらゆる出来事から知識を得ることを学ぶという深遠さに関することでもある。これを実践するためには、すべてのことに〝良い〟とか〝悪い〟とかとレッテルを貼って、私たちに起こることを軽率に判断しないようにしなければならない。そして物事に正しい価値を与えるために、その全体像を見るよう努めなければならない。

〝擬似現実〟は、何も個人に限られた現象ではない。異なった時代や地理に従い広く知られた主流である論理が存在し、それから少しでも逸脱すると流れに逆らっていると考えられる。この惑星の大部分の人々は、習慣や行動規範、自分たちの社会規律に基づいて暮らしている。

共同社会の環境を変えるには、まず第一に個人が変わり、他人の内にこの深い内的な変容が起きる手助けをするために行動する必要がある。それを通じてのみ、新しい文化や新しい社会の創造が生み出される。私たちが、自分の個人的な観点にのみ自分を限定させず、他人の願望、意見、理想をも考慮に入れたとき、その意味するところはさらに深くなる。個人の抱負は、それが他人と共有されるならばより実現しやすくなる。グループの力も個人に更なる力を与えるからである。

これが、聖なるもの、神秘主義的な人生観への回帰の重要性である。この人生観は、私たちが自尊心や個人のエゴを乗り越えることを可能にし、一つ一つのモザイクの断片がより大きな計画の正しい位置におさまることを確実にする

第四のクエジト……女性性

* 利己的でない、自覚のある協力性
* 女性性の仕上げとその丁寧な成就へと向かう品位ある進歩
* ユニオン（結合）の一要素
* 女性性の安定

論理の変化によって私たちが他人から分離されるように仕向けてはならず、それどころか、私たちにユニオン（結合）の一要素になる能力を与えなければならない。行動的であり、自分の行動を選択し継続性を与え、動機づけや自分自身を変えることを学び終えたら、今度は、私たちはこの生命サイクルに安定性を与えなければならない。私たちの態度は、単に次々と立派に並べられた一連の〝正しさ〟という行動であってはならず、固有の生き方でなければならない。固有の生き方とは、行動―継続性―変容というプロセスにしっかりと従うことである。この『クエジト』は、私たちが内奥にあるセルフ（自己）を開き、他人を喜んで受け入れることによって自分の安定性を見出し、本心をつくり出すことを手助けする。これは可能性の『クエジト』であり、やさしさと強さによって強化され、安定化される活動の『クエジト』である。ゆえに習慣化することができる。

第四の『クエジト』は、主に女性性についてである。なぜなら、その中には女性の従属的な状態を克服するための秘訣があるからだ。しかし、女性性といっても、あらゆる個人の女性的側面についても言及している。

この道の基礎である哲学に従えば、あらゆる人間は女性的な面と男性的な面を持っている。もちろん実際には、例えば出産のように完全に女性的であったり、逆に男性的である役割は存在する。しかし、社会的な役割は交替できるものであり、男性や女性に固定した役割を押し付けるのは社会そのものである。

人間が再覚醒するには、女性と男性の尊厳に対し同等の配慮が必要である。男性と女性は異なっている。そして、その違いを讃えることにより男も女も完全になるのである。社会的、およびスピリチュアルな観点から見た女性の特性は、どのような状態をも築き、統合することを可能にするものである。

男性をレンガに譬えれば、女性はモルタルである。特に、女性の統合能力やより広範囲の知識を持ち続ける能力、個人の間により深い関係をもたらす能力のおかげで、私たちは特別に優れた男性の安定性とは異なった強さを持った安定性を手にしている。

後の第六の『クエジト』では、男性が自分たちの女性的な面を見つけ、女性が男性的な面を見つけることを可能にする。そして、ユニオンの基本的な要素である差別待遇を破壊し、刷新した後に男女の釣り合いを再建する。

第五のクエジト……男性性

＊　安定性と堅実さ（進行中）

＊　調和の取れた内的な革命

＊　条件づけを克服するための習慣の理性的な発見と再発見

私たちが手に入れた道筋のおかげで、私たちは現在では内的なバランス点に到達している。しかし、私たちのどれほどの人間がこの中心点にいるのだろうか。その中心点が持っている重要性が、どれほどよく私たちを表現しているのだろうか。私たちのどれほど多くが習慣によって行動し、嘲笑や非難を恐れて行動し、納得していない因習に配慮して行動しているだろうか。私たちの真の独自性、個人的な価値を探そう。そして、自分の殻を脱ぎ捨てよう。それでもまだ同じ人物のままであるが、たとえ前と同じ傾向や態度を保ったにしても、今度の傾向や態度は私たちが意志を使った結果であり、さらに進化した活動レベルである評価と選択のプロセスにある。

習慣とは見せ掛けの友人であり、私たちの教育や環境の条件づけの結果である。男性は、持っている思考力を使うことにより、物事を当然と思わないことを学ばなければならない。そのように行動することによってのみ、男性は習慣に気づくことができ、再び習慣を選び直すことができる。その結果、習慣は意識したパワーとなり、活動に生命リズムを与えることができる。伝統が一つの習慣にならずに新しい考えを創造し、変化や成長をもたらす踏み台となるために、発明したり、躍動したり、移動するという男性の能力は、「自由意志」を意識的に表現することによって成果を挙げなければならない。

これは決意の『クエジト』であり、男性の安定性と確実さの要素が、これによって連続的な内的進化の動きを通してより強くならなければならない。

第六のクエジト

＊　第四と第五のクエジトの逆転
＊　ユニオン（結合）が、生命、祈り、個人と社会との融合を生み出す
＊　想像力、ファンタジー、芸術、寛容さ、善意

生命が男性と女性の結合によって生まれるのと同じように、この『クエジト』は、女性性と男性性の『クエジティ』の出合いから生まれた。男性と女性は異なるが、あらゆる人類は男性的な面と女性的な面を持っている。ある文化が彼らの性に認めている特権に甘んじることなく、本当の自分自身を知ろうとあらゆる願望や性癖を探究しようとする人々がいる。彼らは自分た

ちが、メディアや社会習慣によって典型的に男性的、女性的であると考えられるよりもはるかに豊かなものを持っていると感じている。

異性間のコミュニケーションの困難さは、行動、考え方、態度を同じようにすることによっては解決できず、〝異性〟との違いを受け入れることによってのみ解決することができる。〝価値が等しい〟ということは、同じであることを意味せず、違いがもたらす豊かさを受け入れることを意味している。それというのも、違いは私たち自身の一部を反映しているからである。もし私たちが異性の違いを尊重しないならば、仲間とのふれあいや、家族、社会において、自分自身の一部を殺していることになる。それは勝利者がなく、敗者のみが存在するゲームである。

ダマヌールの哲学によれば、人間は男女両性具有の原始の状態を勝ち取らなければならない。男女両性具有とは、私たち全員の内部にある男性性と女性性の根源的な統一体である。

自分たちの性の特徴を保ちながらも、あらゆる男性や女性は、異性の特性を自分の中に再覚醒させ、それを本当に理解できる鍵を持つことになろう。私たち一人ひとりは、典型的な男性の合理性と女性の直観力とを結びつけ、男性の決断力と女性の理解し迎え入れる能力とを結びつけ、男性の可能性と女性の強さとを結びつけることができる。それが私たちを真に自由にし、無限の変化に富んだ陰影や感情によって私たちを表現できるようにするだろう。この第六の『クエジト』は、個人が借り物の自分ではなく、何よりもまず、社会の生き生きとした一部であるための招待状である。

この『クエジト』の寛容さと善意は、非常に影響力のある力を表している。それが他人とのふれあいの基礎だからである。ダマヌールの哲学では、〝交換〟は、再覚醒するための真の内的な感覚であり、他人を通して私たちの完成を可能にし、仲間との深い共感を持ち、才能や能力を共有する重要な機能を伴う感覚である。交換という感覚のおかげで、その独自性を大切にされる社会のグループ内では、全員が自分の個性を持つことができ、それを他人に提供できるときにすべての人の個性は最高に賞賛される。

この『クエジト』の〝祈り〟とは、自分自身への集中状態の一つを表し、特性や才能を働かせる方法、頭の中で整理する形式を表している。祈りを通して自分たちのエネルギーの概要を知ることができ、私たちがこの力を使う前には明確にできなかった目標を獲得できる可能性がある。

創造性の表現は、人間の最も重要な必要性の一つである。創造性の表現は、個人の創意に富む結果とともに、個人の最も深く、最も生命にあふれた部分を引き出すことをエネルギー的に可能にする。想像力は、私たちが行う物事に感情を移入し関与することによって、私たちが行うすべてのものから美を生み出させる。そのように、私たちは環境や他人との関係において、自分たちのまわりに生命を創造している。もしこれが起こらなければ、想像は役に立たない空想でしかない。

このプロセスで感情は非常に重要な要素である。それというのも、感情によって大いなる熱心さで生きることに参加し、目的や自分のまわりの環境に〝付加価値〟をつくり出し、生命を与えるからである。芸術的なセンスは、物事の本質を捉えることを助ける。すなわち、シンボルや記号が意味することを見出したりするのは、内側から生ずるもので、外側からやってくるものではない。

第七のクエジト

＊　不確かさ、疑い、適応性、確かさの破壊、一瞬一瞬を築き上げる堅実さ

これは目指す一つの目標として、連続的な変容を示す『クエジト』である。一つの優れた秩序に到達するために、常にすべてを考え直す能力である。変化のみが新しい道を見つけ、刷新的な考えを念入りに作り上げることを可能にする。第七の『クエジト』は、私たちを、ひるむことなく変化に直面させる、世界についての一つのヴィジョンである。

もし生きていることが休みなく続く変化であり、真実が多くの面を持った一つの結晶であるのなら、どんな人間も哲学も、すべての真実を含むことはできない。真の確実さは、あらゆる確かさを見直して初めて手にすることができる。どのような確かさも一部分でしかないためである。新しいバランスを求めているときに、戸惑いを感じることはかまわない。私たちの存在のすべては、情報や環境的要素や知識の獲得に基づいているからである。もし私たちが、絶対

に確実だと感じ過ぎる場合、それは、自分がすべてを理解していると信じ込んでいることを意味し、本当は愚かだということを意味している。私たちはあらゆることを理解することはできないが、常にもっと理解することはできる。

安全は、確かに目的への道に沿ってのガードレールであるが、時にそれは檻《おり》の格子になり、そこでは私たちを表現する能力が制限される。文化それ自体が、心を飼いならすための道具になる。私たちは自分自身の疑いに直面するために、誰もが自分の内部へと旅をしなければならない。疑いは、常にあらゆる研究を動かす力であるため、疑いを無視するのではなく、私たちのセルフの気づきや変化するための順応性を増す励みに変えることである。

連続的な変化は混沌とした状態を意味せず、わずかな手段と少ないエネルギー消費で私たちを改善し、すぐれた結果に到達するように導く変容を意味している。連続的な変化では、不変のパラメーターは存在するはずがなく、教条的な哲学も必要がない。人類固有の倫理観や基本的な道徳要素を守りながら、私たち全員が自分自身のためにそれを築くのが一つの方法である。

変化のプロセスにおいて、私たちは常に現在に存在している。絶えず変化をしているときにのみ、私たちは第一の『クエジト』で提案した『瞬間に生きる』ことができる。飛躍する際のただ一つの判断基準が変容であるとき、唯一の頼りになる基盤は変化のつり合いである。

これは真実の『クエジト』であり、内的な自由を完全なものにする。内的な自由は、私たちが、自分自身や自分たちを構成しているあらゆる部分と本当に調和している時にのみ得られる。私たちの誰もが実際には男性部分と女性部分によってのみ構成されているのではなく、いくつかのパーソナリティーによっても構成されている。ダマヌールの哲学では、実際に、人間は多くのパーソナリティーからなる存在であり、異なった個性を持つ存在である。異なった個性は、私たちすべてが内部に持ち、調和し、利用することを学ばなくてはならない大きな財産である。私たちの文化的教育や遺伝的な継承のために、自分を唯一の人物として考えることに慣れている。しかし、私たちは自分の中にたくさんの違った部分やさまざまな異なった記憶、周囲の世界との相互作用の方法を持っている。私たちがそのことを認め、思い出すことを学べば、それは私たちに才能や可能性という莫大な豊かさを与えてくれる。

それぞれのパーソナリティーは、独自の世界観や私たちに起こることの説明の仕方を持っている。教義や絶対的な確かさ、現実について唯一しかない解釈は、私たちのさまざまな部分が特色を出すことを許さない。その代わりにそれらは、私たち自身が選んだと信じている自分の状況に適合する側面のみを常に使うように仕向ける。これが自己制限の一つの形態であり、大多数の人間が得意とする技術である。

したがって、私たちが心を変えるのに必要とされる基本的な要素は、正直、勇気、楽観主義である。心を変えることは一つの選択であり、心を変えることができるのは一つの力であり、要素を直接利用するのが最も難しいことかもしれない。心を再び変えるために、変化を安定化できることが〝悟り〟と言えるのかもしれない。

前にも述べたように、これらの『クエジティ』は生きるための行動基準であり、公式化するためには、一つ一つ長年の実験と経験が必要だった。『クエジティ』は長年かかって開発され、最終的に発表される前には内容が成熟するに任せられた。最近ダマヌールを訪問した際、第八の『クエジト』の開発について耳にしていた。最初は単なる考えであったが、次いで少し説明のある考えになった。だが、この新しい原則は、完全には公式化されず保留されていたことが分かった。しかしこの改訂版の出版直前、私が初めてこの『クエジト』について耳にしてから十八カ月後に、第八の『クエジト』の詳細が明らかになった。

第八のクエジト

＊　第八のクエジトは他の人に心が開いている。他のすべてのクレジティの統合……悟りの後の精神的にもどることのない変容

＊　理想を不変なものとして選択

＊　再生、愛

＊　私たちの内なる神に向かう道

前の『クエジティ』の道で学んだものすべては、今度は、他人や世界を育むために外に持ち出される。変容は、私たちの支えとしてだけ役目を果たすべきではなく、再生のために最大限使われる進化の一因子とならなければならない。〝再生〟とは、知識として、また進化の方向に

自分自身よりすぐれている何かをつくり出す能力として定義される。

これは成熟の『クエジト』であり、自分特有の才能を知り、謙虚さとサービス精神で、その才能を他の人たちに使うことを選択する『クエジト』である。それは、ひとたび『理想』が選択されると取り消しはできないことに気づくことであり、あらゆる行動はその結果として生ずる。これは、私たちの人生の使命を明らかにする結果として、私たちの神性の完全な表現に向かう道である。この際、内的な秩序をつくり出す一つの道具として、理想に向かう自己決定として、規律は非常に重要である。

『クエジティの道』は、もし完全に生きたならば、私たちが信頼することを学び、自分の役割を見失う恐れを持たないほど私たちを十分に強くしてくれる。すなわち、私たちは〝本物〟となり、先入観なしに心から他人に耳を傾けることができるようになり、他人を歓迎し交流できるようになるのである。

私たちが人生で学んだあらゆることは、私たちが所有できるものでも自分のためのみに使えるものでもない。第八の『クエジト』は、進化しつつある社会に直接個人的に参加する『クエジト』である。すなわち、生きたメッセージを伝えるために、すべての活動を自分たちが選んだ理想に従わせ、うぬぼれやごまかしではなく、奉仕と信頼の心で具体的な貢献をし、共感と敬意を通して学んだことを教えるのである。私たちは、優越感や推測ではなく、学び続けている時にのみ教えられることに気づき、実例を通して伝えなければならない。

教えることと学ぶことは、互いに相手がなければ存在しない。教えることと学ぶことは、同じ現象の二つの側面である。それは何も失うことなく私たちを豊かにする。詩を教えている先生は、自分の知っていることを生徒たちに与えることによって、その知っていることを奪われたりはしない。それどころか、彼自身も他の人たちと新しい解釈を共有することにより、同じ美を楽しむ魂の出合いの喜びによって豊かにされる。教え方のうまい人は何物かを生み出し、下手な人は台無しにしてしまう。文化は、理解力をどんどん高みに上げていくトランポリンにならなくてはいけない。心や想像力を閉じ込める檻であってはならない。

ゆえに、学習は、喜び、ユーモア、愛とともに、生きることの不思議な感覚を生き生きと保ち続けながら、学び、伝えるためのスピリチュアルな必要性となる。

自然においては、前の季節の変化を通してすべては新しくなり、再生される。これは、世代の出合い、活力を伴う経験の出合いの『クエジト』である。すなわち、この『クエジト』は、古いものと新しいものの対立を交流に変えるための秘訣である。異なった世代が、お互いを完全に理解することはできない。そしてこれこそが、成長や変化を正確に手助けするものである。もし完全な意思疎通が存在するのなら、静止の状態が存在し、単に永続するだけが可能な社会が存在するだろう。年配世代が努力して得たものは、若い世代に与えられなくてはならない。若い世代が、親たちを越えて成長できるためである。そうなれば、年配世代の到達点が若い世代の出発点になる。

第八の『クエジト』は、自身の変容した内部へと、他人や世界を喜んで迎え入れるための一つの扉である。その結果、成長の成果は、私たち自身の内部のみにとどまらず、他の人々にも向けられるようになる。この『クエジト』は、他のいくつかの『クエジティ』の側面と特別なつながりを持っている。第一の『クエジト』の完璧で自覚ある行動と意図の純粋さ、第二の『クエジト』の継続的な選択と約束の尊重、第四の『クエジト』の利己的でない自分自身の可能性、そして第五の『クエジト』の理性的な発見の調和の取れた内的な革命である。

第十章　人生のための教育

私たちの目的は、偏見のない心と幅広い客観性を備えた自由な人々、人間を創造することです。

スタンベッコ・ペスコ

ダマヌールの学校システムについて知ったときには、非常に感動した。私はこれまで人生の大部分を教育の分野で過ごし、教師として、試験委員会の視察検査官として、また地域のアートショウなどを企画する世話役として働いてきた。そして、長年、さまざまな教育形式や教え方の取り組みを見てきた。

ダマヌールでは、少人数の学生を形式ばらないやり方で教えており、若い人たちが大勢参加している。学校ではたくさんの学習課題をこなし、とりわけマルチメディア・プロジェクトは私にとって印象的であった。そこでは若い人たちが、自分たちの書いたストーリーに基づいて多目的な対話方式のコンピューター・プログラムを作成していた。とても素晴らしい仕事だった。

私はまた、先生と生徒が非常にたくさんの言葉のやり取りをしている語学教育のクラスを見学した。そこでは誰もが参加するチャンスがあり、学習のレベルも非常に高かった。数学のクラスも同じように印象的であった。学習しているレベルも高く、長年私が経験した教育成果のどれにも引けを取らない。

もちろん多くの教師は、「でもね、たった六人の生徒しかいなければ、誰だって良い先生になれるさ」ということであろう。それこそが目的なのである。ダマヌールの人たちには、子どもの教育に投資することの賢明さが分かっている。ダマヌール内で自主的な教育プログラムを行うのは、容易なことではない。非常に費用がかかる。しかし、子どもたちの両親、彼らが住んでいるヌークレオ家族、彼らが属しているコミュニティー、さらにダマヌール連合全体が、教育プログラムが確実にうまく実行されるようにする責任を負っている。

私が最初に訪問した際、学校の全体的な長であるスタンベッコ・ペスコは、この学校がダマヌールにおける唯一の教育機関であると話した。もちろん、家族やより広範なコミュニティーとしては、ダマヌールの中核となるもう一つの非常に重要な学校『メディテーションの学校』を持っている。

ダマヌールでの他と違う環境は、コミュニケーションの仕方や学校に関係があります。その結果、ダマヌールのシステムの価値は、ダマヌール自身のより広いスピリチュアルで人間的な背景を反映しています。協同と平和のための教育、すべての個人がスピリチュアルな構成要素を正しく理解すること、連帯意識、責任、選択、かかわり合い、エコロジカルな感性は、あらゆる学科の土台をなしている非常に重要な原則です。

教育方針は三つの前提で始まっている。第一はイタリア国内のカリキュラムであり、第二はダマヌールで経験して得る感受性とスピリチュアリティーである。そして第三は、子どもたちは独立した個人であり、一人ひとりの子どもはそれぞれ独自の特定の教育を必要としていることである。そのため、ここでの学校とは、この三つの側面が出合う場所なのである。すべての子どもは、それぞれ特有な才能、特性、傾向を考慮した特定の個人用成長プログラムを持っている。このプログラムは、先生たち、『教育の道』、そして家族の協力によって作成されている。その結果、それぞれの子どもたちは、彼らが暮らしている環境を正しく配慮される。もちろん子どもたち自身も自分たちのプログラムの制作に参加し、教育者や両親、家族たちとともに議論する。

ダマヌールの人々は、若い人々がダマヌールのやり方だけでなく物事の他のやり方も経験するように特別な注意を払っている。彼らの目的は、偏見のない心と広い展望を持った人々を創造することである。ダマヌールには、利用できるさまざまな設備や手段がある。例えば、コンピューター、音楽、芸術、乗馬など。にもかかわらず、若い人たちがダマヌール以外の活動に参加することも同じように奨励している。ダマヌール以外の世界と接触を持つことは重要である。また、若者たちは毎年、イタリア国内の大学資格試験にも参加している。

小中学校の学生たちは、通常のイタリアの学校制度より長時間勉強している。課外活動は、子どものために週末や学校の休日に計画される。さらにダマヌールは、イタリアのスカウト協会と協力して少年少女のためにスカウト・プログラムを行っている。ダマヌールのチームは、イタリア全土のスカウトたちと一緒に集会やイベントに参加している。

中等学校は通常のカリキュラムの範囲を越えて、たくさんの活動を提供している。さらに若者たちは、ドラマ、音楽、芸術、乗馬、その他の活動への参加を選ぶことができる。

若者たちが十四歳になったら、国の学校に送り出している。それは彼らが、ダマヌールの経験以上のより広い客観性を持つことを確かなものにする。ダマヌールでは、若者たちがダマヌールについて彼ら自身の考えを持つようにするために、あらゆる努力をしている。スタンベッコは中等学校に特に個人的な関係を持っていた。私は彼にそのカリキュラムについて尋ねた。


中等学校では、学生たちは普通の国内の学校同様に、試験に合格するために終了しなければならない標準的なカリキュラムを行っています。しかし、私たちはそれ以上のことを行っているのです。芸術的な課題や、文化活動、啓発的な作業などです。例えば、毎日二十分間の瞑想、すなわち内的な調和を図ることから始めます。そうすることにより、子どもたちの注意力をその日一日集中させることができます。

特にドラマという学習課題では、子どもたちが社交的になり、他の若者たちとのかかわり方を変え、彼ら自身の中に別の特性を見出す手助けをします。

私は、『ロミオとジュリエット』の素晴らしいコメディー版のリハーサルについて書いたことがある。この劇では、反対していた両親たちがお互いに惚れこんでしまうのである。その結果、すべてのばかげた争いは解決してしまった！「子どもたちは、自分たちでこの場面を考え出したのです」とスタンベッコは語った。

そして音楽は、それ自身の世界を持っており、何物にも影響されません。ここでは、音楽に触れる機会がたくさんあります。絵や彫刻についても同じです。若い人たちは正確な仕事の仕方を学ぶことができ、また物事の正しい認識法の身に付け方を学ぶことができます。例えば、最近イタリアのテレビでは、どうでもよい、くだらない番組がたくさん放映されています。しかし、そういった番組を見るのを禁じようとは考えません。むしろ、若い人たちに、人生には素晴らしいものもあることを示せばよいのです。彼らはここで、芸術的な品々に囲まれています。私たちはそれを利用しています。

ダマヌールのような場所では、現実にそぐわない取り組みをする傾向がありがちであるが、ここの教師たちはしっかりと地に足をつけていることが分かる。彼らは現実世界に重きを置いた教育を提供し、そのあらゆる側面を最大限に利用している。

ダマヌールの学校における未来の斬新な教育計画がすでに進行中である。その目標は、ヨーロッパ規模、さらには世界規模の大きさの教室を持つことである。すなわち、子どもたちは定期的に一度に一、二週間くらい旅行する。彼らは、歴史的に有名な場所や科学研究所などを訪れ、例えばワーテルローでは、『ワーテルローの戦い』について学んだり、『セルン』(CERN、欧州共同原子核研究所)では、地下の粒子加速器プロジェクトで素粒子物理学について学んだりするのである。すでにアナコンダ・パパヤは、子どもたちのグループをニューヨーク市への実地見学旅行に連れて行ったし、別のグループは、チュニジアへヨット遊びに行った。これは本当に斬新な考えであり、ダマヌールの子どもたちに対する統合的な教育システムという夢の一部でもある。

中等学校の子どもたちのグループは、ロンドン、ブライトン、エセックスを訪れた。そこでは、通常の観光を行うとともに、他のコミュニティー・グループとダマヌールについて話をし、若いイギリス人のグループと逢い、未来の意思疎通交換のための準備をした。現在教育プログラムの長であるイリデと、ヘッド・ティーチャーの一人であるアナコンダ・パパヤが付き添った。彼らは、この旅行が理想的だったと私に語った。それというのも、この旅行は教育のあらゆる側面を組み入れているからである。すなわち、歴史的な興味のある場所の訪問、他の文化について何かを発見すること、他国の若者に会うこと、ダマヌールについて他の人々に話すことなどである。アナコンダは、この最後の光景に感動を受けた。

私は、若い人たちがダマヌールについて話をすることを夢見ていました。彼らの経験を外の世界の人、特に外国の人たちに話すことです。このようにして、ダマヌールを共有している若者たちを見ることは素晴らしいことでした。

イリデも、この特別な旅行に熱心だったが、この形式の集中教育をもっと広く考えている。教育は『オラクル道』の一部です。私たちが今留意しているのは、気づきを発展させ、社会参加のあらゆる場面でさらに素直さと深さを発展させ、子どもの生活の豊かさを発展させることです。このような旅行は、重要な個人の成長にたくさんの機会を提供します。

ココリタは、ダマヌールの教育システムによって成長した。彼女は、ダマヌールで生まれ、すべての段階的な学校教育を終了した。十四歳になったとき、他の人々同様に彼女もイタリアの国の学校に行き、飛び抜けて優秀な生徒だった。私は彼女に、ダマヌールの学校から国のシステムに移行したことについて尋ねた。彼女は、愛らしく微笑んで話してくれた。

国の学校での私のクラスは、これまでの四人ではなく、三十人で始まりました。しかし、その人数でも、先生の注意を引くことができることに気がつきました。私は質問することにも、謹聴することにも慣れていました。

彼女は国の学校でも優秀で、試験にも良い成績で合格した。現在はトリノ大学のロースクールに在籍中である。彼女は、ダマヌールの教育が成功している良い例である。単に学究的に優れているだけでなく、とても感じが良く、多才で円満な女性で、生きることを大切にしている。彼女は、自分で選んでダマヌールに留まっている。

二回目に訪問した際、ちょうどクリスマス直前に、私は学校のコンサートに招待された。それは本当に素晴らしい催しだった。すてきな衣装や舞台装置、やる気満々の若い生徒たちが参加し、独創的な喜劇が上演された。私がそれまで参加したうちで最も幸せで楽しい出来事であった。

ここで私が、たくさんの誇張した表現を使っていることを、私自身よく認識をしている。しかしダマヌールは、誇張した表現が必要とされる場所なのである。

子どもたちは未来を担っている。そのため、ダマヌールが常に次世代の養育に大きな力を注いでいるのはよく分かる。二〇〇六年六月、ダマヌールの子どもたちがグリーンピースの船『レインボー・ウォリアー（虹の戦士）』に招待されるというユニークなイベントがあった。子どもたちは、その有名な船がジェノバ港にドック入りしたときに訪問し、一晩中船で過ごした。子どもたちは、乗組員たちとゲームをして遊び、環境問題や、政治的意識的に変化を起こすためにした直接的な行動についての考えなどを詳しく聞いた。この出会いは、ダマヌールの生活に重要な意義を残した。すなわちダマヌールでの生活が、その環境的、エコロジカルな自発性に対して尊敬を得つつあること、またグリーンピースのような世界的に認められているグループと考えを交換できることである。

オラーミ大学

一九九七年まで、ダマヌールの『自由大学（Libera Universita di Damanhur）』はダマヌールの顔であり、提供される広範囲の講座のために多くの人々をダマヌールに引き寄せた。一九九七年以降は『オラーミ大学』となり、外部世界とは『ウェルカム・オフィス』のインターフェースを通してつながった。『自由大学』は無料ではないが、参加自由な『公開大学』のようなものであった。これもまた、教義に束縛されず、画一的な教育ではないものを目指していた。

自由大学という考えは、何も新しいものではない。一九六〇〜七〇年代には、アメリカやイギリスにも存在していた。R・D・ラングとその仲間たちは、ほんの初歩的な心理学や急進的な政治思想についての科目を提供する自由大学の運営を援助していた。

ダマヌールの公開講座は、一九七八年から行われた。当時ダマヌールでは、実際にはそれ以外の活動はなかったのである。しかし、この初期の状態からしばらくして、イタリアのトリノ、ミラノ、ボローニャ、ローマ、その他の場所にセンターが開設された。ダマヌールそのものにはそれほど多くの講座はなく、ただ一人の人物が講座の編成を任されていた。当時の講座は、単に〝ダマヌールの講座〟として知られ、内面的な探求や発展に関係する内容であった。オベルトの指導に基づき、催眠術、科学では説明できないESP（超感覚的知覚）、自然医療、植物との交流や調和することのようなトピックスを扱っていた。しかし、一九八七年までに、ガゼッラ・ミモザがグループの人たちとともにトリノに配置されたとき、彼らは、より大きな組織を持って、講座をさらに広範囲の学習へと発展させることが重要だと感じた。このようにして、『自由大学』という考えが現実のものになった。

ガゼッラは、初期の頃を回想しながら私に話した。

最初彼らは、自然医療、催眠術、コミュニケーション法、そして知覚力の拡大などについて講座を提供していた。トリノでは、教師たちは場所を共用していた。そのうちの一人が、ダウジングを使う有名なヒーラー、ベネデット・ラバーニャであった。彼はカラー療法でも有名であり、会議などが開かれるセンターを所有していた。オベルトを人々に紹介したのも、まさにこのベネデットであった。オベルトは当時まだ二十代のはじめで、友人の仲間内以外にはほとんど知られていなかった。しかし間もなく、オベルトは一般の人々にも知られるようになった。オベルトが行う集会が、驚くべき内容だったからである。ガゼッラは次のように言っている。

この集まりを特徴づけていたのは、内容が非常に現実的であるということです。オベルトは、科学的に説明のつかない物事の神秘性を除くことを信条としていました。彼はたくさんの実験を行い、魔術的だと思える事柄に非常に現実的な側面を与えました。オベルトは驚くべき結果を示しながら、場所によっては魔術的なことが超自然力であり、秘密にされるべきことだと信じられているが、何も特別なことではないと言っていました。単に自然現象が働いただけだと説明しました。

ガゼッラによると、オベルトは催眠術を使って鍵を曲げたりしたこともあった。しかし、彼はいつも時代の風潮に反するようなやり方で、びっくりするような結果を実演して見せていた。そして、何かを怖がったり畏敬の念をいだく代わりに、研究可能な自然現象としてみんなに示したのである。彼女は話した。

彼の講座は、いつも現実的なこと、実証可能なこと、他の人も実験できる内容について行われました。その講座は、物事についての常識を覆したり理論的であるだけでなく、当時研究している内容についての講義でした。ダマヌールで開かれた講座もこの基礎知識に基づくもので、それには、「植物との交流」「植物にドアを開閉させたり、植物自身に水撒きをさせたりする」などがありました。

植物との仕事は、最近では、さらに音楽的な研究へと発展している。しかし当時は、植物とともにもっと多くのさまざまな実験を行っていた。例えば、植物を特別なセンサーを通してドアの鍵とつなぎ、特定の人物が近づくと、植物が反応してドアを開けるようにしたりした。オベルトは最近では、奇跡的な出来事、途方もないこと、科学では説明できない効果などについてはあまり熱意を示さない。しかし当時はそれなりの目的があった。今は各人の内的な探求に関連した、もっと建設的な事柄に熱意を向ける時期なのである。

スピリチュアル・ヒーリングのための学校

二年後、スピリチュアル・ヒーリングのための学校が開始された。ガゼッラは次のように説明してくれた。

これは非常に重要ですが、難しい分野でした。その時まで、スピリチュアル・ヒーリングは慎重な関係に基づいているため、この知識はダマヌールの人々のために取って置かれました。ダマヌールでは、その知識は、ダマヌールのスピリチュアルなイニシエーションに関係し、神聖な授かりものでした。しかし、現在ダマヌールでは多くのことが変化し、外部の人々にも同じように三年コースの講座として公開されています。最低限の保障として、三年間で、健全でスピリチュアルな土台の上に、治療力のある関係を確立できる十分な準備が確実に得られるようにしてあります。

三年間のスピリチュアル・ヒーリング・コースは、新しい『オラーミ大学』の機構のもとで発展している。現在では、世界中からこのコースに参加する人々がやってくる。常設のコースではなく、三年間にわたる一連のコースである。コースの合間に、実践者は自分たちの学んだことを身につけたり、用意されたテキストを学んだりする。初年度の終わりに、生徒たちはスピリチュアル・ヒーラーとして活動を始める。そして三年の期間と論文の提出後に、生徒たちは学習の期間を評価されて資格免許状を授与される。現在『オラーミ大学』の学長であるアンティロペ・ヴェルベナが私に語った。

私たちは、イタリア人のための一つの学校と、イタリア語を話さない人のための特別な授業時間を設けています。そこでは授業が、ドイツ語、英語、日本語に通訳されます。現在では、世界中の学生や実践者が参加しています。このコースは、スピリチュアル・ヒーリング・エネルギーに対して純粋な導管になるための、ヒーリングの意味と内的変容のプロセスへの非常に真剣で深遠な探求の旅なのです。生徒たちはセルフィックな道具の使い方を学ぶ機会も持ちます。セルフィックな道具は、ダマヌールのヒーリング技術において重要な役割を演じています。

アンティロペによると、この七年の間、毎年四つか五つの新しい講座が展開されている。例えば、『内的な感覚を広げるコース』『過去世リサーチ』『内なるパーソナリティーの探査』『催眠と色彩療法』『スピリチュアル物理学』『セルフィック・ペインティング』『ダマヌールのタロット解釈法の学習』『夢の見方を学ぶ』、さらに『未来世についてのコース』まである。

すべての講座が、開講と同時に大人気というわけではないが、『過去世リサーチ』や、『アストラル・トラベル』の公開講座は、いつも申し込みでいっぱいである。人々は、これらの講座を取り、次いでまた別の講座を取り、さらに新しい講座を取りたいと思う。講座が成功している結果として、ダマヌールは増加する訪問者に対処するために、さらに多くの宿泊施設を建設しなければならない。ダマヌールでは、物事は非常に早く動く。一九八九年当時には、客が滞在する場所はどこにもなかった。住宅は、ダマヌール住民にとっても手に入れにくく、一つの家が空くとすぐに入る準備の出来ている人がいた。客には優先権がなかった。今では事情は好転し、ラーマの建物には快適な宿泊施設があり、近くには別のゲストハウスもある。これが、世界中からやってくる人々と活発な意見のやり取りをするという結果になっている。

オラーミ・ダマヌール大学は、ダマヌール市民のために、南イタリアのガルガーノ半島にある場所への旅行も計画している。そこは、連合体市民全員の心にとって大切な場所である。なぜならこの場所は、一九八三年から八四年にかけての『ゲーム・オブ・ライフ』の〝歴史的〟で偉大な大旅行に関係しているからである。そのため毎夏、ダマヌール住民のいくつかのグループが、十一時間のドライブに出発し、スピリチュアル物理学の勉強とともに、水泳と日焼けとを同時に行うのである。ここに、オラータの二〇〇四年九月の訪問についての報告書がある。

夏が終わりつつある今、〝ガルガーノ〟での年一回の冒険である休暇旅行の、私たちのバージョンをお聞きになりたいだろうと思いました。そう、私たちは海のそばでスピリチュアル物理学を学んだのです！

日曜の朝早く、私たち四十人は、『最低限の共通基準の勉学』のシーズンを始めるために、南イタリアのガルガーノへバスで出発しました。今年の南イタリアの夏は湿気があり、前の週は強い雨が地元の人々を驚かせていたにもかかわらず、天気は良い見通しでした。

私たちは、映画『ロード・オブ・ザ・リング』を鑑賞しながら、十二時間の旅を楽しみました。お互いにばかげた冗談を言い合い、カプチーノやブリオリッシュ、サンドイッチのために何度も停車しました。私たちは、夏の合宿所に夜九時頃到着し、オラーミ大学の先発隊から温かい歓迎を受け、夕食も私たちを待っていてくれました。勉学は、教室用のテントの組み立てとともに、朝九時三十分から海岸で始まる予定でした。そのため、自分たちの部屋に落ち着いてから、誰もがその夜は早目に床につきました。

スピリチュアル物理学の授業は一時間行われ、水泳、ビーチバレー、海岸線の散策などの休憩がありました。

指導教官のコヨーテは、真面目で打ち解けた雰囲気をつくり出していました。日焼けをしながら、砂が黒板やノートの役目をしました。通りがかりの人が、時間や現実についての熱心な議論を立ち止まって聞き、心を奪われ、引きつけられていることがよくありました。

半島の先端には、大昔の信号を送るやぐらの遺跡が集まっており、地域の農民がヤギの放牧場として使っています。低い崖の下には、砂の入り江が遠くの突端とさらに遠くにあるやぐらへと伸びています。崖は、潮の干満によって削られた洞窟や洞穴によって中断されています。

合宿所は、海から徒歩二十分のところにあります。そのため、私たちには授業の合間に運動する機会がたくさんあります。一台のミニバスが行き帰りに利用できますが、崖に沿って歩けば、入り江の壮観なパノラマを眺めたり、その日の勉学について深く考えたり、申し分のない機会を提供してくれます。

早朝の空や日没は、息をのむほど素晴らしく、夕暮れ時には、陸地が夜の時間に向かって、まるで自分の場所を見つけながら方向転換しているような奇妙な感じに襲われます。

今では毎年、ガルガーノ旅行の慣習の一つとして、私たちは自由時間の一部を、岬に行楽客が残していったごみを集めるために費やしています。ガルガーノは保護地域なのです。ごみが散らかったガルガーノを見るのは、本当に悲しいことです。大きなグループなので、私たちはすばやく岬をきれいにすることができます。そして、砂丘や崖をごみから解放することは、土地との強い交流の感覚を生み出します。そのため、奇妙な様子に見えるかもしれませんが、ゴムの手袋と明るい黄色のごみ用大袋を手にしたダマヌール住民のチームが、日没の頃になると毎日見受けられます。崖を歩き回り、低木の茂みの下にあるビンや紙、プラスチック製品、あらゆる種類のガラクタを探します。この勉学の期間に、数百もの大袋がごみで一杯になり、運び去られます。今年はペスキチの自治体の長が、感謝の念を表すために訪ねてきました。

夜はたびたび一緒に音楽を演奏したり、ミニバスに乗ってペスキチやヴィエステの歴史的な漁港に行ったりします。私たちは、その土地のアイスクリームを試食したり、美術や工芸の作業場を訪れながら、古くからある地域を歩き回ります。

食事は、合宿所の中庭にあるぶどうの木陰で一緒に食べます。食事はいつも活気に満ちた仕事で、誰もが交代でテーブルを整えたり、さまざまな料理を並べたりします。ここでのダマヌールの料理は、おいしい南部地方の料理を出すために、地域でとれる新鮮な魚を料理します。その料理は、北の住人である私たちもとても気に入っています。

週末が近づくにつれ、誰もが公式の学習テキストを読んだり、重要なポイントを記憶したりすることに集中しはじめますが、そうなると緊張が高まります。試験は口頭で行われ、その週の学習で扱った項目について指導教師が一人ずつに質問します。最低限の基準は合格する必要があり、得点が低すぎれば何度も繰り返し試験されます。通常、指導教師は翌日その結果を公表し、次いでみんなで地域のレストランにお祝いに出かけます。

今年の週末には、私たちの多くが、『夢見ること』と『タイム・シード』(Time Seed：時の根源)についてのオベルトの新しい講義に参加しました。それには、半島の突端に設計された迷路を使いました。他の人の記憶から得られる場所について夢を見る人もいましたし、たくさんの人が同じ夢の主題を共有し、お互いについて夢を見たりして、私たちはダマヌールの〝夢の都市〟を探検しました。

日曜の夜、最後のひと泳ぎをし、ピザを食べた後、私たちは帰途に向かう夜通しの旅のために準備をしました。次の週の学生たちを乗せてバスが到着し、私たちは来年まで日当たりの良いガルガーノに「さよなら」を言いました。今年私たちは、試験を完了した以上のものを持って戻ってきました。そうです。夢を見るための驚くべき能力とともに帰ってきたのです！

オラータ

第十一章　神と一つの神格としての人類

神的な存在としての人類、スピリチュアルな存在としての人類

エレファンティーナ・ジェンツィアーナ

クエジティを探求している間、私はダマヌール哲学の他の内容も学びたいと熱望するようになった。マジックな旅に連れていってくれそうな何人かの人を紹介され、ダマヌール哲学やそのスピリチュアルな概念が私の前に徐々に明らかになった。最も役に立ってくれた案内役は、エレファンティーナ・ジェンツィアーナである。彼女は、私がいくつかの基本的な概念を理解するのを助けてくれた。私たちは、人類と神との関係を考察することから始めた。ダマヌールの人たちは、この関係を珍しい観点から眺めている。エレファンティーナは、次のように説明してくれた。

人間と『神』との関係についての私たちのヴィジョンでは、人間そのものが私たちの哲学

の中心であり、人間は神的な存在なのです。

私たちの概念では、『最高の神』とは想像のつかない存在とみなしています。私たちは、この『最高の存在』を『動くことのない原動力』と呼んでおり、それは神性のエッセンスです。その本質は、『存在するすべて』です。すなわち、すべての物は一つから、一つの『存在』から生じます。この『存在』はあまりに大きく、あまりに巨大であるため接触不可能です。もっと正確に言えば、『最高の神』は、その『神』とのリンク、ブリッジとして働く一連のより小さな神々を通してのみ接触可能なのです。そのため、私たちにとって、『絶対的な存在』と話すことと、神々について話すこととは別のものです。

時代を通して、あらゆる民族、あらゆる人種は、『はるかな世界』との接触を求めて、私たちより上の次元に広がる神々の力との出会いに達した。いったんこの神々の力との接触が安定し、社会に認められるものとなれば、これらの多次元的な存在は〝神々〟とみなされることになる。人間のそれぞれの文化は、それ自身の神々を持っている。各文化の神々は、すべての人類の一部なのである。神々は、『形のある物質世界』へと降りてきた人類の仲介者のような存在である。

ダマヌールの宇宙論では、『絶対的な神』の存在する領域は〝実在〟と呼ばれ、壊れた鏡の破片である〝神の火花〟が、繰り返しの周期をもって、生命が始まり終わる時、『形』から『実在』へと行ったり来たりしている（図参照）。『実在』とは、そこからあらゆる『神の諸力』が

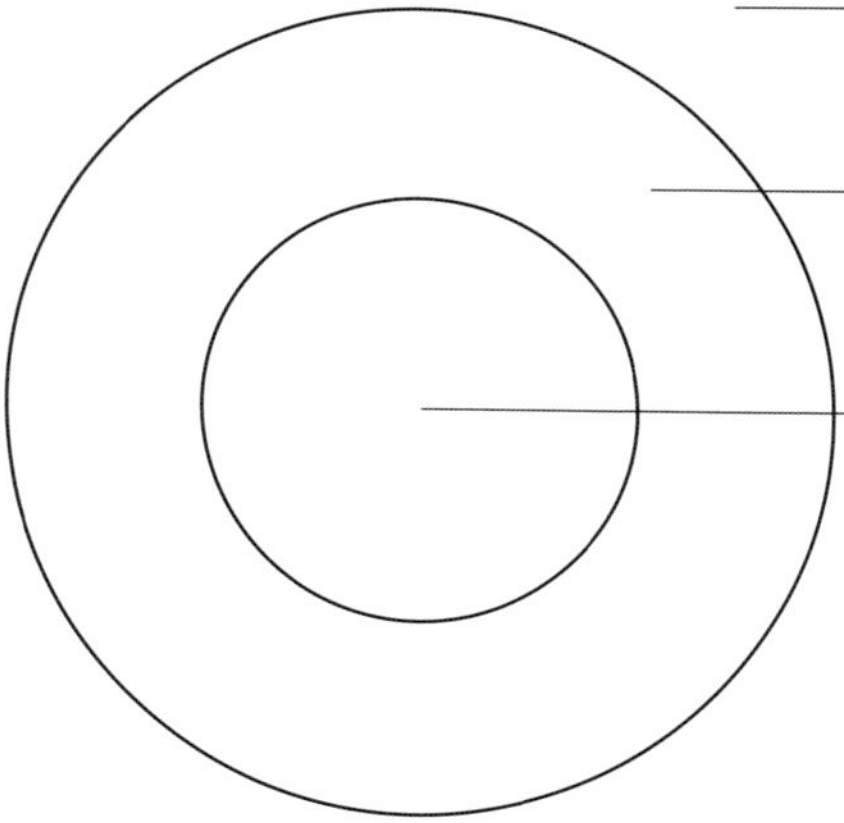

生ずる私たちの知らない領域である。ここは、神が存在している場所という天国の概念以上のものであり、そこは『生命』そのものが息づいている場所である。『実在』は、私たちの理解を超えているため、どんなものかはほとんど知ることができない。しかし、私たち一人ひとりの内にある小さな火花は、この想像することのできない領域と本質的なつながりを持っている。

私たちが暮らしている〝形の世界〟は、〝境界〟として知られるもう一つの層の存在によって〝実在〟から分離されている。そこには、多くの哲学者たちが〝アストラル次元〟と呼んでいる次元も含まれる。神の火花は、途中にある『境界』を通って物質的な『形の世界』へと行ったり、そこから戻ったりしている。

ダマヌールの人々によると、『人類』は一つの偉大な『神』であり、『起源的な神』である。その神は、人という存在に神の火花を与えて物質界に降下した結果として、『形』の宇宙である私たちの宇宙にやってきた。また、その火花とともに、優れた思考と自由意志、人間が神に由来していると気づく能力を持ってきた。『人類』の究極の目標は、その道筋をたどり、本来の『神的な存在』を再発見することである。『人類』は、神的な部分と、物質的な部分の両面を持っている。あらゆる人間は、橋のような存在であり、神とつながっている。しかし、一人の人物は、他人の助けなしに啓発されることは不可能である。それこそが、共同生活が非常に重要である理由である。

すべての人間は、神性へと回帰する道を戻るという仕事に責任を持っている。それは進化を選ぶことであったり、選ばないことであったりする。あなたが進化を選ばないその時には、あなたは人類の神的な側面を示すことなく、さまざまな出来事に弄ばれることになる。

ダマヌールの人々が、種々雑多な神々を信仰している多神教の信者ではないことが私にははっきりとし始めた。ダマヌールの人々は、あらゆるものを生んだ理解を超えた何か、一つの『偉大な神』を信じている。この視点においては、カトリック教会、ユダヤ教、その他大多数の宗教との衝突はほとんどない。しかし、ダマヌールの人々が他の宗教と意見を異にしているのは、神は外側にあるだけではなく、あらゆる人間の内側にも存在すると信じ、宗教というあらゆる概念を否定していることである。なぜなら、ある信仰心が宗教になるまでに、信仰は教義によって窒息させられるため、その宗教は本来の神という特性の大部分を失い、都合の良いように変えられ、死んだような状態になるからだと主張している。

さらにダマヌールの人々は、活発さや活気、創造的な要素を奪うことによって、『人類』のスピリチュアルな発展の多くを停止させているのは、この狂信へと向かう傾向であると信じている。『人類』が『起源的な神々』の一員であるという概念を受け入れるには、意識を変える必要がある。結局私は、自分の心にあるこれまで持っていたあらゆる概念を消し去り、ダマヌールの人たちの言っていることに、ただ耳を傾けてみるのが良さそうだと分かった。長年、私がすでに知っていることや、私が知っていると考えていることが邪魔になっていた。耳を傾けることを学んだとき、私はダマヌールの人々が持つ、本当に素晴らしいヴィジョンの明快さを理解し始めたのである。

エレファンティーナが私を助けてくれた。

あらゆるものは神性の起源を持っていますが、この神性の起源に気づくのは、あらゆる形態において同じではなく、多くは忘れています。しかし、私たちの宇宙には、多数の次元に存在する『神々の力』があります。その『神々の力』は、自分たちが『最高の神』の一部であることに私たちより気づいています。この『神々の力』の最高のものが人類との交流や協調に加わるとき、篤信な人々によってその力は『神々』と呼ばれます。これが、私たちが、『人類』によって〝創造された〟神々が存在すると言っている理由なのです。しかし、私たちの哲学に従えば、すべての人類もまた、その内側に神の本質を持っています。人間の仕事は、物事を神聖なものにするために、私たちの内なる神を明らかにすることです。そうすれば、全宇宙が『神』の一部であることを完全に意識できるようになります。

この哲学的な観点からすれば、ダマヌールの人々が『起源的人類の神』（ＰＤＵ）と定義している『存在するすべて』から派生した存在にとって、この物質的な宇宙は、新しい〝活動の場〟である。そのことを私は理解し始めた。ＰＤＵは、自らを神聖なものにするため、本来に戻すために、この物質的な宇宙に入ることを選んでいる。『神』はあらゆる形態を経験することによって豊かにされる。しかし、この多様性や連続的な変化によって支配される私たちの宇宙に入るには、『神』は無数の断片に分かれている。

一つの『神格』としての『人類』というこの考えについて、ダマヌールでの非常に重要な創造神話は次のようなものである。

『人類』として知られた『起源的人類の神』は、巨大な鏡のような存在であった。多様性と相違によって特徴づけられる『形の世界』に入るためには、おびただしい数の破片に砕け散らなければならなかった。比較的大きな部分は低位の神々となり、より小さな部分は人間になり、さらに小さな破片は動物や植物、鉱物となった。その時以来、多様性の中の一つの神として人間を認識することが、私たち人類の挑戦であり、この砕け散った統一体を再び集め組み立てることが、人類の根本的な目的なのである。

『人類の神殿』内にある『鏡のホール』の大理石の床に立って考えると、あなたにはこのイメージが、さらに一層大きな可能性として感じられると思う。

鏡の破片とは、〝神の火花〟と考えればよいであろう。その火花とは、私たちの周りに存在するすべてのものと同様に、私たち一人ひとりの内部にも現れ、私たちの中に留まっているわずかばかりの敬神の気持ちと考えられる。

エレファンティーナは、私にこの原則を説明してくれた。

私たちにとって、自己の探索と『神』の探索は一致しているのです。私たちは、人間を、物質次元とスピリチュアルな次元との〝橋の形〟（ブリッジ・フォーム、bridge-form）として考えています。すべての人間はそれを内部に持っており、物質を精神へと導く変容のための〝るつぼ〟として自分たちを使うことができます。この変容を成し遂げるためには、私たちが選択し行動することによって、世界との関係、生活そのものとの関係の質を上げることが必要なのです。

この状況の中で、『人類の敵』という概念はどのように説明できるのだろうかと思い巡らしていた。エレファンティーナが話した。

お分かりのように、本来ワンネスである『神』にとって、多様な物事の中での経験は、あまりに物珍しく、神だという自分の起源を忘れさせてしまうほど混乱することさえあるでしょう。もちろんこれは隠喩ですが、その影響は非常に現実的です。これが人間に起こったとき、その人間のもっともネガティブな部分が指揮を執り、その人間らしさを失わせます。内なる神の声に耳をかさない場合、人間は物質世界に入る際に選んだミッションを忘れ、絶え間のない下落と退化を通して行動する〝反生命原理〟に屈してしまいます。私たちの宇宙では、この破壊行為を宗教として選ぶ人々がいます。彼らはあらゆる可能な手段で進化に反対し、彼ら自身や他の人の世界内での生命や多様性を破壊します。ダマヌールの哲学では、自分の内と外の両方に〝反生命原理〟を引き起こして自分の神性の起源を忘れるような行為を、『人類の敵』と定義しています。喜び、美、愛、ユーモアのセンス、想像力は、あらゆる人間がその『人類の敵』を負かすために使うことのできる道具なのです。

神の王国について話をするとき、私はたびたび『トリアデ』(Triad、三つ組み)という言葉に言及するのを聞いていた。私は長年、『オラクル道』や『修道者の道』が、このプロジェクトに関係して神聖な仕事を行っていたのを知っていたが、実際に説明を受けたことはなかった。それを理解するためには、人は気分や環境を変化させる必要があるようだ。ダマヌールの他の作業に精通して初めてこれは明らかになるらしい。ある日、ダマヌールの新聞が、その『トリアデ』プロジェクトの意味を要約したオベルトの報告と説明を掲載した。

『トリアデ』プロジェクトは、地球の人間と神のエコシステムに対する調和を回復するために始められました。すなわち、人間と神の領域の間の新しい関係を創造するための大きな作業です。
そのプロジェクトとは、数千の神々を、私たちの住んでいる宇宙の形にふさわしい唯一の中核的な一つの神に再結合させることです。少なくとも二万年の間存在しなかった、人間と神との間の驚くべき関係を創造するのです。それは世界にとっての新しいしるしであり、再び新しくされたタイム・ライン……美と平和の希望です。『トリアデ』が完成すると、それは成長と行動のための新しくより大きい可能性をもたらし、スピリチュアリティーの復活を生み出すような新しい協調をもたらします。それとともに、人類に再覚醒と解放という大きな勝利をもたらします。

シレーナ・ニンフェアは、『オラクル道』と、進行中の『トリアデ』プロジェクトの開発作業の両方に責任を持っている。もし私が、この概念をもっとよく理解したいのなら、彼女と話す必要があるだろう。私はシレーナに、『トリアデ』の三つの力の最後の一つへの結合について、もう少し説明してくれるように頼んだ。これはバラバラになった鏡を再び集めることに関係しているのではないかと思ったからだ。

その目的は、あらゆる神々を一つにつなぐことです。多くの面を持った一つの結晶として、それを考えなくてはなりません。結晶とは人類の覚醒であり、多くの面を持つことでしょう。これらの面は浄化され、一本化された神々でもあるでしょう。その結晶は一つの鏡であり、しかも新しい鏡で、いにしえの鏡と同じものではありません。この新しい神性『トリアデ』と定義された名前は、人間に関係したこの惑星のあらゆるスピリチュアルな力を含んでいて、現在〝ホルス〟と〝バステト〟と〝パン〟に代表されます。この名前や波長は、伝統的なエジプトやギリシャの神々にのみ関係するのではありません。ホルスは『三番目の千年紀』の最重要な力で、すべての人間の内にある神の覚醒を引き起こすために重要な神なのです。バステトは、それ自身に女性原理、水、『母なる大地』、愛すること、ヒーリング、芸術などにつながる力を含んでいます。パンは、この惑星の男性的な生成力を含み、地球を救うために、エコロジカルおよび環境的な観点から人間と協同しています。

ホルスは人類の可能性を開くカギです。ホルスはこの結晶で最も大きい構成要素です。しかし、私たちのスピリチュアルな道はただ一つではなく、目標は変わるかもしれません。ひとたび一つのレベルに到達すれば、前方に別のレベルが開けます。五年、六年も経てば私たちの目標は違っているでしょう。私たちが到達しなければならない別の段階があることでしょう。

『トリアデ』について情報を得ることは、私にとってとても重要であった。それがたくさんの戸口を開けてくれるからであり、ダマヌールをさらによく理解させてくれるからである。このプロジェクトは、『神殿』や丘の中腹にあるサーキットの芸術作品全体に反映されている。それが、ダマヌールが存在している大きな理由の一つだと確信している。絶え間ない儀式の作業を二十七年間続けた後、二〇〇二年の夏、ダマヌールのイニシエート全員が参加した重要な場面で、私たちの惑星のすべての神々の調和の達成がようやく結末を迎えた。その数カ月のオラータのウェブサイトの記事に、そのような期間の感動と喜びが生き生きと書かれている。その経験のエッセンスを非常によく表現しているので、ここにその全文を掲載する。

二〇〇二年五月

確かに今月の主なテーマは『トリアデ』です。最後の段階は、この地域のいくつかの場所で行われる二十四時間ぶっ通しの作業で始まっています。

最終段階の開始は、五月二十四日月曜日の夜、『円形劇場』に供物として四番目のロウソクを捧げる作業とともに始まりました。この儀式では、『メディテーションの学校』の全員によって捧げられたロウソクの後に、この惑星上の人類と結びつけて考えられる神々を象徴する大変な数のロウソクが続きました。ロウソクが相当な数に上ることは想像つくと思いますが、実際二千本以上ありました。ロウソクに点火する作業は、『オラクル道』のメンバーが担当しました。その点火作業は、すさまじいにわか雨の到来によって邪魔され、石段の上で灯り続けようとする全部の炎を消す恐れがありました。たくさんの傘、出席している全員の強い決意に守られて、すべてのロウソクは灯り続けたり再び点火されたりして、激しい雨の一時間後、ロウソクは闇の中で勝ち誇ったように輝き続けていました。

炎は、一つ一つすべてのロウソクが燃え尽きるまで、一晩中見守られました。次いで一つの炎が、『円形劇場』の中央にある『聖なる火』に点火するために運ばれ、火はそこで燃え続け、見守られ続けます。

作業が行われている間、『オープン神殿』の主要な領域に近づくことは制限されています。昼夜の別なくハンドベルの優しい音色が、作業がまだ終了していないことを知らせています。

二〇〇二年六月

私はこの文を『トリアデ』プロジェクトのために書いています。そのため、私の客や友人が、この重要な瞬間に参加することができ、私たちの生活のあらゆる部分に浸透し始めた信じられないエネルギーとつながることができます。

ダマヌールは活気でざわついています。もし歌の詞のように〝空に愛〟があるのなら、それが今です。多くの住民が、オベルトと南へ旅する〝ヴィアッジョ〟(マジックな旅)に参加するため準備中です。いくつかのグループが、今月の初め、ひどい天候や困難に耐えながらも、驚くべきレベルのエネルギーと協同効果とともに帰ってきました。参加した人々は、喜びと熱狂とともに戻り、そのエネルギーをすべての人々に〝伝染させ〟ました。それは、今では全ダマヌールが〝ヴィアッジョ〟に存在していると感じている、野火のように広がるエネルギーです。温度は上昇しつつあり、あらゆる種類の旗が、部屋や壁、建物を飾るためにつくられています。その旗はすべて、『トリアデ』の到着を意味する『聖なる言語』の符号を伝えています。

祝典パーティーでは、ダンス、音楽、美術などが計画されています。住民全体がパーティー・ムードです。個人的な限界は克服されようとしていて、いつもは無口で恥ずかしがり屋の人々も心を開こうとしており、ネガティブな考えは捨てられようとしています。そして楽観主義が当たり前であり、笑いやハグ、キスが日常的な挨拶です。何事も、どんなことでも可能に見え、空中に魔法があり、すべての人の笑顔に、その喜びに、この瞬間の重要性について増加する気づきや理解に、『トリアデ』の完成が近いことを感じることができます。

私たちには、『トリアデ』がいつ最終的に完成するか分かりません。しかし毎日、エネルギー的な温度が上がっているので、私たちがどんどん完成に近づいていることに気づいています。

すべての人が楽しみと機嫌の良さの感覚を保ち続けられるように、ダミールの治癒力のあるサーキット地域の砂に一つのランニング・スパイラルが建設されました。毎回、スパイラルをより速く走ることによって、個人的な限界を克服する努力を鼓舞するために、『ヴィアッジョ』グループの人々も同じようなスパイラルを使っています。個人的な記録は毎日破られています。

パーティー・ムードに合わせてダマヌールの画家たちは、『トリアデ』を祝うための新しい壁画を建物の長い外壁に準備しました。その建物の中には、ブルカーノ、体育館、テンタティの食品配給センターが入っています。壁画は、『聖なる言語』の符号を土台に、みんなが色を塗るのに適した陽気な漫画やキャラクターの絵へと発展しています。壁画制作に貢献することは、『ブケ』(穴) プロジェクトのための資金集めパーティーを兼ねた、壁画を彩色する夕べを締めくくる良い口実をつくりました。

実際、五月は、百人以上が集まるダミールのバーベキュー・パーティー、月の終わりにはダマヌールの『スピリチュアルな誕生日』と、パーティーの続く月なのです。誕生日ディナーには、世界中からの訪問者とともに、ダマヌールに居住している市民、していない市民など四百四十人もが集まりました。『百人の市民プロジェクト』のメンバーたちが、ダマヌール農業観光センター (Agri-tourism center) の長であるファウノ・ムスキオが準備した『ニュー・ルネッサンス』の食事に、ウエーターやウエートレスとして奉仕することを申し出ました。『誕生日』祝賀会には、ダマヌールのサマー・ファッションショー、格闘技の演技、リサイタル、音楽、動物名や植物名を獲得する行事などがありました。イタリア南部を旅行しているダマヌールの人々が、その『誕生日』祝賀会のエネルギーと接触できるように、その『ヴィアッジョ』には電話でつなげられました。

『ヴィアッジョ』からは毎日のように、Eメールや戻ってきた旅行者によってニュースが届いています。例えば、彫刻された岩々、海に浮かべられロウソクの明かりで照らされた筏《いかだ》、新しいいくつものスパイラル、毎日のパン作り、新しいセルフィック・ペインティング、そして共に働いたり、何かを作ったり、遊んだりする真の喜びについてなどがあります。

六月の中旬が近づくにつれ、夏至、つまり一年でエネルギー的に高い時期となり、誰もが『トリアデ』に心を集中します。きっと、私たち全員がそれに向かって作業を続ける時期なのでしょうね。

二〇〇二年七月

ダマヌールのいくつかの聖なる地域で、二十四時間寝ずの番をして儀式の火を守り続けるという七月は、火が大きな主役となります。『トリアデ』を完了させるという作業は、驚くべき努力で続いています。再統合という象徴的な作業は、以前使われたロウソクのロウの残りを燃焼させながら、『オープン神殿』で行われます。

作業は続けられ、『トリアデ』の入り口は近づいています。オベルトはそれを、港に入港しようとしている大きな船にたとえています。そして私たちは、船を停泊へと導く水先案内人なのです。八月に入ると船はドック入りし、誰もが絶対的な注意を要求される段階となります。私たちは待ち、期待し、全員の内側で炎が明るく燃えさかります。

二〇〇二年八月

長年の献身的な作業の後、ようやく結論が下される『トリアデ』の成果を手にする今月は、なんと素晴らしい月なのでしょう。前の記事を見ていない人のために、八月初めの記憶すべき夜に起こった最終段階の報告をします。それは、私たちの旅にはいつも起こることなのですが、流れ星が流れると同時に起こりました。

〝『トリアデ』の作業は終了した〟と、オベルトが『オープン神殿』にある円形劇場のステージを去りながら公表しました。八月十二日の夜、十一時頃のことでした。彼の言葉に感動して、一斉に拍手が起きました。円形劇場のまわりには喜びの波動が流れ、響き渡っていました。私たちは互いに静かに抱きしめ合い、一人ひとりが、ついにその時が到来したこと、作業がついに完了したことを認識して微笑みました。

ロウソクの最後の残りが、仰天するほどの黄金の炎で燃えていました。その炎は、円形劇場を明るく照らすだけではなく、階段に沿って賞賛の気持ちで静かに立ち尽くしている私たちの顔をも照らし出していました。炎には、〝偉大な船〟の最後の接近を告げる太鼓と、ほら貝の長く響き渡る音色が伴っていました。その船の到着には、準備のために非常に多くの生涯を必要としました。私たちがその円形の場を離れるとき、闇を和らげるためのチベットベルの音が続きました。黄金の聖杯、かがり火そして祭壇のロウソクは、二十七年にも及ぶ献身的な仕事の結末と統一体としての新しい段階の始まりの証人として、その場に残っています。

オベルトは、私たちが『トリアデ』の到来の重要さを本当に理解するには多分二十年以上かかるだろうと言っています。〝偉大な船〟が安全に港に導かれた今、すべての積荷は降ろされ、吟味され、整理されなくてはなりません。『トリアデ』は、入港とともに、スピリチュアル、社会の両方に大きな変化をもたらすでしょう。そして別の次元に移動する新しい可能性をも、もたらします。それは、私たちの人生に最も重要な時期を特徴づけますが、満足に浸っている時間はなく、作業は続けなければなりません。なぜなら、そこには、『自由と再覚醒』が本当に始められるように持続される、新しいスピリチュアルなエコシステムが存在するからです。

オラータ

最近、ダマヌールを訪れた際、私はオベルトにインタビューし、『トリアデ』プロジェクトの完了と、数千もの『神々の力』をエネルギーの純化された貯蔵場所に統合した結果として、ダマヌールの速度、方向、心構えに影響した新しい発展や変化について尋ねた。そして私は、彼にこのプロジェクトの完了がどのように重要なものかを尋ねた。彼の答えには、大して驚かなかった。

要は今、これから得られるパワーの使い方を、私たちが学ばなくてはならないということです。それはまた、すべての人々に対する変化を意味します。もちろん、一つのことが変わっても、あらゆることはほとんど変化することはありません。それが証拠です。もし小さなことが変われば、それは大きなことが働いたことを意味します。『トリアデ』プロジェクトは二十七年間もの作業であり、一日二十四時間、非常に多くの人たちの大変な献身が続きました。私たちは、起こることを継続的によく見なければなりません。

第十二章　内なるパーソナリティー　魂の構造

私たちが自覚している部分は、私たちの複雑さに比べてあまりに少ないのです。その結果、多くの場合私たちは、それとは気づいてさえいないで同時に別の人間でもあるのです。

エスペリデ・アナナス

私は、ダマヌールの人々がパーソナリティーの本質について魅惑的な理論を持っていることを聞いていた。第八のクエジトを説明した際にすでに言及しているが、ここではさらにそれについて深く話すつもりである。

現代医学では、多重人格を一つの病気、標準からの変異、精神異常、混乱状態と考えている。それに対してダマヌールの哲学では、人間は本来多重人格的な存在であるとしている。私たちは皆、内部に異なった複数の個性を持っており、私たちにとってそれは調和させることを学び、利用しなければならない偉大な財産である。

〝パーソナリティーの集まり〟(以下〝編成パーソナリティー〟と表示)は、〝個人の集まり〟

として想像することができる。その一つ一つのパーソナリティーは、それ自身の考え、世界観、個人的な物語を持っている。その編成パーソナリティーが、私たち一人ひとりに、充実し、幸せで進化的な人生を生きるために最高のチャンスを与える経験をもたらしてくれる。私たちは、性別にかかわらず誰でも男女両方のパーソナリティーを持っている。私たちは全員、数百万年もの間、この惑星だけでなく、あらゆる可能な状況を経験しながら、男になったり女になったりして存在してきた。編成パーソナリティーは、現在いる環境の文化に根ざしているものでないため、人種さえも重要性を持たない。

編成パーソナリティーは私たちの魂の部分であり、『起源的人類の神』の神の火花を運んでおり、『実在』(Real)、すなわち『真実』の場、純粋なスピリチュアリティーの場からやってくる一つの中心核の周りに集められる。編成パーソナリティーは、すべての人間に、人生を完全に達成する可能性を与えるために、まったく矛盾がないという基準に従って集められる。いくつかのパーソナリティーは、他のパーソナリティーより完成に近い状態である。それはあたかも、あるパーソナリティーはすでに満足な人生を送ったことのある個体であり、他のパーソナリティーは、いまだ世界を探求しなければならない子どものような不完全な個体のようである。

赤ん坊は生まれるとともに自分の経験をスタートし、〝編成パーソナリティー〟と定義される新しいパーソナリティーを発展させ始める。この〝編成パーソナリティー〟が、私たちが通常〝私〟として認識している個人である。この全体的な構造が、ダマヌールの人々が〝soul（魂）〟と呼ぶものである。面白いことに、動物界での私たちの地位を反映しており、またユング心理学の影響を受けて、イタリア語では魂のことを〝アニマ〟と呼ぶ。これは女性名詞である。

最低レベルの複雑さと組織された構造を備えた人間は、六つのパーソナリティーを持っている。スピリチュアルなレベルは、パーソナリティーが八つ集まった段階で現れる。さまざまなパーソナリティーが複雑な原動力に従って交代で肉体を導いており、潜在意識、記憶の利用、あらゆる部分の進化など、たくさんのことを処理しなくてはならない。ダマヌールでよく使われる図形では、中央にあるひし形の図形のまわりに小さな丸で示されたパーソナリティーを集め、組織的なスピリチュアル構造として魂を表している。

『アトラクター』（引きつけるもの）は純粋な知性であり、絶対的な確かさで必要なパーソナリティーを引き寄せることができる。その編成したパーソナリティーは、生まれ出ようとしている人物の進化に対し、適切な調和を創り出すことができる。『アトラクター』は、選択する必要はない。私たち一人ひとりは、矛盾のない組み合わせに結合されなくてはならない。すなわち、これは形の世界に生まれる前に行われる一種の〝魂の計量〟である。結合に関係する知性は『アトラクター』の特権であり、『形の世界』での活動は編成パーソナリティーの職分である。エスペリデが説明してくれた。


私たちは時間的な存在であり、時間と空間の異なった地点に、私たちの編成パーソナリティーとともに同時に航海し、生きているのです。『アトラクター』は始発・終着駅のようなもので、私たちのすべてを一点に集め、それを時間の海の中の同じ時代に存在させます。魂は

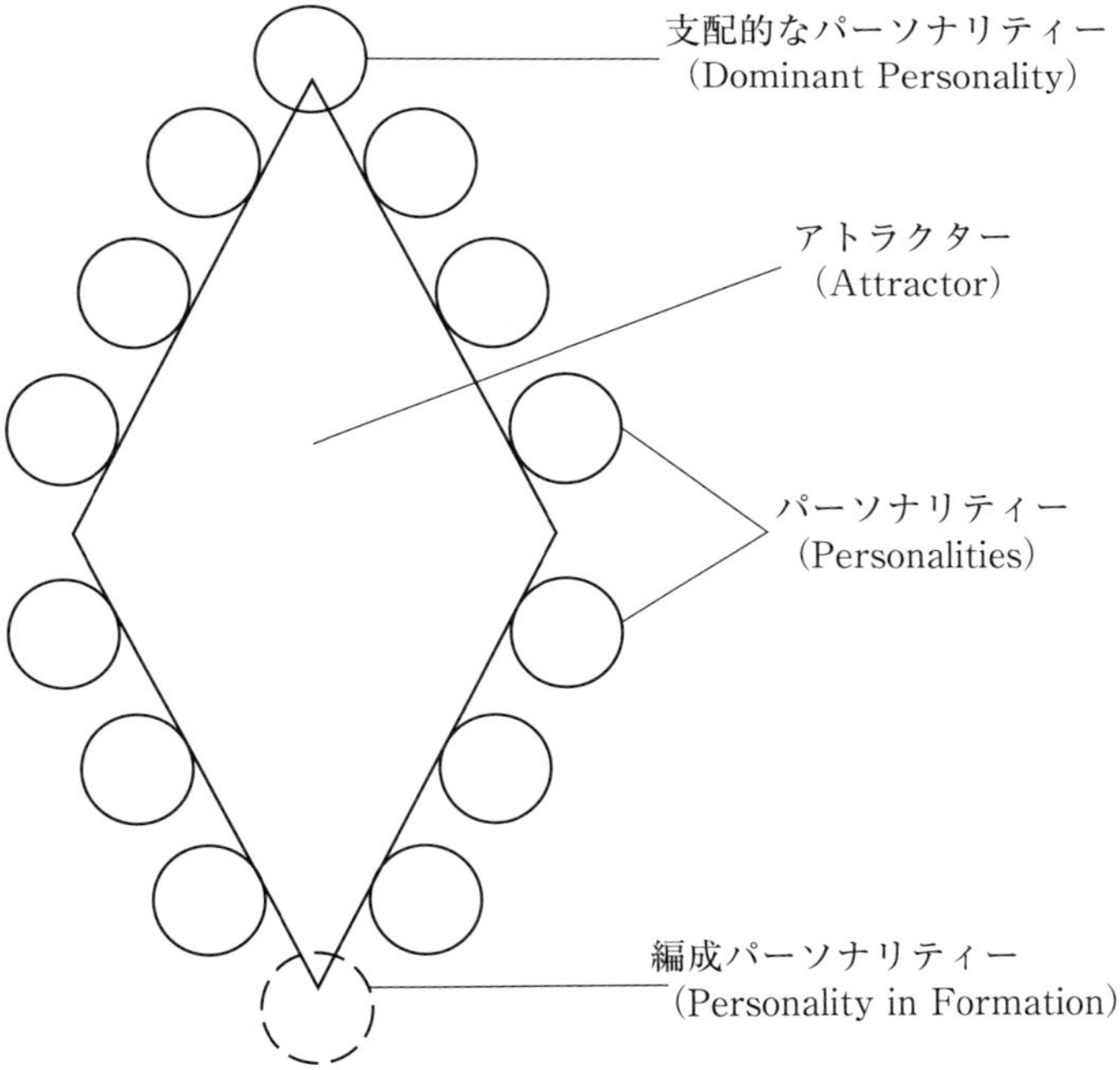

アトラクターは実在からやって来る純粋な
知性である。
それはパーソナリティーや記憶を引き寄せ
る機能を持つ磁石のような存在である。

活動することによって自己を表現します。すなわち、私たちは活動をするために『形の世界』に存在しているのであって、静かに何もしないでじっとしているためではありません。私たちの魂は、活動を避けることも、世界にいて実際的な干渉を避けることもできません。もし私たちが進化に励まないとしたら、形の世界に肉体を持って存在しているという意味は何でしょうか。私たちは有機体で思考力のあるスピリチュアルな形をしているので、私たちは独力で自由意志を使うことによって自分で選択を確立しなくてはなりません。もしこれを行わなければ、私たちは不完全であるため、不幸せな存在となるでしょう。

しかし、私たちはこの編成パーソナリティーの中に支配的なパーソナリティーを持っている。図形上で、ひし形の頂点にある丸で示されている。このパーソナリティーは、他のパーソナリティーよりも強力にその特徴が現れる。私たちの人生の目的とは、私たちのすべての異なったパーソナリティーを、愛と私たち自身を創造的に表現する機会を通して統合することである。その結果、アトラクターのひし形図形の底部に破線の丸として示された、今生での〝私〟というこの新しい『編成パーソナリティー』が、他人のパーソナリティーの複雑さを理解し、統合された全体であることができる。エスペリデは続けた。

編成パーソナリティーの一つ一つは、個性も、才能、願望も異なっています。しかし、それらのパーソナリティーはすべてが重要であり、共通の方向性とよく似た進化を持っています。私たちはいつも考えているし、現代社会の慣習もあります。それにもかかわらず、私たちの性質が、私たちをそれぞれ違った方向に順応させるのです。

また、この肉体を持って私たちが存在している間、異なった年齢の異なった時期には、異なった個人なのです。私たちは新生児であり、成長期の子どもであり、少年や少女であり、ティーンエージャーであり、大人でもあります。私たちは、今の人生の間中、何度も生まれ死んでいます。すなわち私たちは、人生で通過してきたあらゆる段階の経験全体の記憶を持っているのではなく、統合した記憶を持ち、それが今の私たちの統合されている部分なのです。

そのため、もし私たちが完全に調和が取れ、うまく統合された人間であるなら、私たちの編成パーソナリティーは絶えず交代し、形成され、私たちが『私』として認定している新しいパーソナリティーの成長の必要性と一致します。人間としての自分を完全に統合している場合には、支配的なパーソナリティーが別のパーソナリティーを指名して、順番に仕事をさせます。本当に理想的なのは、あるパーソナリティーが偶然に仕事をするのではなく、あなたがそのパーソナリティーを呼び出したときに仕事をすることです。

例えば、支配的なパーソナリティーが非常に素晴らしいピアノ演奏家であり、編成パーソナリティーがコンサート・ピアニストになったとします。ある日、彼は大きなコンサートを開きましたが、支配的でない別のパーソナリティーが表面に現れました。それでも、そのパーソナリティーもピアノの才能がありますから、ピアノは弾けます。しかし、その日残念ながら彼は、ピアノ演奏家のパーソナリティーが支配しているときほど上手には弾けません。このように、理想は、あなたが必要なときには、どのパーソナリティーの資質をも利用できることです。

もちろん、いつもそううまくいくわけではありません。特定のパーソナリティーが支配的な位置を離れない場合には、内部に対立を引き起こし、その結果その人は病気になります。肉体が病気になるかもしれません。それというのも、それぞれのパーソナリティーは、通常一つの臓器と重なり、関連づけられるからです。昔から中国でも言われてきましたし、近代科学でも、それぞれの臓器がそれ自身の神経系統を持っていることが発見されています。肉体でなければ心が病気になるかもしれません。交代が深刻にブロックされてしまうと、人は気が狂ってしまいます。そして、完全に不安定な状態になってしまいます。これは、すべてのパーソナリティーが表現の機会を持たないからではありません。パーソナリティーたちが、自分の影響力を持てないからでもなく、自分たちの複雑さを増やせないからなのです。すべてのパーソナリティーは、進化する必要があるのです。

理想的には、一生の間に十分なレベルのスピリチュアルな進化にたどり着き、結果として、死んだ時に私たちの異なったパーソナリティーが分散しないことである。その場合、次の人生経験に戻るとき、その編成パーソナリティーは新しい『アトラクター』の周りに一つのパーソナリティーとして現れることができる。そうすれば、私たちはさらにずっと高いレベルの統合状態から出発することができる。もしこれがいつも可能ならば、進化の道のりはずっと早まり、このプロセスを何度も何度も繰り返せば、時間の無駄がないだろう。

エスペリデが別の機会に、個人という観点から、編成パーソナリティーがどのように働くかを話してくれた。

私たちは脳に、一度に二つのパーソナリティーをいつも持っています。一つは脳の右側にあり、もう一つは左側にあります。彼らもいつも切り替わっています。これが非常に重要なことなのです。それがコントロール・システムであるとともに、私たちに選択の可能性を与えるメカニズムでもあります。

私たちは常に、対決しなければならない二面性を持っているのです。すべての異なったパーソナリティーは、肉体が生活して得る経験を生きていますが、得る経験の程度は異なっています。同じ車に乗り合わせている人たちについて考えてみてください。一人は運転者であり、その人が大部分の決定をしますが、他の人たちもそこにいます。そして、窓から外を見たり、おしゃべりしたり、叫んだり、運転手にもっと良い道を教えたりしています。パーソナリティーたちは、そのような経験を一緒に生きているのです。記憶について話す時には、このことを考えることが重要です。それというのも、その時表面に出ているパーソナリティーに従って、あなたは異なった記憶を得るからです。全く同じ重要な経験が、それに関連した異なった感情や違った記憶として思い出されることがありえます。すなわち、あなたは精神的なプログラムや感情などを癒すために、その経験が持つ関係を想像することができます。私たちは、単に一つのパーソナリティーではありません。私たちが『プラナセラピー』を非常に優れた医療であると考えている理由の一つは、プラナセラピーがさまざまなパーソナリティーのすべてを癒すからです。

一人の人物のさまざまなパーソナリティーを識別するためには、たくさんの技法がありますす。まずは、あなたがいくつものパーソナリティーを持っているという事実に気づくことです。私はそれに気づいて、より幸せになると同時に、生きることがより楽になったと感じられました。私は子どもの頃から少なくとも二つか三つのパーソナリティーを持っていて、いつも彼らと会話をしていました。彼らの話を聞くこともできました。そのため時々、自分は少し気が変なのだと考えていました。私はそれが実際に健全なことであると発見してホッとすることができ、意識的にパーソナリティーを統合し始めました。

私たちの行う訓練の一つは、日中の異なった時間に鏡を見て、誰がそこにいるかを見つける努力をすることです。私の目を通して見ているのは一体誰なのか。また、その日の違った時間に、ちょっと立ち止まって、そこにいるのが誰なのかを知ろうとすることです。

あるパーソナリティーは一日の時間帯によって交代しますが、一年に一度現れるパーソナリティーもあります。私たちが寝ているときに交替するため、決して逢うことのないパーソナリティーもいます。すべてのパーソナリティーは、それぞれ独自のリズムを持っています。しかし一日を通して、私たちは絶えずパーソナリティーを変えているのです。早朝の私のパーソナリティーには、感心できません。朝八時ごろには、まだ話しかけない方がよいですよ！

霊魂の生まれ変わりについて、最も世間に認められている理論は、魂が『形の世界』での経験を積んでいる神の一部分であるというものである。何度も生まれ変わって、最早『形の世界』に戻る必要がない臨界点に到達するまで、魂は経験を蓄積する。その経験が完了すると、魂は『創造主』の元に戻る。これが悟りであり、輪廻転生のサイクルから離れることである。ダマヌールの理論は、この経験がどのように身につけられるかを説明する助けとなる。コヨーテは説明した。

すべてのパーソナリティーが、人間としての形、物質次元とスピリチュアルな次元間の橋という形での経験を完了すると、それがすなわち悟りなのです。ひとたびあなたが悟りに達して死ぬと、編成パーソナリティーはその『アトラクター』に融合し、その『アトラクター』は、最早『境界』に行くことなしに一直線に『実在』に戻ります。このようにして、私たちは森羅万象の結果を『創造神』に届けることができるのです。私たちは常にこれを行っています。私たちの内部には、宇宙の経験のすべてが存在します。それというのも、私たちが、単に異なった転生でたくさんの人生を経験しているだけでなく、私たちの魂は、動物や植物とともに世界全体を含んでいるからです。このレベルの気づきを持てば、私たちが宇宙全体に同時に関与していることが分かります。これは素晴らしいことです。

最近、私はダマヌールでヌークレオの集会に参加していたとき、突然、編成パーソナリティーが働いている様子をはっきりと理解した。その集会では、進行を指揮している一人が、時々その指揮権をグループの他のメンバーに手渡していた。そのように、彼ら全員が所属している会の進行に参加していた。

それ以上に、ダマヌール全体がこの構造に影響されている。オベルト・アイラウディは、霊感を与える人、指導者、さらにマスターとして非常に高い尊敬の念を抱かれている。しかし、彼はあらゆることの中心ではありえない。でなければ、ちょうど一つのパーソナリティーの支配力が強すぎて一人の人物の魂がうまく機能しないように、このコミュニティーもずっと以前に崩壊してしまっていただろう。ダマヌールは、すべての人が自分の言うべきことを持ち、行われていることに影響を与える機会を持っているが故に、うまくいっている。そのため、この大きなコミュニティーをつくり上げているさまざまな部分がつり合いを持ち、安定した魂を持っている。また、ダマヌールの人々が多くの異なった事柄を試みることを奨励される理由の一つは、彼らのすべてのパーソナリティーに、交替し、自分を表現できる機会を与えるためである。そうすれば、最高に充実した人生を生きることができる。

第十三章　セルフィカの開発

『セルフ』を研究すると、『セルフ』はそれ独自の数学や論理を持っていることが分かります。

チコーニャ・ジュンコ

セルフィカは、私たちの宇宙の基本的な形、スパイラル（渦巻き）に基づいた大昔の科学的知識である。このセルフィカは、エジプト人、ケルト人、アラブ人たちに知られており、紀元前八世紀まで実際に使われていた。ダマヌールでは、約三十年間このセルフィカを開発しており、生命エネルギーを集め方向づけるために、スパイラルと金属を使っている。この学問から開発された実用品は、『セルフ』と呼ばれる。『セルフ』には、導体として理想的である金や銀が使われることが多いが、銅や真ちゅうを使うこともある。

私が最初に『セルフ』に出合ったのは、初めてダマヌールを訪問したときの日曜マーケットであった。露天のその店には、たくさんの『セルフ』が並んでいた。友人のケン・キャンベルがそれに興味を持った。彼は、イギリスのテレビ放送局、チャネル4の知的指導者についての番組シリーズのために、哲学者マーヴィン・ミンスキー、デレック・パルフィット、リチャード・ダウキンズたちの取材に訪れていた。哲学者たちは全員そろって、彼に、『セルフ』を発見したり、それがどんなものか見つけることなどあり得ない事柄だと語っていた。しかし、ここでは誰かがそれをつくって、しかも売ってさえいるという不思議な状況があった。

そこには、ネガティブなエネルギーに対抗したり、免疫機構を改善するためのブレスレット型の『セルフ』が並んでいた。それに〝錬金術的な液体〟の入った小さな球の付いた『セルフ』もあった。その液体は、胴体の臓器の問題箇所に働きかけ、睡眠のパターンや夢を正常な状態に戻す働きがあった。辛い月経痛に対処するための個別の小さなベルベットの袋に入った『セルフ』、記憶力を改善するための『セルフ』などもあった。友人のジョーン・ジョイス（この旅で一緒だった）は、記憶改善の『セルフ』を一つ購入したが、確かに私も彼の物忘れが改善されたように思う。ジョーンは俳優である。そのため、彼はセリフを覚える必要がある。セルフのおかげかどうか解らないが、最近では以前よりさらに多くの仕事をこなしているようである。

だが、この『セルフ』とは、『ニューエージ』のあらゆるお祭りや展示会などで売られている、あの〝万能薬的〟な品物とどう違うというのだろうか。私はダマヌールの人たちの主張をもっと聞く必要があった。チコーニャ・ジュンコは、『修道者の道』の責任者であるとともに、長年『セルフィカ』の開発にも取り組んできた。その彼女が話してくれた。私は、「正確にいって『セルフ』とは何なのですか」という質問から始めた。

『セルフ』とは、繊細で神秘的なエネルギーである〝サトルエネルギー〟に関係する存在です。『セルフ』は、一つの生きている存在なのです。違った形は、違った機能を持っています。『セルフ』の単純なものは錬金術的な液体ではなく、大部分、銅などの金属を使い、その機能は、個人のオーラの増幅から感性や知覚力を高めることにまで及んでいます。また、免疫機構を整え、記憶力を補助します。さらには、家屋や自動車の環境にバランスを与えます。

スパイラルな形の一巻きごとに、それに沿って流れるエネルギーの速度が増加します。これに対して、角はそのエネルギーを方向転換させます。また、素材に銅、真ちゅう、金、銀のどれを使うかによっても機能が違ってきます。

この材料を使って仕事をする人は、結果として出来上がる『セルフ』に重要な影響を与えます。私は『修道者の道』に従っていますから、この作業をすることができます。例えば、銅線を伸ばしたり、形を作り上げたりして仕事をする際、私は実際にその銅線をサトルエネルギーで満たすことができます。それは、エネルギーの交換や移動に適した状態をつくり出そうとします。私たちは原材料と本体の形状の両方を準備し、働きかけをします。皆さんは、子どもが生まれる時にまず肉体が形づくられ、次いで魂が入るという事実を考えなくてはいけません。それはセルフィカでも同じことです。セルフィックな本体が準備できたら、他の次元からの捉えがたいサトルエネルギーの生き物が到着してそれに入るのです。

錬金術的な液体は、『セルフ』をさらに別のレベルへと連れていきます。その液体は適切な環境で準備され、特定のエネルギーや時間の蓄積によってつくられます。金属はすでに存在していいます。人はその金属にエネルギーを注入する過程で『セルフ』に命を与えますが、錬金術的な液体を伴うものは、形態によって生命がやってきます。私たちは蒸留法や錬金術的なプロセスを使います。しかしそのためには、自分たちが行っていることを熟知しており、錬金術的なプロセスにどのようにかかわったらよいかを理解している人物も同じように必要なのです。それはひとりでに起こるプロセスではないからです。

その液体は『セルフ』の効果を増幅します。しかし、液体が多いほど『セルフ』がパワフルになるわけではありません。セルフィックな本体が、どのような形に作られているかによります。錬金術的な液体を使っているセルフは、例えば、夢を見るための能力とか、他のセルフを活性化する能力など、それ自身に役割があります。

信じられないかもしれないが、『セルフ』は生きているのである。『セルフ』はあなたに協力し、特定の目的のためにあなたと仕事をする知能の高い生き物であり、特定の機能を果たすために前もってプログラムされている。

現代物理学では、セルフィカが基礎を置いているこの種類のエネルギーについて、いまだ十分に理解されていない。ほんの十年前でさえ、フランスの物理学者ジャック・バンヴェニストが彼の研究で、水が化学的な性質の担体であり、記録媒体である可能性があると主張したことに対し、いわゆる正統派科学の学会は、その研究を排斥したのである。このような基本的な概念に対してさえ心を閉ざしている段階では、サトルエネルギーが実際に人間生活に応用できるなどという考えが受け入れられる望みはほとんどない。

ダマヌールの人々は、ウィルヘルム・ライヒやジョージ・デラウェアの業績を念入りに調べている。ライヒは、ダマヌールと同じような考えを使っている。すなわち二つの金属を互いにかかわりを持たせ、それが生物学的および大気の生命エネルギーである〝オルゴン・エネルギー〟の一種の電池や蓄電池として働くようにした。しかし、アメリカ政府は彼の本を燃やし、年配者であるライヒを牢獄に投げ込むことが必要だと思った。その結果、彼は牢獄で亡くなった。これは中世の話ではなく、一九五〇年代の話である。

先駆者であるジョージ・デラウェアも、カール・グスタフ・ユングが〝シンクロニシティー〟と呼んだ法則に従い、時間や空間に関係なく作用するように見える不思議な放射エネルギーについて研究した。デラウェアは、オックスフォードの研究室で実験を行い、一九六七年に『物質を探るために音波を使う』というレポートを書いた。

エレクトロニクスにおける基本的な考えでは、各個体や有機体、物質は、固有のエネルギー場の媒介でエネルギーを放出し、吸収するとしている。物質が複雑になればなるほど、波形も複雑になる。人間のような生き物は、非常に複雑な波のスペクトルを出している。それぞれのスペクトル部分は、身体のさまざまな臓器や組織と関連づけられる。

彼の場合、考察中の特定の放射エネルギーを検出するために、人間の〝オペレーター〟によって電子装置を使った。ライヒの評判と同様に、ジョージ・デラウェアの評判も彼の死後高まっており、その業績は、心の広い科学者たちの間では注目に値する信頼を得ている。しかし、大多数の科学者集団は、未だにそのような考えに否定的である。これこそが、ダマヌールで行っているこの種の仕事がいかに重要であるかの理由なのである。ここでの仕事は、伝統的なやり方につきものの否定的な抑制や閉鎖的な心的傾向の範囲を越えて発展している。

ひとたびセルフの知識がはっきりと理解され、実用的に使われると、あらゆる物を最大限に利用するダマヌール流のやり方が実施される。大きなセルフィック装置が、『人類の神殿』のために開発された。それは〝球体のセルフ〟(スフェロセルフ)として知られる非常にパワフルなセルフで、複雑な金属構造、組み合わされたスパイラルな形状、錬金術的な液体が入っている球体から成り立っている。これらは非常に複雑な構造をしており、目にも非常に美しく、明らかに他の物体や構造をエネルギー的に充電する能力がある。そのような『球体のセルフ』は、例えば星形五角形を充電するために使われている。星形五角形は、ダマヌールの人々が儀式の際に使ったり、瞑想し、生命エネルギーとコンタクトするために歩く、大きなスパイラル状のサーキットを充電するために使う。しかし『人類の神殿』では、セルフはすべての場所の骨組みに組み入れられている。

一つ一つの部屋は、特定の『セルフ』やその特定のエネルギーを受け入れるようにつくられている。それらの『セルフ』は、エネルギーを方向づける役目をし、神殿のさまざまなホールや特定地域の機能に従ってエネルギーが正しいレベルにあることを確実にする役目をする。

『人類の神殿』全体が生き物であり、活動的な存在であり、生命エネルギーであふれている。それは『セルフ』と建築様式と芸術の間の相互作用の結果であり、さらにそれを使う人々との相互作用の結果である。現在では、その神殿そのものが世界最大の『セルフィック』な構造であるといわれている。建造過程で、建築材料そのものを『セルフィック』な性質に変化させただけでなく、壁や床の内部には約三百トンものセルフィックな回路部分が含まれている（第一章参照）。

ダマヌールの研究グループは、より以上の複雑な構造を絶えず創造しながらセルフィカの全般的な原理原則を研究し、磨きをかけ続けている。現在では、金属とクリスタルでつくられた『クリスタル・セルフ』もある。クリスタル・セルフは、記憶の貯蔵所や小型の『セルフ』として使われる。インクや絵の具を使って特別に準備されたものは、身に着けている人が生命エネルギーにつながりを持ち続けられる魅力的なアクセサリーとなっている。

また、神殿の多くの空間を特徴づけている大きな球体がある。その中でも、『球体のホール』のものは特別である。これらの球体は、大部分サッカーボールか、それよりわずかに大きい球形をしたガラス球である。ガラスの表面には模様があり、内部は液体で、多くは異なった色をしている。加えて、これらの球体は、審美的にも強力な魅力がある。もしそれらが神殿を装飾するだけに過ぎないとしても、十分にその役割を満たしていると思う。しかし、私はそれ以上のものがあると思った。そのため、私はジュンコに相談にいった。彼女は次のように話してくれた。

それぞれの球体に入っている液体によって、球体は異なった機能を持っています。あるものはインスピレーションのためであり、あるものは瞑想や意識の集中のための働きをします。球体はシンクロニック・ラインに接続されており、球体を通して地球や惑星、その他の宇宙へもつながっているのです。

この『球体のホール』の全領域は、研究のために使われています。それというのも、球体は、私たちが夢やインスピレーションを通して、この惑星の他の部分と接触することを可能にするからです。そこの作業場では、特別なエネルギーを活動に加えることができます。時間のキャビンには、現在私たちが開発した中で最も複雑な『セルフ』が含まれており、エネルギーを転送したり、変換したりするパワーがあります。

これらの時間のキャビンは、たくさんの機能を持っており、その中で多くの実験的な作業が行われている。例えば、特定の特性を一人の人物から他の人物へ転送する実験や、タイムトラベルの実験、ヒーリングの実験などがある。これらの作業は継続中であり、そう遠くない未来に、この研究から人類共通の偉大な発展が出現することを私は疑っていない。初期段階の結果でさえそのような確かな徴候があり、この仕事に参加した人々は、あらゆる段階で依然としてポジティブであり、楽観的であり続けている。

エピローグ

夢のかなたに……新しい時代の夜明け

宇宙の意味とは？　一匹のノミが存在する意味とは？

ジョセフ・キャンベル

この本の第二版に取り掛かっている時、ダマヌールにとって非常に重要な時代が始まろうとしていた。ダマヌール・クレアの建造とともに、たくさんの新しい発展と変化が起こっていた。地域との関係が活性化され、社会機構の根本的な変化があり、神殿の建造物の差し迫った拡張作業もあった。

ダマヌール哲学の第一の原則は、すべては変化するということだ。社会や政治的なシステムを発展させる際に、変化は非常に重要である。ダマヌールのシステムは、最初の単独のコミュニティーから現在の連合体の複合的な組織へと発展してきた。同様に、ダマヌールの意思決定モデルも、選出される代表者、選択性のいくつかの団体、公開討論への市民たちの活発な参加という、能率的で民主的なシステムとして発展した。現在多くの変化が起こりつつある。芸術的に、経済的に、政治的に、社会的に、そして最も重要なことは、スピリチュアルに起こりつつある。

ダマヌールを訪問したある時、アナコンダ・パパヤがバッグ一杯のあらゆる種類のスピリチュアルな思想家のビデオを私にくれた。その中に、神話についての大家、ジョセフ・キャンベルのビデオがあった。彼は、超越的な問題について問うている。「宇宙の意味とは?」と彼は尋ねる。また「一匹のノミが存在している意味とは?」と尋ねる。彼は、私たち人間は、外的な価値を達成するために多くの事を行うが、内的な価値のあるもの、生きることに関係する歓喜を見失う傾向にあると考えている。

人々は、たびたび「神」について話そうとする。『神』とは、一つの思想であり、名前であり、観念である。しかし、現実において『神』とは、あらゆる思考を越える何かである。存在することの究極の神秘性は、思考のあらゆるカテゴリーを越えている。

キャンベルは、本当に最高の事柄は思考を超越しているため、実際には話をすることができない話題であると指摘している。次のレベルの話題は、考えられないことに言及して、その思想に本気になり、たびたび誤解を生むような思想である。第三のレベルが、私たちが普通に話題にしている思想である。

キャンベルは、〝神話〟を超越的思想に対して参考となる研究分野だと認めている。キャンベルは、システィナ礼拝堂の天井に描かれたミケランジェロの『天地創造』の絵を初めて見た時のことを思い起こしている。怒りっぽい気性の、ひげがある老人としてのこの『神』のイメージは、超越についての奇妙で唯物論的な考え方だと感じた。彼はこれを、インドのボンベイ湾の島、エレファンタ島の洞窟にある『永遠なるもののマスク』を初めて見た時と対比している。彼をまっすぐに見つめている顔、そこには神の顔、超越的なもの、永遠の存在に対する完全なメタファー（隠喩）があった。それは三つの顔を持った彫刻で、男性と女性の二つの横顔の間に中央の顔があった。

時間の場においては、あらゆるものが二つの部分からなる。過去と未来、男性と女性、光と影、死と生、存在と非存在、〝である〟と〝でない〟、正しいと間違い、良いと悪い、などである。『永遠なるもののマスク』にある中央の顔は、超越的なもの、中道を表現したものである。これは超越への道である。私たちの文化への特定の宗教的な影響は、正義や善について、また不正や悪への対決について、私たちに歪められた総体的な見方を与える傾向にある。しかし、これは私たちを超越性から離れさせる道である。

ダマヌールの人々は、中道にしっかりと暮らしている。彼らは、山の内部に精巧で美しい『神殿』群を建造した。建造することそれ自体が、彼ら自身の内部のスピリチュアルな探求に対するメタファーである。しかしながら、この大きな仕事に着手した人々は、同じように山の中の彼らの偉業を反映し、支える生き方を発展させている。彼らは民主的で、順応性があり、公正な社会システムを展開している。彼らは超越性についてのジョセフ・キャンベルの考えと非常に近いスピリチュアルな思考の糸を寄せ集めながら、広範囲にわたる研究プログラムに基づいたスピリチュアリティー（霊性）を発展させている。

カルトに対するメディアの強迫観念

偏見のない人々は、特性とか、良いことも悪いこともありのままのダマヌールを受け入れている。パラダイスを見つけるためにダマヌールへ行くことは勧められないが、もしパラダイスを創る手助けをしたいと本当に願うならば、ダマヌールに行くことを勧める。パラダイスは、心や知性と同じように、手足が賢明に使われた時にのみ築かれる。不運にも、偏見のない心を持つ人は、あまりに少ししかいない。多くの傍観者は、彼ら自身のゆがめられた見方や偏見でダマヌールを色づけする。ダマヌールの市民たちは、そのような事態には非常に忍耐強くなっている。

あるグループの人々が自己発見の旅のために集まる際に、〝カルト〟や〝セクト〟に出合うのは容易である。世界的にニュース・メディアに現れる多くの悪名高いカルトの物語は、恐怖感や冷笑という感情をたくみにつくり出した。ワコにおけるブランチ・ダヴィディアン事件、オウム真理教の地下鉄サリン事件、ヘブンズ・ゲートやソーラー・テンプルの大量自殺事件など、懸念される材料に事欠かない。

そして、ダマヌールも確かにユニークな考えを持った一千人以上の人々の集まりである。彼らは、時々色のついたローブを着用し、儀式に参加し、自分たちに動物や植物の新しい名前をつけている。そのため、表面的な観察者が、ダマヌールも単なる〝カルト〟だと決めてかかるのは容易なことだが、それはとんでもない誤りである。

私はカルトという話題について、トリノのＣＥＳＮＵＲ（the Center for Studies on New Religious Movements　新しい宗教運動の研究センター）の所長であるマッシモ・イントロヴィンニェにインタビューした。この組織は、はじめはニューエージや急激に発展している他のスピリチュアリティーへの関心の高まりを調査するために、カトリック教会によって創立された。イントロヴィンニェは、カルトのようなものは存在しないとの結論に達した。実際に彼は、反カルト運動や、通常そのような運動をする組織が助長して起こるヒステリー状態に非常に批判的である。彼は、ダマヌールを、〝新しい宗教運動〟という考えに当てはめるよりも〝古代の伝統〟に従っているユニークなコミュニティーであると見ている。

一方、他の社会学者たちは、ダマヌールの人たちは〝宗教的〟とか〝運動〟という言葉を両方とも断固として拒絶するだろうと示唆している。イントロヴィンニェは、ダマヌールを〝マジックな〟伝統にある存在と見ている。彼は『ダマヌール……イタリアのマジックなコミュニティー』という表題で、専門誌『コミュナル・ソサイアティー』(共同社会)に載せた論文で概説している。一九九六年に書かれたこの論文は、トリノ大学の政治学部の教授、ルイージ・ベルザーノ(詳しくは第六章参照)の優れた研究と並んで、おそらくダマヌールについての社会学上最高の研究である。

私は〝カルト〟や〝セクト〟という言葉について、イントロヴィンニェと議論した。彼は、これは実際学問的には全く役に立たない害のある言葉であることを認めた。それでも、大衆向きのメディアはこのような言葉を使い続けているし、このように表現されたグループを扱うための法則をつくる政府もある。例えば一九九〇年代、フランスは慣習に従っていない宗教運動や自由な形式の儀式を行うグループを扱うために、厳しい法律による対策を導入した。

それでは、カルトとは何だろうか。カルトの本来の意味は、特に唯一神に焦点を合わせて宗教的崇拝を行うシステムやコミュニティーに関係がある。この視点で見れば、世界の主要な宗教はすべてカルトである。しかしこの言葉は、通常、言外に不可解で不気味な意図を持っている一人の人物、原理または理想に対する度を越した帰依を意味するようになっており、軽蔑的な意味に使われている。同様に、〝セクト〟も、過激で狭量で排他的なグループを意味するようになっている。そのような視点からすると、私がこの本で表現したいと思ったように、ダマヌールの分別がありバランスのとれた展望は、ダマヌールがカルトでもセクトでないことを明らかにしている。

確かに、ダマヌールは基礎をなす信念体系を持っているが、現代科学が一つの信念体系であるのと同じように、それは単なる信念体系である。とはいっても、ダマヌールは絶対的な真実など存在しないと強調している。ダマヌール市民たちは、押し付けられた閉鎖的な考えは持っておらず、実際、自分たちの信じていることを発展させたり、実験したり、実際的な応用性を見つけるのに忙しい。

神殿群で実現された仕事は、信念を越えた満足感をもたらしている。それというのも、そのような仕事は、参加している人々の中に深いスピリチュアルな理解を育むからだ。これがなぜ神殿群が重要であるかの理由である。すなわち、神殿群は、集めたエネルギーの貯蔵槽であるのと同様に、スピリチュアルな旅の感慨深いシンボルでもある。最初、数人の人が穴を掘り始めた時には、彼らがこんなに大きく美しいものを創り出すとはほとんど信じられていなかった。しかし、神殿群は、彼らの献身が信念を越えて彼らを動かした証拠である。それは、ダマヌール市民の発展する原則、すなわち行動、変化、成長を常に思い出させる。ダマヌールは、人々が夢を見ている故にそこに存在し、彼らの夢を実現するための方法を見出している。

夢のかなたに目的がある。ダマヌールは、多くの脅迫を切り抜けなければならなかった。このコミュニティーが、こわれやすく、傷つきやすく思えた時期も度々あった。それでもダマヌールは、いつも否定的なものを肯定的なものになんとか変えてきた。『人類の神殿』は、そのようなエネルギーの変容のためにも重要なものである。実際、『人類の敵』とは、そのような否定主義の典型的な例である。それはさまざまな姿をとって現れ、もしかすると私たちすべての人間の内部にも存在している。ダマヌールでの仕事のすべては、この各人の内に存在している否定的な部分を克服するために行われる。すなわち、自ら自分たちを救うためである。夢のかなたに希望が存在している。

地元の人々との関係

私がこの本を書くために調査を始めた頃、地域社会との関係はいまだ緊張状態にあった。神殿が発見された際、ヴィドラッコの村長や議会の人々はダマヌールに非常に反感を持っており、神殿を爆破しろとか、水浸しにしろとか、ディズニーランドみたいなテーマパークに変えてしまえと言っていた。現在、選挙で選ばれたヴィドラッコ村長は、ダマヌール市民のビゾンテ・クエルチアである。何がこのような変化をもたらしたのだろうか。

私は、ダマヌールの政治団体『コン・テ、ペル・イル・パエーゼ』（Con Te, per il Paese 村のためにあなたとともに）と密接な関係があるエルフォ・フラッシノに会いに出かけた。彼は、このような変化の陰の立役者である。彼は誇らしげに、私に一枚のヴィドラッコ・ニュースを見せた。これはコボルド・メーロによってダマヌールで編集されており、年に三、四回発行され、地方のあらゆるニュースや今後の見通しを印刷している。そして、人々に地域の事業計画や渓谷一帯に起こる予定の出来事などを知らせている。エルフォはこの発行に誇りを持っていた。

このような情報源は、以前には何一つなかったのです。これは、地方自治体政府が行った市民と直接にコミュニケートする方法で、全家庭に配られます。

全家庭にニュースレターが配られることと、良いニュースを載せることは別の問題である。『コン・テ、ペル・イル・パエーゼ』の議員たちは、多くの渓谷の地方議会に仕えるために選出され、ヴィドラッコ議会で過半数を獲得し、村長としてダマヌール市民が選出されるなどの成功をおさめている。これは『コン・テ』が、この地域に多くの新しいプロジェクトや考えを発展させることができたことを意味している。ビゾンテ村長が行った最初のことは、渓谷の下方部分のすべての自治体の長と、トリノ市の前議長であり現在ピエモンテ州全地域の議長であるメルセデス・ブレッソを集め、ヴィドラッコのための重要な行事についての集会を計画することであった。この集会以前には、トリノ市はこの過疎地域にほとんど興味を持つことはなかった。

ヴィドラッコはほんの小さな村にすぎないが、渓谷の発展についてより大きな議論をするための中心になった。最近見つけたこのトリノ市との協力関係は、永続的な協同作業であることがわかった。国立公園として周囲の山岳地域の回復作業を計画したり、村の広場を持つことや道路の照明状況を良くすることなどの計画もある。毎年道路上で押しつぶされ、嫌な思いやたくさんの事故を引き起こしていた数千匹ものカエルを、別の場所に移す計画もあった。新しい行政部は、エコロジカル・プロジェクト、民間援護、〝ソフトな〟観光事業の展開のために、ヨーロッパ基金を受けた。それは単にヴィドラッコだけではなく、渓谷全体に価値のあるプロジェクトである。最初の二年間で、前の行政部が十五年間に得た公的資金より多くを集めた。最新のプロジェクトは、大昔の水車小屋を本来の粉ひき石と動輪を使って修理復元することであるが、今ちょうど完成したところである。今後は、水に関係したあらゆる品物を展示するエコロジカルな博物館が創設されるだろう。このプロジェクトでは、水からエネルギーを生み出すたくさんの方法を実演する予定である。水車は有機栽培のとうもろこしを粉にし、また昔の方法でとうもろこしをひいて粉にしたいと思う地域の生産者すべてに開放されることになっている。学校の子どもたちは、かつて伝統的に行われていた方法とともに、現代のエネルギー源として水を使う可能性を見学することができる。

プロジェクトの第二段階は、大きなダムのある道の上方に、水を観察する監視点のついた歩道橋をつくることである。そのための費用の一部は、他の地域プロジェクトとの厳しい競争に対抗して勝ち取ったヨーロッパ社会基金からくることになっている。このすべての仕事は、ヴィドラッコの内部で行われる。そのようなプロジェクトは、周囲の渓谷の地域社会との関係を強化している。

ヴィドラッコ上方の道で地すべりがあった時も、地域社会の人々との関係はより強くさえなった。二〇〇〇年に、劇的にひどい大洪水があった。同じような洪水のわずか七年後だったため、土地は回復する時間がなかった。ダマヌールは、その地域の民間保護団体の先頭に立ち、ヴィドラッコ村と協同で非常に進歩的な環境保護のための奉仕を提供している。民間の保護チームは、毎日のように化学物質、廃棄物、水道設備に対する妨害物等の汚染の徴候を調べるために地域一帯を監視している。

最近購入されたヴィドラッコ駅ビル内に、最新のあらゆる情報や環境制御技術が備え付けられた新しい本部が設備された。この新しいセンターは、二十四時間体制で地域の消火活動や緊急のヘリコプター・サービスなども受け付けている。

現在、ウェブサイトをセンターのために建設中である。そのウェブサイトは、地域の環境事情や世界的な流行病など、直面するかもしれない緊急事態について、地域住民にニュースレターを提供することになる。『市民保護のためのダマヌール協会』（the Damanhurian Association for Civil Protection）は、現在ピッキオとイグアナが管理しているが、初めはアルチェ・ファッジォによってつくられた。アルチェは、悲しいことに二〇〇二年、自動車事故で他界してしまった。この地域は度々洪水に襲われたが、イタリアの近隣地域ではもっとひどい状態もあった。アルチェはアルバニアでピース・キャンプを統制的に働かせただけでなく、災害救援作業を支援するダマヌールのチームを率いた。このチームは、イタリアの消防局、赤十字救急サービス、他の多くの市民保護の部署とリンクした消火活動を展開した。この仕事のために、アルチェ・ファッジォは、ボランティアの仕事に対するイタリア最高のメダルを国の代表者から受け取った。彼の死後開催された式典で、そのメダルは彼の息子ノーザーに贈呈された。贈呈者たちは、彼のダマヌールでの名前を採り、メダルは〝アルチェ・ファッジォ〟（ヘラジカ・ブナ）へ贈呈された。ヴィドラッコの新しい『民間保護本部』のメイン・ルームは、アルチェの名前を取って付けられている。

シティ・ホールの一階は、ダマヌール市民が村長に選ばれて以後完全に修復され、今では市民の集会のための大きなホールや、赤十字支部、診療室、年配者用特別サービス、観光案内所、キャンプする人のための組織などが入っている。エルフォが言うには、「この村は死にかけていました。私たちは村を完全に変えるために多くのことを行いました。そしてついに、今ピァッツァ（広場）を建設中です。ヴィドラッコは、おそらくこれまで広場のないイタリア唯一の村だったのです！」

新しいピアッツァ建築作業は、ダマヌール・クレア・センター（詳しくは後述）の正面で、二〇〇五年十一月から始まった。ヴィドラッコには、これまで住民が会合を開いたり、お祭りやマーケット、祝賀会などを開ける足場のよいピアッツァがなかった。人々を呼び集め、村の強い独自性を創造するピアッツァを建設することは、現在の行政機関が長年抱いていた夢であった。ピアッツァには、泉とポルチコ（柱廊式玄関）、それに村人たちが座って太陽を楽しむための場所が備え付けられることになっている。

私は、まわりの地域の議会が、ヴィドラッコが達成したことを少し妬みに思うのではないかと心配した。エルフォは、実際にまわりの村の何人かの住民が、ダマヌールの人たちに彼らの議会の選挙にも出て力を貸してくれるように頼みにきたと語った。私は、自分がダマヌールを最初に訪れた時に比べると状況は完全に変わったのではないかと言ってみた。しかし、彼はもっと慎重だった。

いいえ、私たちにはいまだに、これまで以上の敵さえいます。考え方を変えて、実際に私たちに謝りに来た人もいました。主義として、私たちに反対したままの人もいます。そして、そういった人々は、この態度を自分の子どもたちに伝えようとします。そのため現在、私たちの所有物に損害を与えるのは、いつも十五歳と十六歳の少年たちです。彼らには、この〝反対〟の感情を持ち続ける必要があるようです。実際に起こる問題は変化しています。しかし、少なくとも私たちは退屈することはありませんよ！


「すべてのことが庭にあるバラのように美しくはなかったのですね」

と言うと、ファルコがいたずらっぽく笑いながら言った。

「もちろんそうはいかないさ。バラにはとげがあるし、しかもあらゆる種類のとげがね……」。

ダマヌールの経済的なヴィジョンとその実践

ダマヌールは、倫理およびスピリチュアルな原則に基づいてつくられたエコ社会である。ダマヌールは、この惑星を敬い、人々の間の調和を育てるバランスのとれた発展を推し進めている。ダマヌールは、一つの社会的な試みとして生まれ、持続可能な未来の一つのモデルになるために生まれた。そのため、ダマヌールは解決策と働く手段を案出しながら地域と地球双方の経済的な問題に取り組む必要があった。

ダマヌール連合体が移り住んだ渓谷には、新しいインフラ、新しい学校、図書館、公益事業、社会的経済的にこの地域を生き返らせることができる新しい活動が必要だった。連合体は、地元の資源に基づいた昔の商いや手工業を復活させつつある。それは地元の伝統や習慣、文化に価値を与える、生産的、経済的な活動を促進している。連合体の市民たちは、八十以上の経済活動とサービスを確立した。そのほとんどは、『共同体』(Consortium) にグループ分けされた協同組織で、高品質な製品とその製作に適用される倫理的およびエコロジカルな原則を保証している。多くの活動には、芸術工房 (ガラス、モザイク、絵画、彫刻、修復)、レストランと観光農業、コンピューターおよびインターネット・コンサルタント業、出版社、医学研究、そして建築業が含まれる。

トリノ大学の政治学部教授であり、『Damanhur : People and Community』(ダマヌール……民族とコミュニティー) という本の著者であるルイジ・ベルツァーノ氏は、ヴァルキュゼッラでのダマヌールの影響力について次のように書いている。

ダマヌールを研究しながら、私はカルトジオ修道会の修道院や大修道院が中世で象徴していたもののヒントを得た。農業地域の渓谷に定着すると、修道士たちは利益をもたらし、渓谷全体を再活性化した。同じことが、ダマヌールとともに起こったのだと信じている。経済的・社会的にすべてが不景気と高齢化を示していた渓谷で、ダマヌールは多くの面で頼みの綱を象徴している。ダマヌールは、人口統計学的に渓谷に新しい活力を与え、大昔からある多くの手仕事への興味を復活させ、多くの分野における芸術作品創作の喜びを思い出させた。そしてダマヌールは、はじめから社会革新の要素を代表している。

クレディト――補足的な通貨システム

能率的で堅実な経済成長を促進するために、一九八〇年代のはじめにダマヌール連合体は補足的な通貨システムを考案した。それがクレディトである。

クレディトは、その使用者たちに、どのような交易も信頼に基づくべきであることを思い出させ、それが高い理想主義的な価値を維持している。お金自体を目標と考えるよりも、むしろクレディトが交易の基本的な手段となっており、連帯意識やエコロジカルな価値に基づいた地元の経済を支えている。

はじめのうち、クレディトはすべて連合体内部でのみ使われていた。しかし、このシステムが十分に試された後には流通は広がっていった。現在では、地元の商店や生産者もこのクレディトを受け入れており、ダマヌールが保証したマーケットや地域の買い手も使うことができる。同様に、買い手は、納入業者がこの経済システムにつながる理想や価値の共有に同意していることを承知している。

このクレディトの倫理的・理想主義的な価値をサポートするために、ダマヌールのこの補足的な通貨を受け入れるセンターや商店が、ヴァルキュゼッラから遠く離れた場所、アメリカにまである。連合体の夢の一つは、自主的で安全な交易の補足的ネットワークをつくるために、クレディトが世界中のエコ・ヴィレッジに対して共通の通貨になることである。

ユーロ創設者の一人でベストセラー『The Mystery of Money and The Future of Money（お金の謎とお金の未来）』の著者でもあるバーナード・リエターは、通貨には〝陰〟と〝陽〟の二つのタイプがあると言っている。ドルやユーロなどの一般的な通貨は、極端に陽である。この種の通貨は、階層制の政治システムによってつくり出され、供給不足を基盤にしている。そのため、この通貨は利子を生み出し、ごく少数の人の内部に富を集中する。人々はその通貨のために競い、その意味でそういった通貨は独占を象徴している。それに比べ、共同体ベースの地域通貨は階層制によってつくり出されたものではなく、分配される富という考えに基づいており、利子は生み出さない。

比較的大きな社会は父権制であり、ゆえに陽のシステムに基づいている。他方、古代の母権制社会はすべて二つの通貨システムを持っていた。外部の人々には陽通貨が使われ、内部のやり取りには陰通貨が使われた。この独特なシステムが、コミュニティーという考えを生み出したのである。これこそが、陽通貨に基づいた社会では、人間らしい社会集団をつくり出すことが極端に困難な理由である。

二〇〇三年七月、ドイツのハノーバー近くにあるエコ・ヴィレッジ、レーベンスガルテンで、『通貨の動き……貪欲と不足から離れて』という会議が開かれた。その会議で、リエターは次のように宣言した。

「西洋において現実に完全な通貨システムが機能している場所は、知っている限りダマヌール連合体だけです」

今日、クレディトはユーロと同じ価値を持っている。ダマヌール連合体に到着するとすぐに、ウエルカム・オフィスとか、地域内のあちらこちらに置かれた通貨両替機によってお金を両替することができる。使用しなかったクレディトは、必要な時にユーロに簡単に戻すことができる。

ダマヌールの相互信用組合

クレディト・システムがうまく確立され完全に機能している現在、ダマヌール連合体は、その経済モデルを完成するための次の重要な段階を開始し、DES（Mutual Credit Union　相互信用組合）を設立した。DESは、その会員の貯金が、成長と発展を持続させるプロジェクトに対してのみ使われることを約束している。DESは、ダマヌールの協同組織のメンバーのために用意されている。会員資格は申請によって認められ、最低の保証金を貯金すればよい。あらゆる国籍の個人が参加できる。クレディトの流通によって得られた成功のおかげで、多くの会社や公益事業の創設がサポートされ、ダマヌール連合体がヴィドラッコの地元の村にあるオリベッティ工場を購入することができたのである。大がかりな改築工事の後、この工場はダマヌール・クレアというセンターへと改造された。この中には、クレディトの流通により可能になった工房も入っている（ダマヌール・クレアの改装については後述）。

国内および国際的な政治活動

二〇〇五年、イタリア政府は、長い間撤廃されていた巧みな心理操作や洗脳のような概念を再びイタリアの法体系に持ち込む法案を提出し、通過させようとした。この法案は、医療でないヒーリング行為、催眠術、代替療法、ホリスティックな実践などを非合法化しようとしていた。その法律に反対して、イタリア市民や著名人たち数千人の署名が集められ、結果、緑の党の上院議員たちによってこの法案の通過は阻止された。多くの人が、その法律にかつてのファシスト政権との危険な類似点を見出していたのである。

自由を制限するこの法案は、二〇〇〇年に通過した非常に進歩的な法案を中和しようという政府の企てだった。その進歩的な法案は、『社会振興団体』（Associations of Social Promotion）として倫理や精神性の研究に従事している組織を承認している。この法案は、ヒーリングの代替的な形を実践している人々を容認し、そういった人々を〝ホリスティック・オペレーター〟と定義している。精神的・倫理的な研究が社会の成長と発展に有用であることが初めて公式に認められたのである。以前はこういったことが認められなかったばかりでなく、そういったグループは、ただ存在を認められるためだけにスポーツ団体のふりをしなければならなかった。

二〇〇〇年の制定法は、CONACREIS（Coordination National of Associations and Communities of Research : Ethical, Inner, and Spiritual 倫理的、精神的およびスピリチュアルな研究をする団体および共同体の全国組織）の努力によって実現した。このCONACREISは、アッシジの『アナンダ・コミュニティー』、『ミアスト』、『オショー・センター』、イタリアで最も古いエコ・ヴィレッジ『コムーネ・ディ・バンニャイア』（生活共同体）、地球村『バンニ・ディ・ルッカ』、そしてダマヌールを含むいくつかのイタリアのグループによって創設された。

このイタリアの法律は、ヨーロッパ全体にとって素晴らしい躍進だった。フランスには、新しい宗教や代わりとなるスピリチュアルな視点を持ったグループを禁じ、非合法化する法律がある。二〇〇五年のイタリア政府による試みは、不幸なことにフランスの立場により近く、スピリチュアルな、また倫理的な探求がいまだイタリアでも注意深く保護されなくてはならないことを明らかにしている。現在、さらに多くの団体やグループがCONACREISに参加しつつあり、そのメンバーは約一万人に達している。報道機関や政治的・文化的な世界において、CONACREISが取るイニシアティブへの関心も増している。この会の目的は、ボランティアや献身的な人々が行った仕事が、より幸福で健全な社会の創造に向かって大きな違いを生み出していくことを示すことである。そして、幸せで健康な国民は、国により貢献し、費用も不健康な国民より格段に少なくて済むのである。ダマヌールと同じように、CONACREISは対立とか紛争ではなく、建設的な行動や直接的なかかわりに基づいた変容を成し遂げることを望んでいる。

ベルザーノ教授は、明らかに本流とは違う文化にもかかわらず、ダマヌールはイタリア政府と長期にわたる重大な論争を一度もしたことがないと述べている。

ダマヌールは、イタリアの標準的なシステムについて意識的に反対した時期はありませんでした。イタリアの状況内で、文化的、経済的、社会的統合が取れている例は、明らかに観察する価値のある要素です。それというのも、このことは、過激であることなしに根本的な革新的分野での和解の可能性を表しているからです。緊張の起こる唯一の分野は、特定の宗教組織と時折起こるものでしたが、これも一時的なものでした。最近では以前ほど重要な問題ではないと思っています。

〝宗教組織〟の束縛のもう一つの打破は、他界したダマヌール住民の遺灰を神殿内に置くというごく新しい可能性である。イギリスや他の場所では、死亡した人物の希望に沿って、遺灰を特別な場所に置いたり撒いたりすることが許されている。しかしイタリアでは、強いカトリック勢力が以前、これを禁じた。ヴィドラッコの議会では、別の村の前例にならって死亡したダマヌール住民の願いに敬意を表すことを可能にした。二〇〇五年以来、ダマヌールは、あなたが死んだ後も留まることができる場所である。ファルコはこのことを、この数年で最も重要な出来事の一つだと言っている。

世界平和の手本

二〇〇五年九月二十五日、ダマヌール連合体は、国際連合から〝グローバルな人間の共同社会フォーラム２００５賞〟を授与された。この賞は、中国での『グローバルな人間の共同社会フォーラム』で授与された。ダマヌール連合体は、世界を回って、政府内に『平和に関する省』の設置を呼びかける文書を支持した最初の十一の組織の一つであった。その宣言書は、二〇〇五年十月十八日、ロンドンのウエストミンスター（国会議事堂）の下院（庶民院）議会において発表された。

ダマヌール連合体の代表者は、二〇〇五年十一月十三日にローマで開かれた〝テロリズムに対する新しい文化的な戦略〟についての国際会議で、調和の取れた平和文化を促進している一つのモデルケースとしてダマヌールを紹介した。ダマヌールは、新しい社会形態が可能であることを示す一例である。その社会形態は、社会、経済、人間らしさ、文化的な条件における、新しい地球上でのバランスの創造に対して絶対に必要な道である。この理由のために、ＩＣＳＡ（the International Communal Studies Association　国際共同研究協会）は、二〇〇七年の国際会議の場所としてダマヌールを選んだ。ＩＣＳＡは、世界中の学者や共産社会主義者によって作られた団体である。その会議への案内状には、次のように書かれている。〝ダマヌールのユニークな環境は、空想的な抱負と日常に経験する現実との間のギャップを埋めるという、共同社会継続の可能性の探求を促すだろう〟

ダマヌールを越えたダマヌールへ

ダマヌールの歴史には、多くの大変な作業、完全なる献身があったと同時に、たくさんの共時的な幸運な瞬間があった。最近でも、土地や資産の寄贈品は、ダマヌールが自給自足という目標を達成するのをかなり助けてくれている。第一に、大きな湖のそばにあるプント・ヴェルデという場所に農業のためのセンターを設立する予定がある。温室を移動させ、この新しい場所を発展させるための別の農業プロジェクトを拡大することに加えて、もう一つ、養魚研究プロジェクトがあり、ある大学の学科との共同研究に取りかかっている。これはファルコがとてもエキサイトしているプロジェクトである。

私たちは質のよい魚をそこに入れるつもりです。そうすれば自立することができ、ダマヌール全体に十分な魚を供給することができます。いくらかは売ることもできるでしょう。私たちは三つ、四つの試験的なプロジェクトを行っています。うまくいくだろうと思っています。

もう一つの掘り出し物は、ポント・カナヴェーゼの大きな岩で出来た岬の上に建てられた城の集合体である。そこに、クリニックやヒーリングのためのセンターを設置しようとしている。ダマヌールのセラピストたちはそこでヒーリングを始めることができ、講習を行うこともできる。そして、新しいイタリアの法律に抵触しないものを提供する。この場所は、イタリアでの代替治療の最も重要なセンターの一つとなり、ダマヌールでの健康にとって非常に重要なものとなるに違いない。〝私たちの暮らし方を変えるかもしれない〟とファルコは考えている。

掘り出し物についてさらに述べると、イードラとジェコによって設立されたフィレンツェのダマヌール・グループが、二〇〇二年に素晴らしいチャンスを与えられた。彼らは、非常に大きなオリーブの森を手に入れたのである。それは、ダマヌールがオリーブ油に関して完全に自給自足できるほどの規模だった。

この森は美しい場所にある。私はそこへ行き、イレーネとステーファノの二人のガイドに見学させてもらった。夕方だった。夕日の光の中にはっきりと見えるジョットの塔とともに、フィレンツェのすばらしい眺めがあった。ステーファノが、森には二つの部分があり、下の部分は四万平方メートル、上の部分は二万平方メートルあると教えてくれた。百四十本の果物の木と千四百本のオリーブの木がある。これらの木の中には樹齢数百歳のものがあり、それらは特別なタイプのオリーブを産出している。オーガニックであり、無条件に最高品質のオリーブ・オイルを産出するという、特別のヨーロッパの保証書付きである。

イレーネは、どのようにこの土地が手に入ったかという物語を話してくれた。

二〇〇一年の十一月、一人の友人と私たちは、共にフィレンツェからダマヌールへと初めてやってきました。帰り道、長旅なので食事に立ち寄りました。そのカフェで私たちはオイルを使ったのですが、〝なんてひどいオイルかしら、トスカーナ地方のオイルみたいな、もっと良いオイルを置くべきよ〟と話しました。私たちは、もしオリーブの木を植えるための土地を見つけることができたら、なんて素晴らしいかしらと話しました。すると一人の男性が、〝私たちにはそれができるよ〟と話しかけてきたのです。彼の友人の資産弁護士が、大きなオリーブの森付きの土地を譲り受けてくれる人を探していると言いました。その資産弁護士は、土地や植物に愛情を持ち、面倒を見てくれる人を探していたのです。だからその土地を、ただで私たちにくれるだろうと言うのです。

シンクロニシティー!! 私たちはただちにイードラに電話をしました。彼女は〝オーケー、承知したわ〟と言いました。一カ月後、ファルコが旅行チームとともにフィレンツェにやってきました。オリーブの土地は、まだ心の中にあるだけでした。しかし私たちは弁護士と話をし、その日に彼と契約を結んだのです。

最初の収穫は翌年の十一月だった。約三十人の人たちが、大きな〝くし〟のような道具を使ってオリーブの収穫を手伝うためにダマヌールからやってきた。それは楽しく、記憶に残る分かち合いの経験だった。オリーブを摘み取ると、オイルを圧搾するために近くにある大きな石を使う、時代がかった圧搾機のところへ持っていく。このプロジェクトは、ダマヌールが自給自足に向かうためのもう一つの大きな一歩になった。オイルは、人間の生体に対して非常に重要な特性を持っている。オイルは五リットルビンか三十リットルのドラム缶に入れられた。最終的な収穫量は九百四十五リットルになった。百リットルは土地の所有者のもとにいき、三百リットルはダマヌールへ、残りはフィレンツェで使われた。

このプロジェクトは、フィレンツェ・グループにより密接な関係をもたらし、彼らのセンターを発展させ、集会や活動のための企画や会食の機会も提供した。彼らは全員ダマヌールの外に仕事を持っている。そのため、これらの活動は彼らの通常の仕事に加えて行われる。彼らの拠点は、地域社会とのふれあいを発展させるためのコミュニティー・センターとして発展した。そこはクリエイティブ・センターでもあり、人々は協力して独自のスタイルのガラス製品、ろうそく、宝石、ろうけつ染めなどの創造的なワークショップを発展させ、地域の村のマーケットに出品している。イードラは、フィレンツェ・プロジェクトに熱中している。

私が最初にダマヌールについて知った時、私はフィレンツェに住んでいました。私は芸術作品を世界に届けることのできる新しいルネッサンス、もう一つのフィレンツェを夢見ていました。私は、市を復活させるためのエネルギーはダマヌールに存在していると理解し、それが私に希望を与えました。今では私の考えは変化しています。私に興味を持たせるのは、ダマヌールそのものです。

フィレンツェ・グループは、〝フィレンツェのマジカルツアー〟を計画している。それには、外国人のためのイタリア語クラスやイタリア料理のクラスがある。フィレンツェのセンターには、『メディテーションの学校』とともに、スピリチュアル・ヒーラーやヒーリング講座用の場所があり、スピリチュアル物理学やダマヌールの彫刻家であるコブラ・アッローロとの新しいコースを含む芸術のコースを主催している。

フィレンツェ・グループの基本的な目標は、親睦を深めることとプロジェクトを成し遂げることである。彼らは、夢の実現の仕方についてのファルコの政治に関する講座の第一原則を取り上げ、その応用の仕方を学んでいる。ＥＣＯのヌークレオ・コミュニティーと強い関係を持ち、それが非常に重要な交流であると感じている。彼らは、フィレンツェでの自分たちのプロジェクトに非常に誇りを持っている。〝アメリカにはリトル・イタリーがあり、フィレンツェにはリトル・ダマヌールがある〟とグループの一人が言った。大きな笑い声が起こった。〝本にそれを書いて〟と彼が言うと同意のどよめきが聞こえた。

フィレンツェに加えて、イタリアの多くの場所で盛んに活動しているセンターがある。アルバ、アオースタ、バリ、ボローニャ、ファエンツァ、フェッラーラ、ミラノ、モーデナ、ノヴァーラ、オルデルゾ、パレルモ、ローマ、サン・ミニアト、トリノ、そしてヴィジェーバノなどである。また、主要なセンターがベルリン、東京、クロアチア、オーストリアにあり、アメリカ、イギリス、オランダ、アイスランドでは広範囲の講座が定期的に開催されている。

神殿を拡張すること、心を広げること

私は数年前、神殿からダミールへ自動車で移動した時のことを思い出している。その時、ファルコが（彼がオベルトだとその時知ったのだが）、神殿の次の段階についての彼の夢を話してくれた。この地域には巨大なドームが出来、列車による輸送システムや秘境的な本の図書館などが出来ることなど、どれも素晴らしい話であった。唯一それを阻んでいたのは、ダマヌールが土地を購入するのが難しいことであった。その実現は長く引き伸ばされていた。しかし、現在、その夢はもう一つの現実になりつつある。

ダマヌールの住民たちはすでに土地を購入し、神殿の残り九〇パーセントの工事を続けるために必要な法律的認可も受けている。ファルコは常々、神殿はまだ一〇パーセントしか完成していないともらしていた。この建設作業は、〝ブケ（Buche、穴）プロジェクト〟と呼ばれるこ

とになる。これは、神殿に隣接した土地にある三つの大きな穴、すなわちブケの周囲を基盤にしたプロジェクトである。この三つの穴は、炭酸カルシウム鉱石の大規模な発掘の名残であり、大量の採鉱がすでに完了している。穴の二つは、一つの大洞窟につながっている。
ファルコはやる気満々で、積極的にエネルギーを放出している。

二〇〇五年五月には仕事を開始できます。私はこのプロジェクトの模型をつくりました。実際に行ってその模型を見れば、あなたにもっと詳しく説明できますよ。

その時部屋にいた私たちは、急いで『レ・グイダ』の事務所へと出かけた。ファルコは、誇らしげにプラスチシン（工作用粘土）の模型の覆いを取った。彼は模型のまわりを歩きまわり、早口に私たちに話しかけながら現在ある神殿の出口を示し、そこから狭軌電車に乗ってヴィドラッコ方向へ特別に造成された林を通って神殿の新しい部分へと出ていく様子を示した。彼は、これはすべて地下に作られ、光を加減する太陽反射鏡によりあらゆる異なったレベルで照明されると説明した。

これでどうなるかという大ざっぱな考えが分かるでしょう。ここが神殿群、ここには高い岩があり、ここには人々が歩くことのできる回廊があります。ここが最初の大きなスペースで、まるで小さな地下にある村落のようです。この新しい地域（模型は縦約三十六センチ、横約二十センチ）に比べると、最初の神殿は指の爪の大きさくらいになるでしょう。

計画はいまだ仕上がっていないが、考えとしては、頂上の森を再造成し、地下には地下劇場を建造して、その予定地は完全に再生される予定である。木々の間に点在する小さくて美しいドーム状のものは、ホール内に光を注ぎ込む。千人以上座れるその劇場は、あらゆるタイプの人間の創造的な表現を受け入れるために建てられる。神聖でスピリチュアルな原典を収蔵した図書館があり、芸術や研究のための革新的な環境が整えられ、温泉や健康や福利のための場所もある。小型の地下電車が現在の神殿と新しい地域をつなぎ、ケーブルカーが訪問者たちを下の村からその複合的な場所へと運ぶことになる。最終の目標は、神殿が、あらゆる芸術、科学、政治の合流点になることであり、この惑星の影響力のある人々が、敵対よりも相互理解の精神で人間として会うことのできるような、近代的な集会所になることである。人間の深遠で道徳的な性質に希望と信頼をもたらす場所になるであろう。『ブケ』プロジェクトは、ダマヌール住民が世界全体に平和の文化を広げることに活発にかかわっていることを示している。

プロジェクトは大がかりであり、人によっては野心的すぎるというかもしれない。しかし、ダマヌールのプロジェクトがこれまで中止されたことはない。このプロジェクトも中止されないだろうと確信している。この時期、このプロジェクトを遂行できるだけのエネルギーがダマヌールにはある。長期間の『トリアデ』プロジェクトの研究と純化により、きっと思いどおりの結果を収めることだろう。このプロジェクトを実現するためには、多くの作業と巨額の金銭的および肉体的な資源が必要である。言うまでもないが、たくさんの実用的な〝マジック〟も使われるだろう。

もしあなたがこの部分を読みながら、『人類の神殿』のこの刺激的な部分の建造を手助けしたいと感じたならば、あなたが参加することは大歓迎される。なぜなら、このプロジェクトが実現するためには、少なくとも一千万ユーロが必要となるからである。大小を問わず、寄付を受け付ける特別のウェブサイトがある（www.damahur.org）。あなたはただインターネットにログインし、新しい神殿プロジェクトにリンクするだけである。

一瞬にしてプラスチシン模型から数百万ドルのプロジェクトへ――。信じがたく思えるが、このプロジェクトがたとえ数年のうちに完成されなくとも、これまでの経験から、想像以上に美しい場所に立派に完成されるだろうことを知っている。

ダマヌール・クレア
……芸術、研究および継続的な教育のためのセンター

来るべき『ブケ』プロジェクトについて、私がそれほど驚かない根拠は、最近完成された大きなプロジェクトでの経験に基づいている。

二〇〇三年、ダマヌールはヴィドラッコにある大きなオリベッティ工場を手に入れた。アドリアーノ・オリベッティは、夢を抱いていた。いくつかの点において、それはダマヌールの夢

と一致していたようである。当時、大実業家は大きな都市の内部やまわりに自分たちの工場を建てていた。これが田舎や農業地帯から人々の大移動を引き起こした。それに対してオリベッティは、小さな町や村にタイプライター製造工場を建てた。

オリベッティは一九〇一年イヴレアに生まれ、町や周囲の田舎の村々に工場を建てるようになった。地域社会が死んでしまうのを見たくなかったからである。一九五〇年代、彼はアオースタ渓谷のために労働者住宅や社会福祉計画を伴う計画大綱を確立した。これによって彼は、『住宅と都市計画のための国際的な連盟』から賞を授けられた。彼は労働者会議を設立し、彼の従業員全員が自分たちの選択によって労働組合に参加できるように保証した。

ヴィドラッコにある工場の敷地は、一九五〇年代から一九八〇年代のはじめにかけて、百人以上の地域住民に仕事を提供した。それはオリベッティ社を渓谷における希望と社会改革のシンボルに変えた。会社は衰えつつある地域に仕事をもたらした。それまでは、若者たちは仕事を見つけるために家を離れ、大都市へ行くことを強いられることが多かったのである。地方の地域社会は急速に死にかけていた。アドリアーノ・オリベッティは、このあたりの人々に仕事を持ってくることによって村々を元気づけ、過疎化傾向を逆転させることを夢に見た。

オリベッティは一九六〇年に亡くなったが、しばらく彼の夢は生き続けていた。しかし、コンピューターの激増とともにタイプライター・ビジネスは下降線をたどり、彼が全従業員を待遇したような理想は、主要な投資家たちには忘れ去られた。村の工場は一つ一つ閉鎖され、会社は現代の技術的な製品に遅れずについていこうとしたが、変化の速度ははやく、オリベッティ社に大打撃を与えた。村の工場は閉鎖され、会社は一九八〇年代にその労働力をイヴレアに集中させた。その後の移動式通信手段へのオリベッティの参入も遅すぎたため、二〇〇一年、オリベッティのビジネス帝国は崩壊した。

二十五年以上もの間、ヴィドラッコにある工場は閉鎖されていた。ダマヌールは、その不動産を購入したいとしばしば夢に見ていた。ダマヌールの他の考えや夢同様、そのような建物を購入するためには乗り越えるべき大きな財政的な負担があった。それを購入するために百万ユーロ必要だということは、銀行に対して深刻な負債を抱えることを意味し、ダマヌールの資産の大きな流出を意味した。毎週の集会のある時、ファルコは銀行から借金せずに必要な金額を二度か三度に分けて返済し、建物を購入できるように特別な努力をすることを訴えた。次の夜、コミュニティーの人々は特別な資金募集のイベントを行うために集まった。一時間のうちに、百万ユーロのうち八十七万五千ユーロが集まった。コミュニティー・メンバー、ヌークレオ、組合、共同組合などができる限りの寄付をしたのである。

それは、読み上げられる寄付の価値とともに、まさに魔法の夜だった。寄付する額が多かろうが少なかろうが、発表されるたびにはやしたてたり大声を出したりして反応していた。オラトータは二〇〇三年五月の月一回のウェブサイトでの説明で、オリベッティの建物の獲得について記述している。

この五月という月を特徴づけた、他ではできないような一つの出来事が、ヴィドラッコにあるオリベッティの建物の購入でした。やっとのことで、その建物は私たちのものになりました。忍耐と根気強さがついに勝利をおさめたのです。そして、奇妙に思えるかもしれませんが、このダマヌールの人々の夢の実現が、戦後この建物を建てた革新的な実業家アドリアーノ・オリベッティのヴィジョンをも同様に永続させることになりました。

この建物は二十五年以上も見捨てられ、空いたままの状態でした。長年、その建物を購入するというダマヌールの試みは成功しませんでしたが、五月二十七日火曜日の夜に合意に達し、ついにオリベッティの建物は私たちのものになったのです。

建物の獲得はもう一つの夢の実現を意味するだけでなく、ダマヌールの人々の日常生活がいくつかの根本的な変化を受けることを意味した。スタートして以来、ダマヌールは常にこのような大きくて中央に位置する地所を持つことを夢見ていた。そのような場所は、ダマヌールの学校教育や芸術活動の発展に新しい機会を提供できるからである。オリベッティの場所には、ヴィドラッコにあるたくさんの営業用の協同組織や技術・芸術の協同組織が入るだろう。そしてそれを補うために、向かい側には新しい住宅の開発も行われる。ダマヌールのヌークレオのための新しい家や、友人、家族のためのアパートの建設が見られるだろう。村にみんなが集まり、祝典を開くことができるような公共の場所を備え、二つの敷地の間に新しいピアッツァが作られる予定である。議会の事務所はオリベッティの建物の隣にある大きな家に移ろうとしており、移転することによって村の中心に新しい管理センターがつくられることになる。

ひとたび建物が手に入ると、仕事は急ピッチで進行した。オラータは、雑誌の記事で当時のことを思い出して語っている。

火曜日の夜に〝仮契約〟に署名しました。ダマヌールの人たちは、無駄にする時間がないことを示すために、またその建物の命を蘇らせるために、水曜日の朝八時半には仕事を始めました。ダマヌールのスピリチュアルな誕生日と創設者オベルト・アイラウディ（ファルコ）の誕生日が五月二十九日なので、誕生パーティーを開くということは大掃除をするためのこれ以上ない理由づけでした。人々はその祝賀会を新しい場所で開こうと決定しました。長年見捨てられていた建物を祝賀会用として準備するために、たったの四十八時間しかなかったため、全員が手助けするために集まりました。

会議用のホールが入る予定の上の階がきれいにされ、上から下まで掃除されました。テーブルが到着し、屋内用鉢植えの木、学校展示物、背景にペンキを塗り、舞台、音響システム、ずらりと並んだ大量の食料、コック、ウエーター、そしてファッション・モデル……。木曜日の夜七時半までに、私たちがこれまで見たこともないように、その場はパーティー用に整えられました。

四百五十人分のディナー、ダンスの披露、ファッションショー、動物名の慣習的な取得行事、プレゼントの開封、やがて来る年の予言……。そしてその年を判断するため引かれたタロット・カードは、時宜に適った〝勝利〟でした。

もちろん、その場を完全にきれいにして以前の輝きを取り戻すためには、まだまだしなければならない仕事がたくさんあります。伝統的なオリベッティの青色は継続性を表現するため保たれ、建物の外側のパネルはダマヌール・スタイルに装飾されます。最初、ヘリポートとして設計された広くて平らな屋根は、今後もダマヌールのヘリコプターが有効に使う予定です。さらに庭や芝生は、その場所を生き返らせるために植え換えられます。再びオリベッティの建物はヴィドラッコの中心的なセンターになるでしょう。新しい時代の新しい利用法へと向かわせ、それはダマヌールの人々に恩恵があるだけでなく、村全体を生き返らせることでしょう。

ヴィドラッコの工場は、共通の目的を持った人間に本来備わっている創造力を強調するために、『ダマヌール・クレア』(ダマヌールは創造する)と名づけられた。床面積は四千平方メートルある。そこは片付けられ、修理された。新しく内部に壁のある広いスペースがつくられ、芸術工房、実験室、研究および図書館設備、シアター、会議室、スーパーマーケットなどが入った。そのスーパーマーケットは、町や近隣の村で、オーガニック食品やGMOフリー(遺伝子組み換えでない)食品を売っている唯一の場所である。外国からの専門家とともに、多くの地元の人々がこのプロジェクトに雇われており、コミュニティーのメンバーと一緒に働いている。アドリアーノ・オリベッティの夢を再び取り戻したのである。

一年もしないうちに、工場についてのすべての仕事がいつものダマヌールの能率の良さと決断力によって完遂された。建物の外部の特徴、すなわちモンドリアン型の直線やはめ込みの窓部分は残され、工場の二階部分のオープンスペースだった場所は、効果的に、仕上げも素晴らしく、大きいながらも扱いやすい空間に改造された。典型的なダマヌールのプロジェクトらしく、一つ一つの空間はそれ自体芸術作品に変えられた。学校区域は、二つの主要な円形の部屋でつくられ、教室がまわりを取り囲んだ。スーパーマーケットの『テンタティ』には最新の陳列棚が備え付けられ、オーガニックの肉屋やグルメフードの場所もある。店の反対側には『アリエルヴォ・カッフェ』があり、センターへの訪問者はカプチーノやダマヌールの菓子屋でつくられたオーガニックのペーストリー類を楽しむことができる。最大の空間には、シアター用の設備や同時通訳つきの会議用設備のついたアドリアーノ・オリベッティ・コンフェレンス・ホールと、国際的に重要な巡回展示会用の画廊スペースが入っている。

二〇〇四年五月十八日、新しい建物は、州の長官メルセデス・ブレッソによって、ダマヌール・クレアとして落成式が行われた。お披露目の夕べには、オリベッティ家の夢の始まりについて、トリノの『テアトロ・スタービレ』(常設劇場)による演劇が上演された。千二百人程度の客が見込まれたが、実際には三千人以上が出席した。オーガニック・ビュッフェはそれ自体が芸術的な仕事であり、素晴らしいやり方ですべての人を喜ばすことに成功した。

ダマヌール・クレアは、センターにふさわしい理想的な名前である。他にもいろいろと特徴はあるが、一連の素晴らしい大きな芸術の工房は、ダマヌールの創造的なエネルギーが活躍することを促進する。コブラは、唯一夢見ていた彼の巨大な彫刻品が具現化でき、最高の状態で見せられるようなスタジオを手に入れた。壁に飾られたのは、彼が最近引き受けたダマヌール外部での主な彫刻作品の写真である。通路を降りると、画家とガラス製品製作者が共有している二つの大きなスタジオがある。ピオヴラは、はっきりと紅潮した顔で微笑んでいた。以前は控えめな規模の場所で働き、神殿のための美しいティファニー・ガラスのすべてをそこでつくり出していた。今では、それに比べて規模も大きく、照明も風通しも美しさもいっそう優れた空間を手にしている。

「私たちはここで、新しいガラスのドームを作ろうとしています」彼女は、『ブケ』プロジェクトの最大の部分を担当するドームについて言及しながら言った。「でも、ドームは解体してつくるのですか?」と私が尋ねると、「そう、もちろん解体してね」と答えた。

ここには立派な芸術作品修復の工房があり、すでに大きな修復プロジェクトを引き受けている。例えば、地元の教会からは四世紀の絵の修復を、また家具、額縁、ロシアのイコン、イタリアの美術館からは彫像や塑像の修復を依頼されている。さらに職人が工芸品の実践を行い、製品を販売する工房もある。それには、金や銀のアクセサリー、ろうけつ染めや織物の彩色、布地の上にセルフィック・ペインティングを複製する独特な方法の衣類のファッション、陶芸品のスタジオ、再生可能なエネルギーを専門に研究する工房、太陽電池板や甘い芸術作品をつくるチョコレート製造の工房などがある。また、健康のためのスペースがあり、そこではダマヌール式マッサージやリハビリテーション施術者が依頼人を診る。

さらに美しい通路に沿って、『人類の神殿』や連合体の地域にある風景の写真が飾られている。そこには、『セルフィカ』の開発を専門に研究している工房がある。多くの『セルフ』が陳列してあり、セルフィク・ペインティングの常設の展示と並んで、その様々な機能が図解入りで説明されている。また、ここには外部の産地から購入した食物や種を調査するために、特別に開発した微生物学の技術やＤＮＡ技術を活用する研究室もある。これは、生産する際に使われた化学物質や遺伝子変形についての徴候を調べるためである。この研究室では、予防的な健康管理のためにもＤＮＡ技術を使って実験している。

そして最後に、この階には新しいモザイクの工房がある。ダマヌール工房ツアーに参加したことのある人なら、神殿内のあらゆる美しいモザイク作品が実際には他の場所、物置ほどの大きさの部屋でつくられているのを見たときの驚きが分かるだろう。この新しい工房は、信じられないくらい素晴らしい。そこでは他のダマヌール・クレアの芸術工房同様、サイズや空間に制限されることなく開発することが可能となった。まさに期待どおりである。

「この建物は、私たちが実践したいと思っているすべてを成し遂げるためには、厳密に言って十分な大きさではありません。そのため、別に二千平方メートルある駐車場部分を作業場用の場所につくりかえるつもりです」とファルコが言った。

ダマヌールとオリベッティは、共にこのような素晴らしいスピリットがこの世界に存在し、実際的な目的のために建設的なエネルギーを示せたことに誇りを持つだろう。

テクナルカート

ファルコは未来について冷静かつ理性的である。今は、ダマヌールにとって大きなエネルギーと大きな変化の時である。アイデアやプロジェクトは急速な発展をしており、それを達成するためには全員の用心深さと注意力が必要である。ファルコは私に、「私たちはまるで一艘の船に乗って小川から大きな川にやって来たようです」と語った。考えなければならない落とし穴がある可能性があると言ったあとで、意味深長な沈黙があった。この時期のある木曜日の夕べの集いの間、彼は考え込んだ様子だった。

皆さんの中にも、自分たちのイニシエーションの状態に慣れ、なぜ自分たちがダマヌール市民なのかを忘れる人もいることでしょう。なぜ自分たちがここにいるのか、その理由を忘れてしまうのです。それはまるで大金持ちの息子のようでもあります。甘やかされて、自分が手にしているあらゆる物を当然のことと思ってしまう。彼は、豊かさやその富を創造するために行った作業を理解していません。それというのも、彼は作業を経験していないからです。私は少数の者について話しており、作業を重んじ過ぎているのかもしれません。しかし、はっきりさせておきたいのは、人々は常に自分たちの目的、特にスピリチュアルな目的が何であるかを心にしっかりと持っているべきだということです。

マジシャンになりたいと願い、知識を広げるための準備や連続的訓練をし、イニシエートを受けた人々が、現在自分たちが最もなりたいと思った人物になっていることを忘れてしまうことがあります。もしあなたがそのことを忘れてしまえば、あなたはもはや大した人物ではなく、あなたがなりたいと願った人物ではありません。なぜなら、あなたは認識せず、覚えてもいないからです。重要なのは、意味を与えることであり、加えられた価値を一つの場所から別の場所に移すことなのです。おそらく、加えられた価値を移せることが、私たちが存在している主な理由の一つなのです。それ以上でもそれ以下でもありません。

これは反省させられる考えであるが、現実に基づいている。私は、ある種の現実に戻るために、既成の基本的な事実を再調査してみた。ダマヌール連合体は、現在六百人の居住している住民と、その他、近くに住んでいたり活動に参加している四百人の人がいる。各個人が決めたダマヌールへの参加のレベルに応じて異なった種類の市民権がある。フルタイムの住民であることもできるし、別のところに住んで定期的にダマヌールを訪れる市民であることも可能である。約二十五の協同組織からなるダマヌール合弁企業がつくられているが、一つの地域に集められているのではなく、ヴァルキュゼッラ全体に広がっている。所有財産には、私有の家、スタジオ、実験室、農場などが含まれる。設立以来、ダマヌールは持続可能な生き方の創造に没頭している。その生き方とは、営業用の製品の製造から居留地の造成まで、日常生活のあらゆる側面に反映されている。

私の頭の中を回り続けている一つの言葉に、〝テクナルカート〟があった。まるで一人の個人であるかのように、深く、非常に親密でなければならない人々の結びつきについて、ゴリラが私に話していたことを思い出す。「その段階では、それぞれの人が一つのコミュニティーでしょう」と彼は言った。そのような親密さや相互理解は、私がダマヌールで経験した協力的な活動の多くを特徴づけている。人々が何かのために努力し、それを達成することが理想であった。私たちが次に会った時、私はゴリラにこのことを思い起こさせた。彼はさらに考えを述べた。

ダマヌールは現在、さらなる根本的な変化を経験しています。以前は三つの主要部分に根付いていました。メディテーションの学校、ゲーム・オブ・ライフ、そして社会生活です。しかし現在、私たちは『テクナルカート』を加えた四つの主要部を持っています。この四番目の主要部の完全な発展は、まだ模索中です。今のところ、この『テクナルカート』は、個人の進化にとって非常に早い同時進行の道であり、個人的な道なのです。

私たちは変化の時期にたずさわっていて、期待が現実へと動きつつあります。ここ数年で、ダマヌールの複雑さは非常に増加しました。新しいドアが、私たちの生活のあらゆる面に開かれようとしています。『テクナルカート』は、自分の内なる神を見つけるスピリチュアルな道に向かうドアを開きます。

前年の『決意の手紙』を見ながら、私は『レ・グイダ』のゴリラとフォルミカが、その手紙の終わりに、次の言葉を書いていたのに気がついた。すなわち、ユーモア、笑い、勇気である。これは実行して続けるのに良い基本原理だと思われた。私もそれを受け入れようと考えた。私がユーモア、笑い、勇気に動機づけられた生き方について瞑想していた時、演劇仲間であるケン・キャンベルや研究者仲間のエスペリデも容易に受け入れるだろう原則を、ベトナムの平和運動家、仏教徒のティク・ナット・ハン（Thich Nhat Hanh）のすばらしい引用文とともに思いついた。

次の仏陀は、個体としての個人の形は取らないだろう。次の仏陀は、一つのコミュニティーの形を取るかもしれない。すなわち、相互理解を実践し、優しさを愛するコミュニティー、心を配って生きることを実践するコミュニティーである。これは、地球が生き残るために私たちができる最も重要なことかもしれない。

この考えを頭において、あなたがこの本で読んだことをじっくりと考えていただきたい。謙虚で、平和を愛し、尊敬すべきこの老人が言ったこれらの言葉以上に、ダマヌールに起こっている現象をあなたに納得させる適切な考え方はないからである。そして、これらの言葉とともに、私はこの筆をおきたいと思う。

同じような謙虚な気持ちで私は出発する。ダマヌールの人々はお互いに、個人には〝コン・テ〟（Con Te）、グループには〝コン・ヴォイ〟（Con Voi）と言いながら挨拶する。これは、

〝あなた、またはあなた方とともに〟を意味し、良き出発への願いとしても使われる。この挨拶には、通常、手を合わせる仕草が伴う。

さて、読者の皆さん、私は両手を合わせ、あの懐かしい〝コン・ヴォイ〟という言葉をあなた方全員に言います。

そうそう、コルモラーノとラマッラには本当にお世話になった。近頃では、ようやくホッとして、自分たちのベッドでぐっすりと寝ていることと思う。

訳者あとがき

木原禎子

『ダマヌール』という名に初めて出合ったのは、二〇〇四年八月のことです。その頃、統合医療や代替医療、波動インストラクターなど波動医学に関心のある有志が集まって、『バイブレーショナル・メディスン』（リチャード・ガーバー著、日本教文社）の勉強会を開き、私も参加させていただだいていました。その折、仲間の井上祐宏さんから、イタリアのトリノの近くに、自給自足をし、自己通貨を持ち、精神的にも意識の高い、しかし閉鎖的ではない高度な芸術性を持つコミュニティーがあるという話を聞いたのです。

そこは、地球の血管のようなシンクロニック・ラインが四本も重なっていて、他にはチベットしかない特別にエネルギーの高い場所であるとのこと。さらに、その地下には『人類の神殿』という素晴らしい芸術や古代からの英知に満ちた建造物がつくられているとのことでした。

間もなくして、偶然にもエイトスター・ダイヤモンドの木曜会で、ダマヌールの創始者十三人の一人、フェニーチェ・フェルチェさんの講演会があることを知り早速出かけました。

フェニーチェさんの話は、信じられない内容でいっぱいでした。ドゥゴンゴさんという日本女性が、難しい話を流ちょうに通訳していました。どの話もびっくりするような内容で、アトランティスに何度もタイムトラベルしているという話もありました。

私はすっかりダマヌールに魅入られて、講演会やセミナーに参加し、彼らの研究成果や発見した真理、古代の英知について聞く機会を持ちました。また、ジェフさんの『ダマヌール』（旧版）を購入して読み始めました。

その後、同書を私が翻訳することになり、二〇〇六年には旧版の訳が完了しました。ところが、その年の暮れに大幅な改訂版が出て、訳をし直さなければなりませんでした。しかし、同年八月に『人類の神殿』の立派な写真集も出版されたことによって、それまで訳していてよく分からなかった部分が鮮明になり、また翌年三月には、私自身がダマヌールを訪問する幸運にも恵まれました。

写真集、改訂版、ダマヌール訪問と続いた一連の出来事は、決して偶然ではなく、より良い翻訳ができるよう後押ししてくれた、目に見えない力があったと感じています。

この仕事を終わってつくづく思うのは、人生には偶然も意味のないこともないということです。微力な私がこの仕事をすることになったのには、何か大きな力が働いていたのだと確信しています。

自分の人生を振り返ると、決して自分が願ったような人生ではありませんでした。大学で物理を専攻し、理化学研究所に入り、将来何か世の役に立つ研究をしたいと願っていた自分が、気がつくと、絶対になるまいと思っていた専業主婦になっていました。主人のサポート、姑の看病、三人の子どもの育児、娘の記憶障害との闘い、さらに私自身がシックハウスによる鼻炎、気管支炎、喘息を患うなど、多くの苦難に満ちていました。

主人は、八十歳で定年になるまでの約六十年間、ソニーの新製品開発のために生きてきました。それを四十年余もの間支えることは、私にはかなり大変な仕事でした。毎日、生きること、義務や責任を果たすことに精一杯で、それさえも十分に達成できず、理想も夢もなくなっていきました。生きる目標さえ失い、ひどいうつ状態も経験しました。

でも、たとえ生きていることがつらくても、こんな状態であの世に行けばあの世で後悔すると思い、さまざまな努力を続けました。現代医学や常識では解決法や治療法は見つからず、そこでカウンセラーの資格を取り、臨床心理学、健康心理学などの勉強をし、レイキマスター、波動インストラクター、気療師の資格を取るなど、本当にさまざまな治療法を試したものです。

その結果、気づくとたくさんの学びと出合いを与えられていました。

十年ほど前、ある人に、あなたの人生は七十歳からですよと言われました。当時はその意味が分かりませんでしたが、七十歳を迎えた今年、三人の子どもはそれぞれ独立し、孫にも恵まれています。主人も一昨年退職するまで、充実した良い人生だったと思います。私も健康を取り戻すことができ、これからが本当に私の人生のようです。

今振り返ると、私のすべての苦しみも努力も決して無駄ではなく、すべてがこの翻訳の仕事に生きていることが分かります。真理を探究し、世の中の役に立つ仕事をしたいという思いは、『ダマヌール』を紹介するということで、形は違っても少しは達成されたのではないかと思います。

この仕事は私のライフワークだったと思っていますが、私一人の力でできたものではありません。ダマヌール日本取手センターの鬼頭さんご夫妻の助けなしにはこの仕事はできませんでした。たま出版の中村専務、友人の神谷啓子さんにも大変お世話になりました。ありがとうございました。

さまざまな形で翻訳の仕事を助けてくれた主人、子どもたちにも、心から感謝します。

最後に、このような素晴らしいコミュニティーを紹介する機会を与えていただいことを感謝するとともに、微力ながらその役割を果たせたことを祈っています。

ダマヌールについて詳しい情報を得たい方は、

◎ダマヌール日本
TEL・FAX（〇五九）三五五—五六一四
Eメール　j-bracco@cty-net.ne.jp

◎ダマヌール日本のホームページ　http://damanhur.jp/
にアクセスしてみてください。

〈著者紹介〉

ジェフ・メリフィールド

地方自治体のコミュニティー・アーツ（community arts）にて、さまざまなイベントやプロジェクトの計画に従事。それと並行して、芝居、ビデオ、出版物などを製作。カタリ派の迫害についての研究をまとめた『The Perfect Heretics』（典型的な異端者たち）の著者であり、数多くの脚本を書き、子供向けの詩の本なども編集。若者たちに芸術活動の機会を与える慈善信託・アーツワーク・エセックス（Artswork Essex）のコーディネーターでもある。さらにエセックス・アーツ賞（Essex Arts Award）の創設者であり、国内の若者たちにアーツ賞について助言をする人々を教育している。
現在、イギリス・グレート・トッタム（Great Totham）のエセックス・ヴィレッジ在住。

〈訳者紹介〉

木原　禎子（きはら　ていこ）

早稲田大学応用物理科卒業後、理化学研究所半導体研究室に入所。研究所に在職中より科学技術情報センターの英語文献抄録の仕事を約20年間続ける。日本コンベンションサービスの仕事なども引き受けたが、娘の記憶障害を機に、治療法を探るために一切の仕事を辞め、カウンセリング、臨床心理学、健康心理学、波動、その他いろいろな考え方、治療法を学び模索した。1986年『アウト・オン・ア・リム』でエドガー・ケイシーに出会う。平成７年より日本エドガー・ケイシーセンターの翻訳スタッフ。現在同センターの理事。その他にも『アガスティアの葉』の代行翻訳、『神との対話』のニューズレターの翻訳にも１年余り関わる。
レイキマスター、波動インストラクター、気療師などの資格を取得。訳本に『エドガー・ケイシーに学ぶ幸せの法則』（たま出版）がある。

ダマヌール　～芸術と魂のコミュニティー～

2008年8月21日　初版第1刷発行

著　者　ジェフ・メリフィールド
訳　者　木原 禎子
発行者　韮澤 潤一郎
発行所　株式会社 たま出版
〒160-0004　東京都新宿区四谷4－28－20
☎03-5369-3051（代表）
http://tamabook.com
振替　00130-5-94804

印刷所　図書印刷株式会社

ISBN978-4-8127-0249-9 C0011